관광경제학 입문

관광경제학 입문

관광 · 환경 · 교통과 경제의 관계

2011년 5월 25일 초판 인쇄
2011년 5월 30일 초판 발행

지 은 이 | 나카사키 시게루
옮 긴 이 | 배주한 · 임은순 · 홍성화 · 김영면
펴 낸 이 | 이찬규
펴 낸 곳 | 북코리아
등록번호 | 제03-01240호
주   소 | 462-807 경기도 성남시 중원구 상대원동 146-8
          우림2차 A동 1007호
전   화 | 02) 704-7840
팩   스 | 02) 704-7848
이 메 일 | sunhaksa@korea.com
홈페이지 | www.bookorea.co.kr
ISBN   978-89-6324-133-3 (93320)

값 17,000원

● 본서의 무단복제를 금하며, 잘못된 책은 바꾸어 드립니다.
● 이 도서의 국립중앙도서관 출판시도서목록(CIP)은 e-CIP홈페이지(http://www.nl.go.kr/ecip)와
  국가자료공동목록시스템(http://www.nl.go.kr/kolisnet)에서 이용하실 수 있습니다.
  (CIP제어번호: CIP2011002863)

관광경제학 입문

관광 · 환경 · 교통과 경제의 관계

나카사키 시게루 지음

배주한 · 임은순 · 홍성희 · 김영면 옮김

북코리아

^{프 롤 로 그}PROLOGUE

사회경제가 발전하게 되면 사람들은 도시화와 정보화 등을 배경으로 일상생활에서 벗어나 요양, 교류, 체험, 감상 등을 원하게 된다. 이런 현상은 사회적으로 많은 사람들이 자유롭게 이용할 수 있는 시간과 소득이 신장되고, 또한 사람들을 일상으로부터 쉽게 벗어나게 해주는 교통 · 통신, 휴게, 숙박, 음식 등의 관련 서비스 시설이 정비됨에 따라 나타난다. 이러한 사회경제 기반을 토대로 보다 많은 사람들이 관광여행을 지향하게 되면 매스 투어리즘(Mass tourism) 이라는 사회현상이 출현하게 된다. 이 매스 투어리즘은 인간을 행복하게 해주는 기본적인 요소(경험, 사회 경제상황 등에 따라 다르지만)가 있다는 것을 전제로 하며 여기에는 여행의 즐거움인 맛있는 식사, 따뜻하고 편안한 장소, 마음을 여유롭게 해주는 문화 예술 (음악 감상 등), 이제까지 몰랐던 것을 감상하거나 체험하는 일 등이 포함된다.

　　매스 투어리즘의 규모와 내용은 기본요소의 양과 질에 크게 의존한다. 제2차 세계대전 이전에는 특정계층이나 소득 · 여가 혜택이 주어진 사람들만이 누렸지만 오늘날에는 시민 대다수가 관광을 즐길 수 있으며 나아가 생활의 일부가 되고 있다. 세계 여러 나라에서 매스 투어리즘이 야기한 폐해에 대응하여 최근에는 에코 투어리즘(Eco tourism), 회원제로 관리 운영되는 레저 시설 등 다양한 움직임이 나타나고 있지만 여전히 매스 투어리즘이 국민 여가생활의 기조를 이루고 있다. 향후에는 세계적인 인구증가, 정보 통신의 발전 및 경제의 글로벌화에 따라 메가 투어리즘(Mega Tourism)이 나타날 수 있다.

매스 투어리즘이라는 사회 경제 환경에서 사회분업을 전제로 하면, 관광과 관련된 재화와 서비스를 소비하는 사람들이 많아질수록 그런 재화와 서비스를 공급하는 기업도 많아지게 된다. 이런 사람들과 기업은 자신의 이익(사람들의 경우에 있어서는 효용)을 추구하지만, 결국은 수요와 공급이 만나 형성되는 '가격'을 행동과 판단의 기준으로 삼는 메커니즘에 의해 사회전체의 생산(공급량)과 소비(수요량)는 균형을 이루게 된다. 이 상황을 바탕으로 관광과 관련된 숙박, 음식, 선물, 감상, 견학, 그리고 교통과 같은 기본 요소들은 각각 수요와 공급의 작용에 의해 결정되는 가격을 매개로 하여 조정되며, 이에 따라 관광은 사회적 존재(관광 현상)가 된다.

이 책의 특징

이 책은 관광의 경제적 현상을 되도록 합리적, 체계적으로 이해할 수 있는 실마리를 제시하고자 한다. 관광현상은 관광을 하는 사람(관광객, 또는 관광 여행객 등), 그들을 유치하고 그들의 니즈를 충족시켜 주는 관광 산업(숙박, 교통, 음식, 선물과 그것들을 지원하는 관광 관련 산업) 및 관광객이 여행지에 기대하는 관광자원 (온천, 경승지, 역사문화시설)과의 관계로부터 발생한다. 관광현상은 경제행위(음식, 숙박 등과 같은 소비, 교통 이용, 여행서비스 제공) 외에 심리적 행위(경관과 생태 감상, 그 고장 사람들과의 접촉) 또는 사회 문화적인 행위(관광지역으로서 관광에 대한 인식과 합의 형성, 역사문화에 대한 이해, 관광 서비스 종업원 확보와 교육)와 같은 다양한 측면을 가지고 있다.

　관광은 정도의 차이는 있지만 대부분 산업과 생활·생태환경과 관련이 있으며 사회 경제 동향으로부터 큰 영향을 받는다는 특성이 있다. 그럼에도 불구하고 이 책에서는 관광의 경제적 측면조차 전부 다룰 수가 없다. 따라서 이 책에서는 관광의 기본적인 경제적 사항만을 다루고자 한다. 관광에 대한 경제적 고찰은 관광이라는 사회현상의 한 측면을 다루는 것에 불과하고, 관광의 질(감동, 불쾌) 또는 생태와 환경에 대해서는 소홀할 수밖에 없다. 이 책에서는 개인과 사회의 합리적인 관광현상(관광재와 서비스의 생산·제공 및 그 수요)을 경제적 관점에서 고찰하고자 한다.

　관광과 경제를 고찰하는 방법은 두 가지 접근법(approach)을 생각할 수 있다. 하나는 관광현상을 출발에서 귀가까지(또는 역사적으로 설명해서)의 경제적인 측면을 설명하는 연구방법이다. 또 하나는 경제학이 원래 인간의 경제현상을 다루는 학문이라는 입장에서 경제학의 분석 기법과 원리를 관광현상의 경제적 측면 분석에 활용하는 방법이다. 장래에는 이 두 가지를 결합한 접근법이 나오겠지만 현시점에서는 관광 자체에 대한 연구 성과가 아직 많이 축적되어 있지 않기 때문에, 전자의 접근법으로 관광현상 전체 모습과 그 메커니즘(경제적 수요와 공급, 또는 환경과의 관계 등)을 이해하려면 아직도 많은 과제가 남아 있다고 생각된다. 따라서 관광현상의 경제적인 측면을 객관적으로 설명하기 위해서는 경제학 분석기법과 원리를 관광현상에 적용하는 후자의 접근법을 어쩔 수 없이 채택할 수밖에 없다. 이러한 접근방법은 환경의 사회현상을 설명하기 위하여 경제학을 활용하고 있는 사례를 들 수 있다.

　따라서 이 책은 관광현상의 경제적 측면을 경제학의 분석기법과 원리를 이용하여 설명하는 접근법을 택하고자 한다. 다만, 경제학에 익숙하지 않은 학생들의 이해를 돕기 위해 가능한 한 관광(현상)과 관련된 사례들을 통하여 쉽게 설명하고, 도표나 가상 예를 많이 사용하고자 하였다. 이 책은 관광과 경제에 아직 익숙하지 않은 초보자들의 이해를 돕기 위해 기본적인 경제용어와 최소한의 경제이론만 가지고 이들을 설명하기 위해 노력하였다. 따라서 정밀한 이론적 접근이나 수학적인 논리를 원할 요구할 경우에는 다른 경제전문 서적을 참고해 주시기 바란다.

이 책의 구성

이 책에서는 우선 관광재와 서비스를 요구하는 인간의 효용(수요), 그것들을 사업으로서 제공하는 기업의 경제적인 행동판단(공급), 관광재와 서비스의 가격결정 메커니즘과 같은 기초적인 개념을 설명한다. 그런 다음 국제관광의 동향과 국제여행(사람과 물건의 국제이동)을 고찰하고, 지역활성화의 중심이 된 관광의 경제적 의의와 규모 등을 알아낼 수 있는 기법(승수이론, 산업 관련 분석)에 대해 자세히 설명하고자 한다. 끝으로 관광과 일상적으로 관계가 있고, 게다가 관광여행이 구체적으로 전개되는 데 있어서 불가결한 관광자원(환경)의 이용과 보전 및 관광여행을 담당하는 교통 구조와 교통기관의 선택문제를 살펴볼 것이다. 서술방법은 관광에 관심이 있으나 경제에 익숙하지 않는 학생이나 초보자를 염두에 두고, 가능한 쉬운 표현과 도표를 다양하게 사용하려고 노력하였다.

　　이 책은 이러한 의도를 바탕으로 아직 충분한 연구와 논의가 전개되지 못하고 있는 관광의 경제적 측면에 대해 정리하려 하였다. 그럼에도 불구하고 충분히 연구되지 못한 점이나 독단에 의해 부적절한 기술이 있을 수 있다는 우려가 있으므로 독자 여러분의 기탄없는 질책을 기쁘게 받아드리고자 한다. 이후에 많은 질책과 냉정한 재검토와 함께 적절한 자료를 추가하여 이 책을 수정하고자 한다.

끝으로 이 책이 출판되기까지 베풀어주신 많은 선생님들의 지도, 편달에 깊은 감사의 말씀을 드리고자 한다. 특히 은사이시며 공적으로나 사적으로 많은 가르침을 베풀어주신 니시오카 하사오 선생님(전 아오야마학원대학 학장), 관광과 경제연구에 몰두할 계기를 주신 시오다 마사시 선생님, 토쿠히사구 유우 선생님(두 분 모두 전 오비린대학 교수)께서는 연구자의 마음가짐이나 자료 제공과 같은 면에서도 많은 도움을 주셨다. 다시 한 번 마음으로부터 감사의 인사를 드리고자 한다.

또 비록 보잘 것 없는 책이지만 나에게는 정신없는 반년을 쏟아 부어야 했기 때문에 당초 예정보다 늦어져 고금서원에는 폐를 끼치게 되었다. 그럼에도 불구하고 출판할 수 있었던 것은 전적으로 타카모토 씨의 관용과 인내 덕분이므로 감사의 말씀을 드리고 싶다.

나카사키 시게루

^{차 례}
CONTENTS

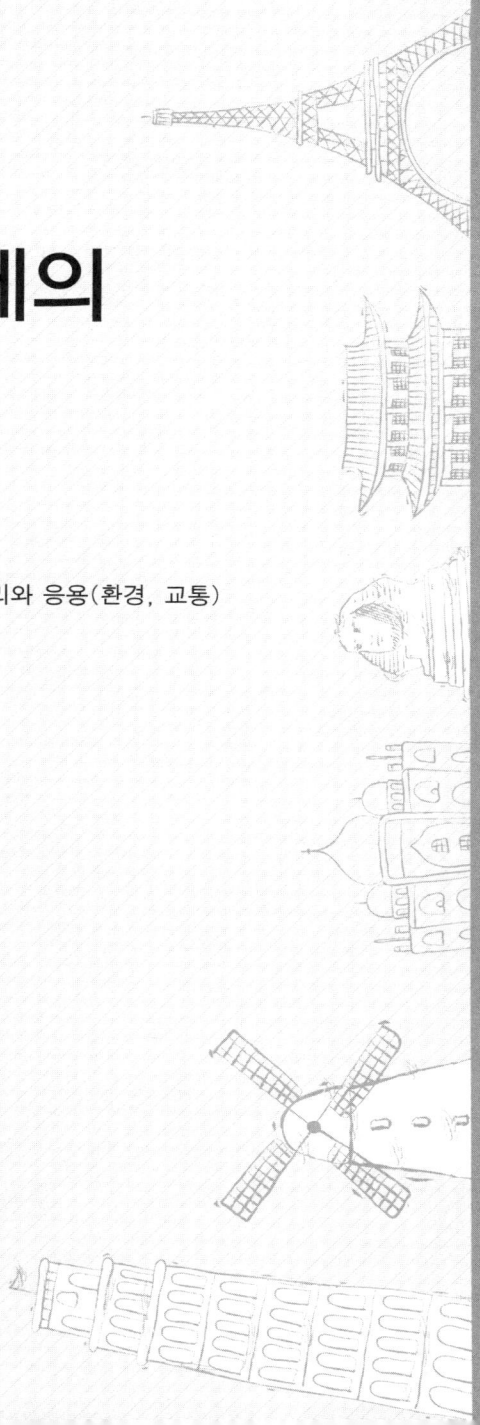

제1장

관광과 경제의 기초 개념

관광의 경제적 측면을 고찰하기 위한 기초 개념으로서 관광 개념, 관광자원, 관광 현상과 경제적 측면 및 경제 개념, 경제학의 학문적 특성, 고찰방법 등을 살펴본다.

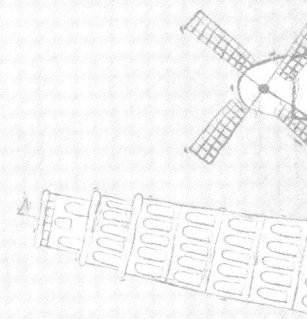

01 관광의 개념과 구성요소

관광은 자유시간과 의사를 바탕으로 행해지는 여가의 한 부분으로서 탄생하였다. 여가의 가치를 처음으로 인식한 사람은 고대 그리스의 철학자들(아리스토텔레스, 플라톤 등)이다. 처음에는 스콜레(schole, 그리스어로 여가)라는 개념을 토대로 명상과 심신의 단련이 주된 목표였으나 그 후 노예노동을 배경으로 지금의 여가활동 성격이 강화되었다.[1] 이 여가는 주로 농촌을 중심으로 전개되었으나 산업혁명, 교통혁명을 계기로 하여 도시 주민의 여가활동(관광여행)으로 확산되었다. 하지만 국민 다수가 관광과 관련을 갖고 여행이 민주화된 것은 경제적 · 정치적으로 보다 자유로워진 제2차 세계대전 이후부터이다. 매스 투어리즘(mass tourism)과 여행의 민주화가 진행되어 온 배경에는 사람들의 이동을 막아 온 제도(검문, 조사 등)의 철폐 또는 완화, 철도 · 선박 등 교통기관의 발달, 숙박 · 오락 제공 등 산업(관광사업)의 탄생과 발전 및 여행지와 여행의 편의와 안정성에 관한 정보의 보급 등이 있다.[2]

사회 변화와 연계하여 관광 개념으로 살펴보면 아직 경제수준이 낮고 무역구조의 개선을 위해 사람의 이동, 특히 부자들의 여행과 숙박에 관심이 높았던 때에는 외화 획득 수단으로 인식되었다.[3] 그 후 선진국의 경제발전이나 고속 교통기관의 발전과 함께 국제적으로 사람의 이동이 늘어나면서 관광과 이민, 사업 등의 경계는 점차 애매해졌고, 그에 따라 관광현상을 파악하는 방법도 변화되었다. 이처럼 다양한 기능이 복합적으로 발생하는 것은 사회 현상에 내재된 불가피한 일이라 할 수 있다. 향후 세계 인구가 더욱 증가하여 국가 간 이동이 확대되면 관광현상도 보다 유동화·다양화될 것이므로, 관광 개념을 고정된 시각에서 파악하는 것은 현실 관광현상에 비추어 볼 때 그다지 효과적이라 생각되지 않는다.[4]

이 책에서는 지금까지의 대표적인 관광 개념을, 특히 그 개념의 기본 요건에 입각하여, 잠정적으로 다음과 같이 설정하고자 한다.

1. 관광의 의미

(1) 좁은 의미의 관광과 넓은 의미의 관광

일상생활에서 벗어나 다시 돌아올 예정으로 이동하고, 영리보다는 풍물, 요양, 위안 등을 목적으로 떠나는 사람을 '관광객'(이러한 조건에 적합한 관광객의 행위를 좁은 의미의 관광이라고 하는 경우도 있다)[5]이라 한다. 이러한 관광을 행하는 사람이 늘어나고 대중화됨에 따라, 그들의 이동, 숙박, 음식, 감상 등과 같은 서비스 제공을 업무로 하는 관광산업[6]이 형성되었다. 관광객의 원활한 이동과 건강, 안전한 여행의 지원, 관광산업의 건전한 육성이나 사회적인 정의를 확보하기 위해 행정(국가와 지방 공공단체)도 규칙과 제도 및 촉진정책을 통하여 관여하게 되었다. 따라서 관광과 관계 깊은 관광산업과 행정활동을 포함해 사회적인 규모로 행해지는 관광현상을 넓은 의미의 '관광'으로 간주하기도 한다.

관광이라는 용어, 어원, 여행과 레크리에이션과의 차이, 그리고 관광자원, 관광활동과 관련된 관광의 개념 규정에 대해서는 미조오(溝尾), 시오타(塩田), 스에타케(未武) 등의 문헌을 참고해 주기 바란다.[7]

(2) 관광 개념의 다양성

관광 개념은 현재의 관광객과 관광에 관련된 재화, 서비스를 제공하는 기업을 염두에 두고 설정된 것이다. 관광은 사회적인 현상으로 향후 사회 경제의 발전 동향에 따라 그 개념도 유동적이 된다. 또한 관광의 형성과 성장발전에 영향을 미치는 요소로는 기업가 정신을 가진 개인, 다양한 업종의 기업, 국가와 지방의 행정, 제3섹터, PFI(재정지출의 삭감과 시민서비스 향상을 목적으로 민간자본과 노하우를 활용을 통한 사회자본의 정비) 등이 있다. 각각의 입장에서는 관광에 대한 인식과 관련된 측면이 서로 다른데, 그것은 관광이 다양한 측면을 갖고 있기 때문이다.

예를 들면 관광이 홋카이도 경제에 미치는 영향과 효과를 총체적으로 파악하기 위해, 관광의 개념을 '일상에서 충분히 멀리 벗어났다고 생각될 정도의 이동을 수반한 놀이'라고 설정하고 있는 사례도 있다.[8] 이것은 구체적인 조사분석이 필요하다. 특히 일반인과 관광객에게 관광여행에 관한 설문조사를 하고자 할 때, 관광지를 방문하여 관광시설을 이용하는 사람을 대상으로 하는 종래의 개념에다가 유흥과 관련된 시설을 이용하거나 드라이브 또는 업무를 겸하여 출장여행을 하는 사람도 설문대상에 포함시켰다. 따라서 이러한 다양성과 유동성을 내재하고 있는 관광은 현실 실태파악이나 연구의 목적에 따라 그에 맞는 적절한 개념을 설정할 필요가 있다.

2. 관광 주체와 객체 : 관광자원, 관광시설, 관광교통

(1) 관광 주체

① 관광객 관련 용어

관광 주체란 관광을 즐기는 당사자를 말하며, 통상 사용되고 있는 관광객 (tourist)을 말한다. 관광 주체는, 그 행동 특성과 파악 시점에 따라 몇 가지로 구분할 수 있다. 다른 관광지에 들어오는 사람을 '내방자'(경우에 따라서 이것을 넓은 의미의 관광객이라고 하는 경우도 있다)라 한다. 이 내방자 중에서 기본적으로 돈이 들지 않는 공원이나 무료시설을 이용하는 사람들이 있는데, 이들을 '이용자' 라 한다. 또 내방자 중 일부는 음식, 숙박, 선물 등을 구입하는데, 이와 같은 소비행위의 대상으로 간주되는 사람을 '관광객'(돈을 지불하는 손님이라는 의미에서) 이라고 하는 경우가 많다. 이것을 개념적으로 정리하면 〈그림 1.1〉과 같다.

또 심리적인 측면을 고려하여 플로그(Plog, 1972)는 관광객의 구매행동을

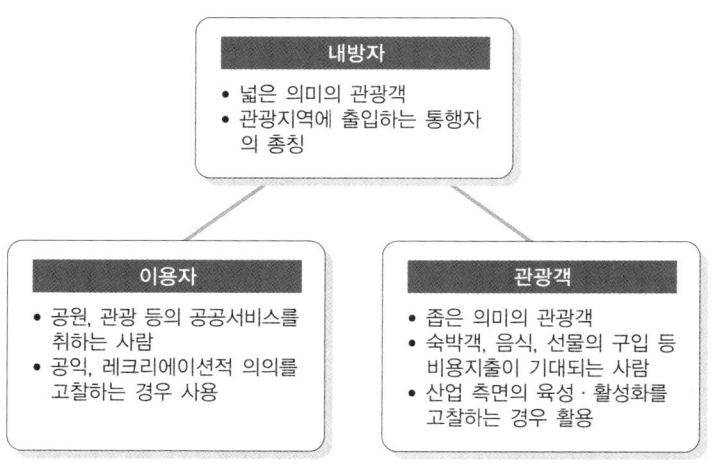

그림 1.1 관광객과 유사 개념

그림 1.2 관광객의 구분(구매행위의 구분)

타인지향형, 중립형, 정신지향형으로 구분하였다(그림 1.2).[9]

　이 외에도 관광객을 이용 목적이나 동행자 유무에 따라 개인·가족·그룹·단체로 구분하는 경우, 또는 활동에 대한 관광객 의사 측면에서 수동적·능동적으로 구분하는 경우, 그리고 소비활동 측면에서 금전소비형·시간소비형으로 구분하는 경우 등이 있다.

　이처럼 관광을 즐기는 사람을 정의하는 데에는 여러 가지 개념이 있고 그중 어떤 개념을 이용할 것인가는 조사나 연구 목적에 따라 달라지게 된다.

② 관광객(넓은 의미)의 기본 요건

유엔세계관광기구(UNWTO)에서는 관광객에 대해서 24시간 이상, 1년 미만의 체류자라는 시간적 요건을 설정하였다. 그러므로 유학생(1년 이상의 체류자), 1년 이상의 장기체류자 또는 난민은 제외된다. 단 정부 파견자, 국제교통(비행기, 선박 등)에 관련된 승무원에 대해서는 견해가 나뉘어 있다.

　관광이라는 사회현상은 파악방법에 따라 관광객의 요건이나 그 범위가 달라지게 된다. 현 시점에서 관광객의 기본요건으로서는 국제연합의 관광기관이나 일본 관광기본법에서 정의하는 것과 같이 거주지를 벗어나는 것, 자유시간에 행하는 개인 생활이라는 최소한의 조건이 타당하다고 본다.

(2) 관광 객체

① 관광자원의 다양화 배경

관광 객체란 관광객을 유발하고 그들을 특정 행위와 지역으로 향하게 하는 기능을 수행하는 대상으로, 넓은 의미의 관광자원을 말한다. 이 관광자원은 관광행위(그 배경에 있는 욕망)의 다양화에 따라 유동적이기 때문에, 대상(시선의 대상)이 되는 자원의 종류와 범주도 일정하게 고정된 것은 아니다. 일찍이 관광자원은 온천, 산악, 하천, 호수와 늪, 기암, 종유굴 등 자연경관과 그것의 특이한 현상 및 사원, 전통공예, 유적 등 역사 문화 자원이 중심을 이루고 있었다. 특히 이 현상에 대한 식견(識見)이 낮고, 정보나 교통수단의 제약이 컸던 단계 —— 예를 들면, 에도시대에 널리 알려졌다고 일컬어지는 일본삼경, 오우미팔경(남서부의 여덟 명승지) —— 에는 자연과 역사문화 자원이 압도적으로 관광 객체의 중심이 되었다.

제2차 세계대전 이후 자동차, 비행기 등 교통편의성의 향상, 국민소득과 여가시간의 신장, 관광에 관한 정보의 확산이 현저해지면서, 국민들 사이에서 숙박, 음식 소비의 기회가 확대되었다. 이와 동시에 성인 남성이 주류를 이루는 위안여행에서 서서히 가족, 그룹 등의 참가가 많아지는 쪽으로 관광의 중심이 이동하였다. 따라서 감상 중심의 관광자원에 더하여 체험, 교류, 상호접촉 등과 관련된 자원이 주목받게 되었다.

이것들을 관광자원의 범주로서 보면, 관광활동의 대상은 일찍이 자연 · 역사문화적인 자원에 의해 특성화되기 시작하여 여가와 휴식시설, 유원지나 테마파크, 산업시설의 견학체험, 구매나 음식에 오락성을 가미한 복합상업시설로 확대되었으며, 심지어 과거에는 경기 주체의 감상인 줄 알았던 스포츠(올림픽이 그 대표), 체험 · 교류와 건강 만들기 등의 욕구, 또는 게임성, 패션성을 가미한 여가스포츠 등 다방면으로 확대되었다.

앞으로도 관광이 수요 측면의 욕구를 존중하는(또 그것이 비즈니스나 사회적인 가치가 있는 범위 내에서의) 한 관광자원은 변화할 것이다. 수요자가 많아지면 기능이나 체력 등에 따라 한 종목이 다양한 등급(level)으로 세분화되는 스포츠처럼 관광자원도 수요자의 욕구에 따라 다양한 종류·등급 등으로 변화할 것이다.

② 관광자원의 다양성 및 유동성

관광객의 대중화, 여행형태의 다양화를 반영하여 관광자원도 다양하고 유동적인 욕구에 대응할 필요성이 높아졌다. 욕구의 제고, 잠재적 수요 규모에 적절하게 대응하는 일이 지역활성화 등 행정 서비스의 일환으로 인식되고, 또 사업가에게는 새로운 비즈니스 기회로 간주되고 있다. 이와 같이 행정이나 사업가가 어떻게 대처하는가에 따라 관광자원은 보다 다양화되고, 유동성이 강화된다.

③ 관광자원은 교통수단의 확보가 전제조건

이와 같이 다양성·유동성을 가진 자원이 관광자원으로서의 실질적인 의미를 갖게 되려면 그것이 소재지역(시장)과 밀접하게 결합되어 있고, 더욱이 소재하는 지역(장소)에로의 접근이 용이해야 된다. 즉 자연, 역사문화자원 등은 일반적인 재화처럼 필요에 따라 취하는 일이 불가능하고, 또 저장해 두고 추후 관광의 욕구에 따라 사용하는 것도 불가능하다. 관광자원은 일반적으로 사람들이 접근해야 한다는 조건이 충족되어야 하므로 해당 자원이 있는 장소에 접근(access)할 수 있다는 것 —— 그러한 조건이 갖추어져야 비로소 관광자원이 될 수 있다 —— 이 중요하다. 관광자원은 서비스로서의 본질과 소재하는 장소에의 접근성을 조건으로 하는 특이한 재화 또는 상품이다. 이 내용은 이 책 4장 2절의 '환경과 관광경제'에서 다시 언급하고 있다.

3. 관광산업 및 관련 산업

(1) 관광산업의 개념

① 관광산업 및 관련 산업의 의의

관광 주체와 관광 객체를 연결하여 다양한 관광욕구에 대하여 대규모로 적극적인 대응을 하려는 것이 관광산업과 그 관련 산업이다. 관광자원을 찾아 이동하고 그곳에서 토산품을 사고, 향토음식을 먹고자 하는 것은 관광객의 통상적인 바람이다.

　　이 기대를 충족시키는 방법에는 두 가지가 있다. 하나는 관광객 스스로 고생을 각오하고 여행을 하며 향토음식을 요리하여 욕구를 충족시키는 방법이다. 다른 하나는 지역을 방문한 관광객에게 음식과 숙박 등의 재화와 서비스를 제공하는 산업이 아직 없는 경우, 그 지역(그 여행 도중에 있어)에서 숙박과 음식 문제의 해결을 도와주는 사람(hospitality)에게 의존하는 방법이다 [예를 들면, 일본의 이세신궁(伊勢神宮)에는 참배하는 사람들의 숙박, 참배, 선물 등을 도와주는 스님이 있다].

　　하지만 관광객 수가 많아지게 되면 어떤 개인이나 그룹이 선의와 봉사를 통하여 관광객이 기대하는 요구를 충족시켜 주기 어렵다. 더욱이 관광객 수가 많아지고 매년 혹은 연중으로 찾아오면, 그곳에서 산업이 전개될 가능성이 높아지며, 관광지(관광공급지) 및 주된 관광객의 출발지(관광수요지)에 관광산업과 그것을 지원하는 산업이 생성되어 발전하게 된다. 이렇게 되면 그곳을 처음 찾은 많은 관광객이 다음에는 언제라도 교통기관의 서비스를 이용하여 거주지에서 이 관광지에 다녀갈 수 있게 된다. 또한 여행선물을 구입할 수 있는 가게나 향토음식을 즐길 수 있는 식당과 같이 다양한 욕구를 충족시켜 주는 관광산업이 제공하는 서비스를 누릴 수 있게 된다.

② 관광산업 및 관련 산업의 종류

관광산업 및 그것을 지원하는 관련 산업의 종류는 관광의 개념 및 관광 관련 산업의 개념(특히 유사산업)에 따라 달라진다. 관광의 포괄적 상위 개념인 여가산업과 관광산업 및 관련 산업과의 관계는 다음과 같이 개념적으로 정리할 수 있다.

　　여가산업은 자유시간에 소비되는 재화와 서비스를 생산·제공하는 산업을 총칭한다. 여가산업은 하위 개념인 관광산업과 유사 산업인 환대산업(주로 숙박산업, 외식산업), 엔터테인먼트 산업(영화, 연극, 음악 등에 관련된 산업), 놀이산업(유원지, 테마파크 외의 유희시설 등에 관련된 산업)으로 이루어져 있다. 여가산업에 있어서 수요자인 관광객과 공급자인 사업 주체는 사회경제적 여건에 따라 유동적이기 때문에 여가산업의 일부분인 관광산업 또한 특징적인 내용에 의해 나누어지지만 엄격하고 고정된 것은 아니다.

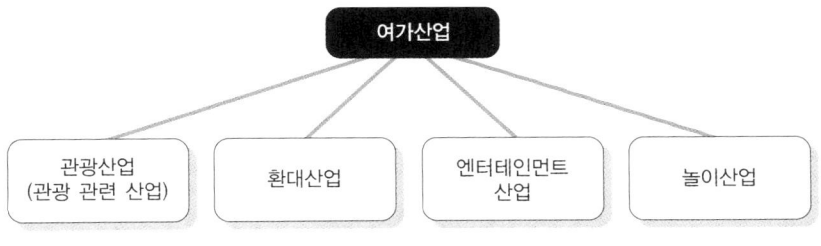

그림 1.3 여가산업의 분류

(2) 이 책에서의 관광산업

이제는 여가산업의 일부분인 관광산업과 관련 산업을 다음과 같이 설정하고자 한다. 관광산업이란 관광 개념을 광의로 정리하여 중심적인 역할을 맡는 산업을 '관광 핵심산업'이라 하고, 그 산업을 지원하는 산업을 '관광 관련 산업'으로 구분하고자 한다.

① 관광 핵심산업

- **숙박산업** : 호텔, 여관을 기본으로 펜션, 민박, 별장, 요양소 등이 포함된다. 관광객의 행동범위 확대와 체류시간 연장 등에 따라 숙박 형태는 다양해진다. 숙박산업은 관광에 있어서 기본적인 산업이다.
- **교통산업** : 관광과 관련된 교통기능은 자택에서 가까운 터미널까지의 '출발지 교통수단', 터미널에서 도착지 터미널까지의 '간선 트립'(trip), 도착지 터미널에서 목적지(시설)까지의 '도착지 교통수단' 세 가지를 기본으로 하고 있다. 이와 관련된 교통기관은 교통수단, 교통경로, 동력원 및 운영시스템과 일체가 되어 관광객을 유인하고 이동을 촉진한다.
- **음식산업** : 음식의 기본 기능 중 하나가 체력유지이다. 최근에는 이동거리와 체류시간 연장, 가처분 소득 증대 및 지역을 이해하고자 하는 의식이 높아짐에 따라, 지역의 문화·역사 또는 소재(素材)에 관련된 음식, 식사방법, 그리고 그것에 어울리는 장소·건물·정원 등이 중요한 관심사가 되고 있다.

② 관광 관련 산업

관광 핵심산업이 필요로 하는 소재, 비품, 시스템의 생산, 수송, 제공과 관련된 산업(예를 들면, 교통, 농림수산, 제조·가공을 업으로 하는 것)을 관광 관련 산업이라고 한다. 물론 이들 산업의 활동 전체가 관광 관련 산업이라는 것은 아니다.

관광과 관련된 거래(그 양과 금액)와 사업 전체에서 차지하는 비중에 따라 분류되며, 지역에 따라 관광과의 관련성은 정도의 차가 있다. 이 외에도 관광객 수, 여행 범위와 목적, 여행에 수반되는 활동 내용을 감안하면 정보를 제공하는 출판·통신정보산업, 자금과 보험 등 이동을 지원하는 금융보험산업, 관광(중심·관련)산업을 담당하는 인재 육성과 관련된 교육산업 등 많은 산업이 포함될 수 있다.

따라서 관광(핵심·관련)산업은 경제성장, 사회문화 발전, 가치의식 변화 등을 토대로 관광객의 동향(인원 수, 빈도)이나 관광(욕구)의 다양화, 고도화 등에 입각해서 비즈니스로서의 가능성과 지역의 고용·소득기회 등의 사회적 필요성을 감안하여 사업을 전개하거나 궤도를 수정할 필요가 있다.

③ 관광의 경제적 효과와 관련된 관광산업

앞에서 기술한 개념을 토대로 관광소비에 의한 경제효과를 실증분석 할 경우, 실제 자료를 입수할 수 있고 지역의 산업·관광 특성을 잘 나타내는 관광산업이 선택된다. 예를 들어, 시 수준에서 관광 소비에 따르는 경제효과를 파악하고, 그것을 산업진흥정책에 반영시키고자 하는 경우 관광산업의 선정조건은 ① 관광소비가 실행되어 그 금액을 추산할 수 있는 업종, ② 행정(특히 시·군·면) 수준에서 생산액을 추산할 수 있는 업종, ③ 국가 산업연관표의 기초분류에 편성되어 있는 업종을 기본으로 하여 기업체를 조사해 가면 관광산업의 범주를 좁힐 수 있게 된다.[10] 게다가 그 범위가 마을 수준이 되면 관광객이 음식, 숙박, 토산물 구매 등 여러 소비활동을 하더라도, 대체로 지역산업은 한정되어 있기 때문에 관광객과 관련한 산업은 쉽게 명확해진다.

예를 들어, 어떤 한 마을을 조사대상으로 한 연구에서는[11] 관광산업(앞에 서술한 관광 핵심산업에 해당된다)으로 음식, 여관, 호텔, 민박, 캠프장을 들고 있

다. 또 이 관광산업과 관련이 깊은 관광객의 소비활동이 행해지는 대상업종
으로는 농림수산업(농업, 특용임업, 어업 등), 제조업(식료품, 제재·목제품 등), 건설업
(토목·건축업, 내장설비 등), 그 외 서비스업(상업, 금융·보험, 도로수송, 의료, 자동차 관련
등)[12]을 포함시키고 있다(관광 관련 산업에 해당한다).

　　현실적으로 무엇을 관광산업 또는 그 관련 산업이라고 간주할 것인가
하는 문제는 관광객의 소비행동 변화(기호, 소비수준 등), 지역 내 관광지의 자
원, 역사풍토나 특산품 및 주요 관광수요지(도시나 교통 터미널 소재지 등)와의 거
리 등에 의해 좌우될 수밖에 없다.

4. 관광의 기본 요인

관광은 무엇보다도 거주지를 벗어나 감상, 음식, 체험 등을 희망하는 관광객
(보다 넓은 개념인 통행자, 내방자)이 존재한다는 것을 전제로 하고 있다. 사람들이
관광을 생각하게 되는 계기는 그 사람과 관련된 내부 요인(과거의 경험, 일상생활
의 압박이나 불쾌한 환경으로부터의 도피 등)과 외부 요인(매스컴이나 소문에 의한 유인, 친구·
가족 등의 권유, 새로운 시설·접근성 등의 화제성 등)이 복합적으로 작용하여 이루어지
는 경우가 많다. 관광객이 거주지를 벗어나 관광지[13]에 갔다가 집으로 돌아
올 때까지, 각각의 장소에서 여행을 안전하고 쾌적하게 즐기기 위해서는 다
양한 관광산업(관광 관련 산업)의 지원이 요구된다. 즉 거주지에서는 관광객이
관광을 떠나도록 하는 요인(추진요인이라고도 한다)으로, 여행보험·알선·정보
제공 등의 산업과 그것에 의한 서비스 제공이 있어야 한다. 거주지에서 관광
여행의 목적지까지는 관광객 수, 여행형태(가족, 단체 등) 또는 여행 목적과 시
기·장소 등에 적합한 적절한 이동수단과 여행알선업체에 의한 안내, 조언

등의 서비스가 있어야 한다.

또한 관광객을 유치하여 받아들이는 관광지에서는 관광객 유치와 체류를 촉진하는 요인(유인요인이라고도 한다)을 정비·제공하는 것이 필요하다. 특히 관광객이 거주하는 곳에는 없거나 관광객에게 가치가 있을 만한 이야깃거리를 제공해 주는 등의 관광자원(자연·역사문화 등)과 시설 및 그것과 관련된 서비스(음식·숙박·교류 이벤트 등)가 있어야 한다.

〈그림 1.4〉는 관광의 성립과 발전(또는 쇠퇴)에 관련된 기본적인 요인과 그 상호관계를 보여주고 있다.

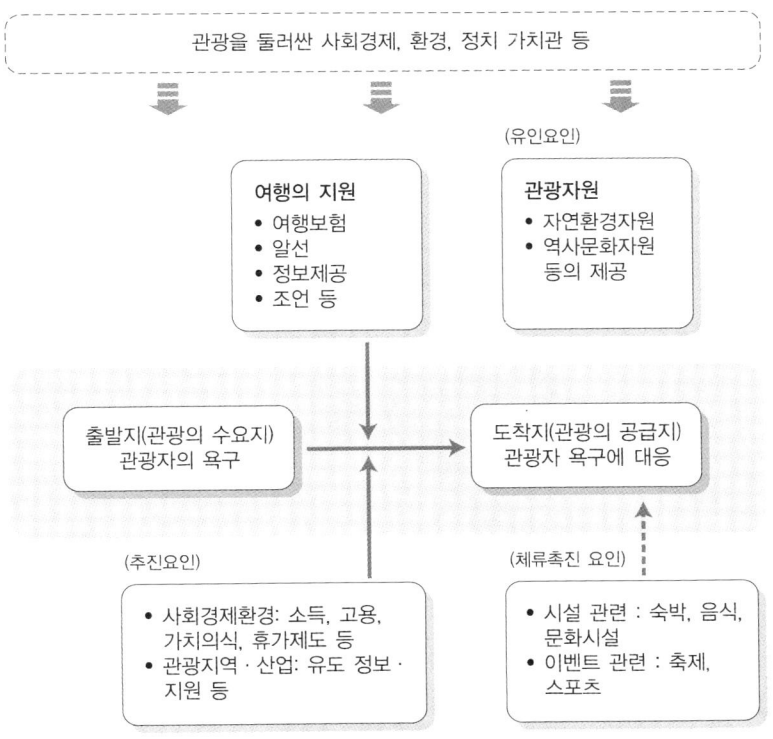

그림 1.4 관광의 형성에 관련한 요인(자원, 산업 등)의 개념

관광은 ① 관광 대상이 되는 관광자원, ② 관광자원의 감상이나 상호 접촉 등을 희망하는 관광객, ③ 관광객의 여행을 지원하는 관광산업 및 관련산업, ④ 방문객과 밀접한 관련이 있는 산업이 자리 잡고 있는 지역사회를 기본요인으로 한다. 관광이 중장기적으로 지속성을 가지려면 관광지는 특히 역사문화자원과 자연자원을 잘 보존하고 쾌적한 이용환경을 갖추어 관광객의 특성(육체, 정신, 기호 등)에 적합한 기능을 제공할 수 있도록 노력해야 한다. 당연히 다양한 하드웨어, 소프트웨어 및 환대(hospitality)가 효율적으로 결합되어 있어야 한다. 더욱이 관광객의 여행욕구 존재, 그 욕구를 충족시키는데 자유롭게 사용할 수 있는 시간과 소득, 관광지의 건전한 환경, 관광객의 생명과 재산에 지장 없는 상황 및 관광객과 관광지 모두에 대해서 정치·경제·치안 면에서의 불안 및 재해와 질환의 위험성이 없다는 것 등이 전제되어야 한다.

02 관광경제학의 목적과 방법

1. 관광경제학의 목적

관광경제학의 목적은 관광경제에 관한 체계적인 지식을 수립하고 그것을 합리적으로 사용할 수 있는 지침을 제공하는 것이다.[14] 이것은 학문[15]적인 정의라고 할 수 있으나, 정책과학으로서의 시각을 더하면 다음과 같이 표현할 수 있다. 이 책은 이 시각을 기본으로 한다.

　　관광경제학은 그 목적이 경제학 이론을 기초로 하고 관광에 관련된 적절한 과학적 지식(마케팅, 교통, 사회학, 지리, 상품 등)을 더하여 관광경제의 발전에 관한 원리·법칙을 밝혀내고자 하는 응용경제학이다.[16]

2. 관광경제학의 방법

관광경제에 관한 체계적인 지식을 습득하기 위한 방법, 관점 및 고찰의 전제 조건에 대해서 간단히 살펴보기로 한다.

(1) 관광경제학의 구성

관광경제학의 접근방법은 기본적으로 경제학의 접근방법과 동일하며 이것
은 사회과학에 있어서 공통적이다. 경제학은 이론, 역사[17] 및 정책으로 구성
되어 있고, 이 방법은 관광경제학에도 적용될 수 있다.

표 1.1 경제학과 관광경제학

경제학	개 요	관광경제학
경제이론	경제현상의 일반적인 본질과 상호 관련성을 규명	관광경제론
경제사	관광현상의 특성과 개별적 관련을 역사적으로 규명	관광경제사
경제정책	경제 실천에 관한 원칙을 규명	관광경제정책

(2) 법칙의 특성 : 사회과학의 법칙

경제학 등 사회과학 분야의 법칙은 자연과학과 같은 엄밀한 법칙이라기보
다는 대체로 개연성에 의거한 법칙이다. 그럼에도 불구하고 실제 자료를 수
집하여 통계적인 검증과 가설 검증을 반복하여 법칙을 찾는 것을 탐구의 토
대로 삼는다.

관광경제학을 수립하기 위해 법칙을 규명하고 확립하는 일이 관광현
상의 본질을 이해한 다음에 이루어진다면 보다 더 큰 의미를 가질 수 있다.
아울러 높은 수준의 사고방식을 함양해야 하며, 구체적인 사실을 다룰 때 시
행착오를 범하지 않고 작업을 행하는 일 또한 중요하다.

(3) 고찰 시각 : 연구방법

관광경제학의 법칙을 찾아내기 위한 연구방법으로, 연역법과 귀납법이 있다. 이들의 상대적 우월성은 논할 수 없으며, 기본적으로 병용되어야 도출된 법칙의 신뢰성을 높일 수 있다. 연역의 전제가 되는 명제는 귀납에 의해 얻을 수 있어야 하며, 연역에 의한 결론도 현실의 사실이나 자료를 대입하여 사용할 수 있어야 한다.

- 연역법(deductive method) : 일반적 · 추상적 사상 중에서 현실의 구체적 사상을 추측하는 논법이며, 특수한 조건 안에서 발생하는 것을 추출하는 논법이다.
- 귀납법(inductive method) : 개별적 · 구체적 사상 중에서 그 사이에 존재하는 공통된 것, 일반적인 것을 도출하고자 하는 논법이다.

케인즈(J. M. Keynes)의 『고용 · 이자 및 화폐에 관한 일반이론』은 현실에 존재하고 있는 비자발적 실업에 주목하여, 고용 수준의 결정 메커니즘을 설명하고, 실업이 발생하는 이유를 명료하게 보여 주고 있다. 그런 다음 소득과 고용의 관계를 이론적으로 체계화하였는데, 귀납법에 의한 것으로 간주된다. 이에 반해, 왈라스(L. Walas)의 『순수경제학요론』은 연역적으로 순수이론을 체계화한 것으로 간주된다.[18]

귀납법과 연역법을 동시에 수용한 시스템적 접근법도 있다. 이것은 관광지와 같이 다양한 사회경제, 문화, 환경 등의 요소와 교통, 정보, 음식, 숙박 등의 기능이 있는 경우 관광지로서 어떤 목표를 달성하기 위해서 어떤 요소와 기능을 얼마나 적절하게 편성하여 연계시킬 것인가 등에 대해 고찰하는 기법이다.

또, 어느 특정한 재화와 서비스에 대해 수요와 공급이 일치하는 균형조건을 논하는 '부분균형이론'과, 재화와 서비스의 수요와 공급이 일치하는 경제의 상호관계를 전체적으로 논하는 '일반균형이론'으로 크게 나누어진다. 앞에서 기술한 케인즈의 『고용, 이자 및 화폐에 관한 일반이론』은 부분균형이론의 대표 저서이다.

(4) 시간 관점

현상을 분석할 때에, 시간 요소를 도입하는 경우와 시간 요소를 배제하는 경우가 있는데, 전자를 '동학'(dynamics), 후자를 '정학'(statics)이라고 한다.

정학은 현상을 분석할 때 시간적 요소를 배제하고 단순화시켜, 현상의 구조나 그것이 가지고 있는 특성을 설명하고자 하는 것이다. 동학은 현상의 발생을 시간(일시, 년 등)의 함수로 생각하고 시간의 변화(인구의 추이, 교통기관의 변천, 관광자원의 순차도입 등)와 현상(고령지수, 주택면적, 관광의 동향 등)과의 관계를 고찰하는 것이다. 현실에 보다 가까운 현상을 다루게 되지만 설명이 결코 쉽지 않다.

(5) 분석 시각

현상을 분석하는 방법에는 두 가지 기법이 있다. 하나는 관광의 경제현상과 관련된 요소의 특성과 상호관련성을 알아내고자 하는 분석 기법으로, 미시적 분석이라 한다. 예를 들면, 관광객이나 관광 관련 기업 등의 개별적인 행동을 반영한 수요나 공급의 동향, 그 영향 요인 등에 대해서 분석하는 것이다.

다른 하나는 관광의 경제현상을 사회 전체적으로 고찰하는 것으로, 국민소득 또는 여가시간 동향과 관광과의 관련성 등 집단으로서의 경제적 행동에 대해서 분석하는 것이다. 이것을 거시적 분석이라 한다. 경제학에서는 전자를 가격접근법, 후자를 소득접근법이라고도 한다. 이 분석방법에 있어서 '미시적'(micro)과 '거시적'(macro)은 상대적인 것이며, 상호보완적이다.[19]

경제학은 한편으로는 이론성·엄밀성(regur)을 추구하면서 다른 한편으로는 현실 문제에의 응용(특히 관광의 경우에는 현실성·타당성)을 추구한다. 즉, 거시경제학은 1930년대 세계 대공황에 대처하기 위해서 케인즈가 이론 체계를 수립했기 때문에 케인즈 경제학이라고도 한다. 또 가계나 기업 등 경제 주체의 경제행동을 분석하는 미시경제학은, 특히 현실 경제나 정책에 부응하기 위해 거시경제학과의 통합이 모색되고 있다. 그러나 분석의 편의를 위하여 이 책에서는 통합에 관심을 기울이면서 미시경제와 거시경제를 나누어 고찰하고자 한다.[20]

(6) 관광경제학의 분석 대상 : 경제인

관광경제학은 관광현상에 대해서 근대경제학의 기법을 적용한 것이다. 근대경제학이 분석대상으로 하는 사람은 경제적 시각을 가지고 합리적으로 행동하는 '경제인'(homo economicus)이다. 경제인이라는 개념은 경제적 분석을 명확하게 전개하기 위해서 필요하며, 현실의 비합리적인 경제행동이나 현상의 본질을 이해한 후에 유효하다. 관광경제학에서도 이 경제인이라는 개념을 차용하여 합리적인 행동을 하는 관광객을 염두에 두고 분석작업을 하고 있다.

03 관광경제학의 기본 테마 : 경제원리와 응용(환경, 교통)

1. 경제의 기본원리

이 절에서는 경제학의 기본체계를 기반으로 먼저 관광경제학의 체계를 크게 미시적 관점과 거시적 관점으로 나누어 설명하고자 한다. 미시적 관점에서는 관광객과 관광산업에 속하는 기업의 행동특성, 양자의 만남에 의한 가격결정 메커니즘을 주로 고찰한다. 구체적으로 ① 관광·소비자 행동이론(관광소비자의 선택, 무차별곡선, 소득효과, 대체효과 등), ② 생산·제공자 행동이론(생산함수, 한계생산력, 이윤의 극대화 등), ③ 교환이론(시장경쟁, 평균가격 등), ④ 독점이론(독점가격, 과점가격 등) 등이다. 또한, 화폐와 금융이론(화폐제도, 금융기관, 신용창출 등)은 관광과 직접적인 관련이 적은 것부터 다루고자 한다.

거시 편에서는 관광수요와 산업공급이 만나는 지점에 형성되는 관광시장, 국민소득이나 여가시간과 관광경제의 동향, 관광투자가 관광지에 미치는 효과, 국제적 측면에서의 경제와 관광 동향 등을 주로 고찰한다. 구체적으로는 ① 관광과 관계 깊은 소득 개념(국민소득, 국민경제 추계 등), ② 소득결정이론(유효수요원리, 소비동향, 재정지출 등), ③ 고용·소득결정이론(완전고용, 실업, 필립스곡선 등), ④ 경기 변동이나 성장이론(경기 변동의 종류와 국면, 경제성장 등), ⑤ 국제 관광과 국제수지, 외환시장 등을 연구한다. 또한 화폐이론(화폐수량설, 인플레이 션·디플레이션 차이 등), IS/LM 분석 등의 분야는 관광과 직접적인 관련이 적은 것부터 다루고 있다.

2. 관광과 응용 경제 : 지역경제, 환경, 교통과 관광의 관계

(1) 지역경제와 관광

1960년 고도 경제성장 이후, 소득증가, 산업구조 고도화, 여가시간 신장 등을 배경으로 관광 레크리에이션 활동이 번성하였다. 그 후, 일본 국내에서 기업부지가 공동화되고, 1차 산업이 장기적으로 침체를 면치 못하자 지방 공공단체가 중심이 되어 고용과 소득확보를 관광에 의존하게 되었고, 관광 개발이나 재정비 또는 이벤트 등 보다 안정적인 관광객 확보가 지역 부흥과 활성화 방안으로 등장하게 되었다. 따라서 지역(특히 지방자치단체)에 있어서 관광이 가지는 의의, 특히 그 경제적인 측면을 분석해 보고자 한다.

(2) 환경과 관광

인간의 입장에서 보면 환경은 자연, 생태, 인문 측면으로 나눌 수 있다. 이것들은 관광활동 대상이며, 경제적 이득 수단이 되는 등 관광의 중요한 요인이다. 특히 도시화, 인공환경의 확대, 고령화 등을 배경으로 환경가치(사용가치 뿐만 아니라, 존재가치를 포함하여)가 높이 평가되는 경향이 있다. 따라서 자연과 생태의 풍부함 또는 역사문화·유적 등 넓은 의미에서의 환경은 과잉 이용이 진행되고 있다. 다른 한편에서는 공해를 방지·경감하고 환경을 적절하게 (환경특성과 인간활동과의 관계) 보전하는 일 등이 어려워지고 있다. 높은 가치를 가지고 있는 자연, 역사문화 또는 가까운 곳에 위치한 녹지 등을 포함하여 환경보전과 지속적인 이용(환경에 부담을 주지 않고 후세에게 넘겨줄 수 있는 범위에 있어서)에 대해서 관심이 높아지고 있다.

이러한 환경의 과잉이용이나 공해 발생 등 보전을 해치는 배경을 경제적으로 고찰하고, 환경보전의 바람직한 방법과 경제와의 관계에 대하여 살펴보자.

(3) 교통과 관광

관광은 거주지를 벗어나 자유시간과 자유의사를 토대로 감상, 음식, 체험 등의 요양과 즐거움 등을 기대하고 이루어지는 여행이다. 관광에 있어서 자택에서 터미널까지의 출발지 교통수단, 출발지에서 도착지까지의 주여행(trip), 도착지에서 목적 장소까지의 도착지 교통수단 등 각각 시간과 거리의 어려움을 덜어 주는(최근에는 여행의 과정을 즐기는 것도 관광의 요소가 되고 있지만) 교통이 빠질 수 없다.

관광이 이루어지는 범위가 원격지화될수록, 철도, 자동차, 또는 비행기 등 다양한 교통수단이 필요해지는데, 이때 관광객은 한정된 시간과 비용하에서, 어떤 교통수단을 선택하는 것이 합리적인지, 또한 다수의 관광지가 형성되어 있고 거주지에서의 소요시간이나 비용에 차이가 있을 경우에 어디를 선택해야 되는지, 그리고 한 관광지로의 접근방법이 여러 가지일 때, 어떤 경로(route)가 조건에 적합한지에 대해서 검토해 보고자 한다.

FOOTNOTE

1)   J. Allan Patmore (1983). Recreation and Resources-leisure Patterns and Leisure Places. Basil Blackwell.

2)   나카사키 시루게(2001). "리조트 지역 변용과 그 요인에 관한 고찰: 영국의 매스 투어리즘 (mass tourism) 탄생과 그 변용을 중심으로". 『유통경제대학논집』 Vol. 35, No. 3.

3)   1924년 이탈리아의 무역총액은 50억 7,800만 리라이고, 그중 외국인에 의한 소비액(순익) 은 20억 9,000만 리라로 총액의 약 2/5(41.2%)의 비율을 차지하고 있다. 안젤로 마리오티 저, 국제관광국 역(1934). 『관광경제학 강의』. p. 136.

4)   "…… 시대와 함께 사회경제 정세는 변화하게 되고, 그에 따라 관광 내용도 정도의 차이는 있지만 변화가 나타나므로 그에 걸맞게 위에서 기술한 것과 같은 개념(관광, 관광산업 등) 도 많든 적든 달라지게 되어 ……." 이시이 마나부 · 호죠 이사무(1988). 『관광의 개념에 대해서』. 다카사키경제대학교 부속산업연구소 기요(紀要) 제23권 제1,2호. p. 20.

5)   'tourist'라는 명칭은 쇼와 9년(1934)에 운수성 국제관광국이 각주 2)의 문헌에 이미 사용되고 있다. 'tourist'는 방문국에 최저 24시간 체류하는 일시적 방문자이고, 여가 · 상용 · 회의 등을 목적으로 하는 사람이며, 24시간 미만밖에 체류하지 않는 사람을 'excursionist'라고 한다. 일본교통공사(1984). 『현재관광용어사전』. p. 64.

6)   관광사업은 너무 일반적이지 않으면서 손쉽게 입수할 수 있는 관광기관 사전에서도 찾아 볼 수 없다. 이탈리아의 관광사업의 내용은, 유치활동, 호텔 · 여행알선업의 보전, 여객이 동에 득실이 있는 사적 사업의 통제, 공적 · 사적 사업을 포함한 여객이동의 계획, 및 통계 에 관한 업무이며, 1923년에 이탈리아의 관광국이 개시하였다. 나카사키 시루게(2001). 앞 의 글. pp. 30-32.

7)   • 내각총리대신관방심의실(1971). 『관광정책심의회』. p. 161.
   • 시오타 마사시(1984). "관광의 개념과 관광의 역사". 스즈키 타다요시 편저. 『현대관광론』. 유비각, pp. 1-14.
   • 스에타케 나오요시(1974). 『관광론 입문』. 법률문화사, p. 126.
   • 미조오 요시타카(1993). "관광의 정의에 대하여". 『응용사회학연구』 No. 35, pp. 39-48.
   • 橋本和也(2001). 『관광인류학 전략』. 세계사상사, p. 53, 116.
   '여가'는 산업사회를 모체로 해서 나타났으며, 주로 자기 나라, 자기 지역에서 일과 노동에 관련되어 있다. '관광'은 소비사회를 모체로 해서 나타났으며, 주로 다른 지역, 다른 나라에 서의 단기간의 즐거운 기회 · 장소의 거래와 관련되어 있다. '순례 · 축제'는 전통성을 중시 하고, 단기간에 있어서의 반대급부를 기대하지 않고(거래 · 경제행위를 수반하지 않는다)

회사하는 특징이 있다.

8)   홋카이도 관광산업 경제효과 조사위원회. 『홋카이도의 관광경제 소비와 경제효과』. 2000. 2.

9)   A. Bull 저, 모로에 외 역(1998). 『여행·관광의 경제학』. 문화서점박문사, p. 21.

10) 이것은 24시간 중에서 수면, 식사, 생리현상과 근로·통근 등의 구속된 시간을 빼고 남은
     시간의 범위로, 개인의 생활이나 정신을 풍요롭게 하는 의도를 갖고 행해지는 활동이다.
     이것을 객관적으로 파악하는 것은 어렵기 때문에, 현실에서는 관광시설이나 명승지 등 관
     광적인 요소와 관련지어서, 관광객인지 아닌지를 판단하고 있다.

11) 나가이 유즈루 외(1987). 『관광소비의 경제효과에 관한 추계방법』. 관광연구(관광연구자
     연합), 제2권 제1·2호 합병호, p. 4.

12) 후지모토 타카시(2000). "산촌지역에 있어서 관광의 경제효과 추계". 『농림업문제연구』
     제140호, p. 27.

13) 관광지란 인간이 관광활동(사회적으로는 관광현상)을 통하여 형성해 온 지구상에 있는 공
     간을 가리킨다. 이 공간에서는 관광이 갖는 사회적·경제적·문화적 환경 등 많은 측면이
     유기적인 실체를 갖고 있다고 인식하고 그 실정을 고찰할 때에 사용되는 경우가 많다. 그러
     므로 관광활동과 관계하는 시설 등의 소재(위치) 등을 가리키는 관광지에 대하여 포괄적인
     개념이다.

14) Böventer Edwin, *Ökonomische Theorie des Tourismus*, Campus Verlag, Frankfurt/. New
     York, 1989, 요네자와 노부오(1992). 『코베국제대학 경제경영논집』 제12권 제2호, pp.
     47-66. 관광경제학의 목적은 경제이론 안에 관광을 체계적으로 통합하는 것이며, 원저자는
     그 때문에 ① 여행자의 경제적 행위의 결정요인과 그 결과, ② 관광을 둘러싼 수요와 공급이
     관광 리조트에 어떤 영향을 가져올지를 테마로 하고 있다.

15) 사고의 결과나 성과를 객관화한 것을 '지식'이라고 하고, 그 지식을 일정의 원리에 입각하
     여 정리한 것이 '학문', '과학'이라고 불리고 있다. 타카하시 마사타치(2000). "사색의 현재".
     『세계사상』 제27호. 세계사상사, p. 25.

16) 관광여가의 경제학은, 관광·여가 분야의 응용경제학이라고 간주되고 있다. 니시오카 히
     사오(1997). "관광·레저의 미시적 경제학 입문". 요케노 노부미치. 『신 관광사회 경제학』.
     내외출판, p. 1.

17) 역사를 배우는 의의는 관광객의 특성이나 여행의 동향 등을 깊이 이해하고, 장래의 관광·
     관광객과 그들을 받아들인 관광지와의 관계, 또는 쌍방을 연결 맺고 방향지어 온 관광산업
     과 행정 등에 대해서 과거를 종합적·체계적으로 아는 것이다. 동시에 그것에서 관광 그 자
     체 및 관광과 관련된 각각의 요소에 기대되는, 기대해야 할 것(일) 등을 끌어낼 의사와 시각
     도 필요할 것이다. 네기시 타카시(2001). 『쉬운 경제학: 학설사로 배운다』. 일본경제신문
     사, p. 9.

18) 오노 노부미(1994).『사회경제학』. 천창서점, pp. 58-59.

19) 코바야시 요시히로(1989).『현대를 아는 경제학』. 중앙경제사, p. 3.

20) 미시적 경제 분석의 대표는 왈라스(L. Walras)로 대표되는 일반균형이론과 마셜(A. Mashall)의 부분균형이론이며, 매크로 경제 분석의 대표는 케인즈(J. M. keynes)의 일반이론이다.

제2장

관광객,
관광재 · 서비스의
수요 · 공급

관광이란 관광 주체인 관광객이 행하는 관광활동을 말하며, 그 과정에서 경제적 행위가 이루어진다. 경제 행위를 지탱하고 방향을 결정해 주는 것이 관광과 관련된 재화와 서비스이며, 그 재화와 서비스를 생산·제공하는 것이 기업과 행정이다. 이 장에서는 관광객의 관광에 대한 욕구(needs), 관광객이 요구하는 재화와 서비스의 내용과 구매(소비)에 관련된 기본적인 경제 개념을 기술하고자 한다.

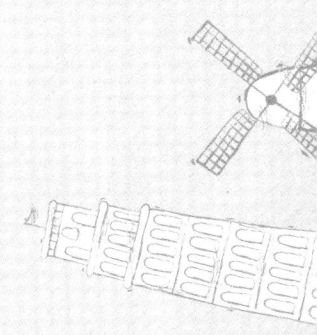

01 관광객 선호와 기본 원칙

1. 관광객 선호 : 경제인으로서의 행동

인간의 욕망은 크게 생활에 필수 욕망(생리적 욕망)과 존재 욕망(심리적·사회적 욕망)으로 나뉜다. 갤브레이스(J. K. Galbraith)에 의하면, 전자는 그것이 충족됨에 따라 만족의 정도는 체감하지만, 후자는 반드시 체감하는 것은 아니고 오히려 욕망이 점점 커져 보다 질 높은 것, 더욱더 다양한 것을 바라는 경우도 있다고 한다. 사회적 욕망은 특히 광고, 선전, 또는 전시효과(Demonstration Effect, 63쪽 참조)에 의해서 자극을 받는다.

이 사회적 욕망의 대표적인 예가 본론에서 고찰할 관광여행으로, 관광을 하고자 하는 욕구를 가지고 있는 사람들을 '관광객'이라고 간주한다. 하지만 현실에 있어서의 인간 행동은 센(Amartya Sen, 1998년 아시아인 최초로 노벨 경제학상 수상)도 지적한 바와 같이 합리적으로 이루어지기보다는 윤리적 규범과 도덕적 가치에 의해서 동기 부여된다.

관광객은 생활에 여유가 생기면 관광(여기에서는 단순히 사람들이 감상, 체험, 요양 등의 목적을 위해 일상을 벗어나 1년 이내에 돌아오고자 하는 생각을 가지고 여행하는 것을 말한다)을 생각하게 된다. 관광을 떠나는 사람들이 많아지고 관광이 대중적이 되면, 관광객이 관광재와 서비스에 기대하는 의미와 내용은 시기, 기호, 경험의 정도, 정보와의 관계 등에 의해 다양해진다. 그리고 그러한 재화와 서비스를 구매하는 데 있어서 가격과의 균형을 생각하면서 합리적으로 행동하는 사람들이 있는가 하면 충동적인 구매행위를 하는 사람도 있다.

　　이 절에서는 관광객이 재화와 서비스를 구매한다는 경제행위의 본질에 대해서 고찰할 것이며, 경제학의 가설과 동일하게 관광객은 '경제인'으로서 행동한다고 가정한다. 이러한 관광객은 특정 물건, 또는 특정 가게만 고집하는 특별한 취향을 추구하지 않는 사람으로 간주한다.

　　관광객은 경제인으로서 자신의 심리적 선호에 의거하여 재화와 서비스의 구입을 결정한다고 간주한다. 왜냐하면 현실에서는 다양한 사람들이 있고, 앞에서 서술한 바와 같이 재화와 서비스를 충동적으로 구매하는 사람도 있지만, 장기간으로 보면 대다수의 사람들은 거의 경제적으로 합리적인 판단에 의거하여 구매하는 경향을 보이기 때문이다.

2. 관광객의 효용과 구매 : 효용과 그 법칙

관광객은 관광을 즐긴 후에 음식, 감상, 숙박, 체험 등 많은 재화와 서비스를 구입하므로, 구입 메커니즘과 그 특성에 대해서 생각해 볼 필요가 있다. 관광객이 재화와 서비스를 어떤 기준에 의거하여 구매하는가에 대해 경제학의 효용 개념을 사용하여 명확하게 밝히고자 한다.

(1) 선호와 효용의 관계

관광객은 자신의 예산 ── 소득 중 여가, 특히 관광여행에 충당되는 예산 ──
중에서 필요한 관광재와 서비스를 구입하면서 여행을 즐기게 된다. 여러 가
지 재화와 서비스를 구매할 경우에 대해서 고찰해 보자. 관광객은 많은 재화
와 서비스 중에서 어떠한 종류의 재화와 서비스를 선호하는가? 또는 어떠한
종류의 재화와 서비스를 선호하지 않는가? 그것은 선호의 정도(좋고 싫음)에
따라 순위를 정하고, 거기에 근거하여 선택한다고 가정한다.

이와 같이 선호에 등위를 부여할 때, 경제학에서는 '효용'(Utility,이것은 소
비자 만족 정도로 대치할 수 있다)이라는 개념이 사용된다.[1] 관광객은 소비자로서,
한정된 예산 안에서 자신의 만족도가 최대가 되도록 재화와 서비스의 종류
를 조합하여 각각의 구입량을 정하게 된다. 예를 들어, 학생은 식당에서 자
신의 예산 안에서 먹고 싶은 음식의 종류와 수량을 주문한다. 그 결과, 냉면
한 그릇, 김밥 한 줄, 바나나 한 개를 선택하여 1,300엔을 지불하게 된다. 재
화와 서비스의 효용을 U라고 하면, $U = f(x_1, x_2, x_3 \cdots x_n)$이 된다($x_1, x_2, x_3$
는 위의 예에서 음식의 종류를 나타냄).

(2) 한계효용과 그 법칙

사람은 재화와 서비스를 구입할 때, 구입량을 늘림에 따라 그것으로부터 얻
을 수 있는 만족은 처음에는 크지만 점차 작아진다는 것을 경험하게 된다.
예를 들면, 처음 한 잔의 맥주를 마셨을 때 얻을 수 있는 만족도는 매우 크다.
하지만 셋, 넷, 다섯, 여섯 잔으로 맥주의 양이 늘어남에 따라 각각의 잔에서
얻을 수 있는 만족도는 점차 작아지고, 어느 단계(여기에서는 여섯 잔째)부터는
고통이 되는 것을 체험하게 된다.

이와 같이 어떤 재화를 구입하여, 소비량을 늘려갈 때, 즉 맥주를 1단위 (한 잔)씩 늘렸을 때에 추가된 맥주를 마시고 얻을 수 있는 만족도를 한계효용 (marginal utility)이라고 한다. 간단히 말하면, 재화와 서비스의 구매량을 늘리는 것에 대한 소비자의 평가이며, 특히 마지막에 추가한 재화나 서비스로부터 얻을 수 있는 만족에 대한 평가이다.

① 한계효용체감의 법칙

한계효용은 같은 재화(혹은 서비스)의 소비량을 늘림에 따라, 추가된 재화(또는 서비스)를 소비함으로써 얻을 수 있는 만족의 정도가 점차 작아지는 특성을 갖고 있다. 이것을 한계효용체감의 법칙(law of diminishing marginal utility)이라고 한다. 예를 들어, 처음 테마파크(도쿄 디즈니랜드)를 방문했을 때 느꼈던 재미나 감동 등은 매우 크다. 그러나 그 방문횟수가 다섯 번, 열 번으로 증가하면 만족도는 처음보다 점차 적어진다.

이처럼 재화와 서비스 소비량이 증가함에 따라, 추가되는 재화와 서비스로부터 얻을 수 있는 만족은 그 크기가 작아진다. 그런 까닭에 어떤 관광지(온천지역 등)에 방문하는 횟수가 증가함에 따라 그 지역으로부터 얻을 수 있는 만족은 적어지는 경향이 있어 반복방문율이 낮아지게 된다. 따라서 관광지는 끊임없이 새로운 매력을 개발하고 홍보활동(이벤트 실시와 캠페인 등)을 통해 관광객을 확보하려는 노력을 하게 된다.

효용과 한계효용이라는 용어는 일상적인 대화에서는 사용되는 일이 거의 없을 뿐만 아니라 익숙해지기 어려운 단어 중 하나이다. 코우사이 유타카(香西泰, 2001)는 로빈슨 크루소의 욕구와 노력을 기초로 경제학의 한계 개념을 소개하고 있다.[2] 크루소가 만족(욕구)을 충족시키는 것과 고통(노력)이 늘어나는 것을 저울에 달아 양쪽이 같아지도록 노력할 때, 만족과 고통의 총량은 최대가 된다. 이것은 경제학에서 말하는 한계효용과 한계불효용의 일치점이 된다.

이해를 위한 예

맥주를 계속 마시고 있던 상태에서 새로 추가한 맥주를 마심으로써 얻을 수 있는 만족을 한계효용이라고 한다. 여기서 한 잔째 맥주의 한계효용을 7점이라 하면, 세 잔째의 만족은 5점이 되고, 맥주를 더 추가해 다섯 잔째를 마시면 그 만족은 보통 사람의 경우 한 잔째와 세 잔째일 때의 만족도보다는 작아져, (가정으로) 만족도는 3점이 된다.

이와 같이, 추가한 각각의 맥주로부터 얻을 수 있는 만족도는 7점, 5점, 3점으로 낮아지는(만족도나 그 저하하는 정도는 사람에 따라 다르지만) 것이 대부분의 사람들에게 공통된 특성이다. 이것을 '한계효용체감의 법칙'이라고 한다.

아래 그림에서는 맥주 네 잔째부터는 만족(효용)이 아닌 불쾌(불효용)의 상태가 되는 것을 나타내고 있다. 또한 이 효용은 크기가 아닌 순위를 나타내고 있다.

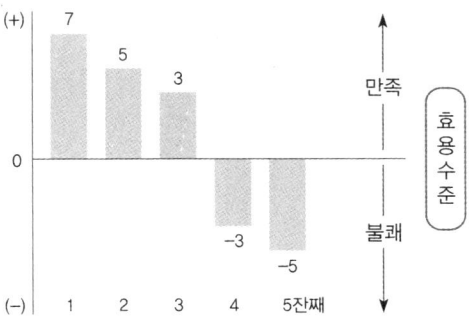

② 소비자 잉여

소비자 잉여란 지불할 의사는 있지만 그만큼 지불하지 않고 소비하였을 때 얻은 효용으로, 소비자의 이익을 나타낸 것이다.

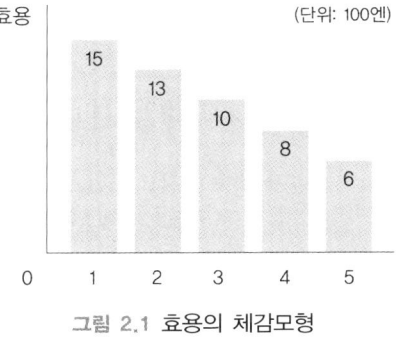

그림 2.1 효용의 체감모형

예를 들면, 맥주 다섯 병을 계속 마시면 효용(가치)이 각각 1,500엔, 1,300엔, 1,000엔, 800엔, 600엔으로 점차 낮아진다고 하면, 총효용(가치)은 5,200엔이 된다(그림 2.1). 반면, 맥주 한 병당 판매가격을 400엔이라 하면 총비용은 5병 × 400엔으로 2,000엔이 되고 이 효용과 비용의 차액(3,200엔)이 소비자 잉여가 된다.

일반적으로 〈그림 2.2〉와 같이 수요곡선 D가 우하향이고, 가격과 수요가 반비례할 때 Oq의 양을 구입하면 지불금액은 OABq(가격 × 수량)가 된다. 여기서 본래 PO의 가격을 AO밖에 지불하지 않았기 때문에 구입자, 즉 소비자는 지불한 이상의 가치 PAB를 얻게 된다. 이것이 소비자 잉여(consumer's

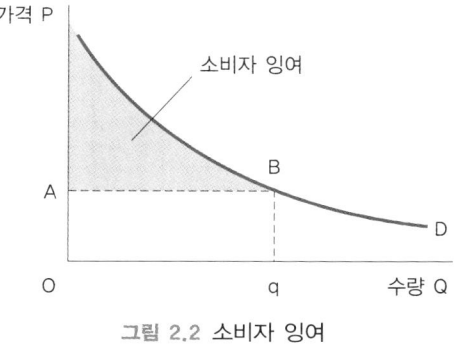

그림 2.2 소비자 잉여

surplus)이다. 이것이 지불의사가 있지만 지불하지 않고 얻은 소비자 이익이다.

③ 한계효용균등의 법칙

사람들은 생활의 만족을 높이고자 하며 일반적으로, 다수의 재화와 서비스를 일정 한도의 예산 안에서 구입하여 소비한다. 예를 들면, 월급 범위 내에서 쌀이나 채소, 고기 등을 구입하고, 관광여행을 떠난다면 제한된 여행경비 안에서 식사와 선물을 구입하게 된다. 소비자가 구입하는 각각의 재화와 서비스가 가져온 만족(효용)의 정도가 동일할 때에 그 사람의 전체 만족(효용)은 최대가 된다. 즉 각각의 재화와 서비스의 종류마다 마지막 단위의 효용(한계효용)이 같아졌을 때, 각각의 재화에서 얻은 총효용은 최대가 된다는 뜻으로 이것을 한계효용균등의 법칙(law of equi-marginal utility)이라 한다.

　또 구입하는 재화와 서비스의 가격이 다를 경우 재화와 서비스의 한계효용의 비율과 그 가격의 비율이 같아지게 되었을 때, 그 사람의 전체 만족(효용)은 최대가 된다. 이것을 '가중 한계효용균등의 법칙'이라고 한다.

이해를 위한 예

① 각 재화(서비스)의 가격이 같을(또는 차이가 작을) 경우
　재화(서비스)의 종류와 각각의 한계효용이 다음과 같다고 하면

$$X_1 \,(쌀) \text{———} Mx_1 \,(쌀의 한계효용)$$
$$X_2 \,(채소) \text{———} Mx_2 \,(채소의 한계효용)$$
$$X_3 \,(고기) \text{———} Mx_3 \,(고기의 한계효용)$$

　구입자의 만족(효용)이 최대가 되는 것은 $Mx_1 = Mx_2 = Mx_3$의 경우이다. 이것을 한계효용균등의 법칙이라고 한다.

② 각 재화(서비스)의 가격이 다를 경우

재화(서비스)의 종류와 각각의 한계효용을 다음과 같다고 하면

$$X_1 (쌀) \text{———} Mx_1 (쌀의 한계효용), \quad Px_1 (쌀의 가격)$$
$$X_2 (채소) \text{———} Mx_2 (채소의 한계효용), \quad Px_2 (채소의 가격)$$
$$X_3 (고기) \text{———} Mx_3 (고기의 한계효용), \quad Px_3 (고기의 가격)$$

구입자의 만족(효용)이 최대가 되는 것은 각 재화(서비스)의 한계효용 비율과 가격 비율이 같아졌을 경우, 즉

$$\frac{Mx_1 (쌀의 한계효용)}{Px_1 (쌀의 가격)} = \frac{Mx_2 (채소의 한계효용)}{Px_2 (쌀의 한계효용)} = \frac{Mx_3 (고기의 한계효용)}{Px_3 (고기의 가격)}$$

이것을 가중 한계효용균등의 법칙이라고 한다.

3. 관광객의 선택적 구매 : 한계효용을 보완한 무차별곡선

앞에서 관광객이 재화와 서비스를 구입할 때의 메커니즘으로서 한계효용의 개념과 그 기본적인 법칙을 소개하였다. 한계효용의 개념은 1870년대 멩거(Carl Menger), 왈라스(Léon Walras), 제번스(W. S. Jevons)에 의해 거의 같은 시기에 창안됐지만 이 기초를 만든 학자는 튀넨(J. H. Thünen)과 고센(H. H. Gossen) 이다. 이 개념은 경제학 이론 정립에 크게 기여하였다. 그러나 한계효용은 주관적이며, 재화와 서비스의 효용을 10, 8, 6 등 만족의 정도를 크기로 나타내는 것은 아무런 근거도 없다는 점 등의 결함이 지적되고 있다. 이와 같은 결함 때문에 선택의 개념인 '무차별'이 도입되었다.

효용의 크기를 기수(基數)로 나타낼 수 있다는 강한 가정을 완화시키기 위해 서수(序數)로 표현하고자 한 것이 무차별이라는 개념이다. 이것은 관광

객이 복수의 재화와 서비스를 구입할 때, 예를 들면 레스토랑에서 맥주와 치즈 등을 주문할 때 각각 어느 정도의 양(조합)을 주문했을 때에 만족(효용)이 가장 크게 될 것인가 하는 점이다.

여기에서 세로축에 맥주(y재), 가로축에 치즈(x재)를 두면 관광객에게 동일한 만족(효용)을 줄 수 있는 점들을 연결할 수 있다. 이러한 점을 이은 선이 '무차별곡선'이다. 이 선상의 점들은 맥주(y재)와 치즈(x재)의 조합은 다르지만 (예를 들면, a_1 점에는 맥주 2단위와 치즈 3단위, a_2 점에서는 맥주 1단위와 치즈 7단위), 거기에서 얻을 수 있는 만족(효용)은 같다. 이 선상의 모든 점은 효용이 같기 때문에 선호의 차가 없으므로 '무차별'이라는 명칭이 붙었다.

또 각기 다른 효용 크기에 대응하는 여러 개의 무차별곡선을 한 평면에 그릴 수 있으며(그림 2.3의 I, II, III 등), 원점 0에서 멀어질수록 보다 높은 효용을 나타낸다. 〈그림 2.3〉에서는 무차별곡선 I의 a_1보다 무차별곡선 II의 b_1이 효용이 큰 것을 나타내고 있다 (표 2.1 참조).

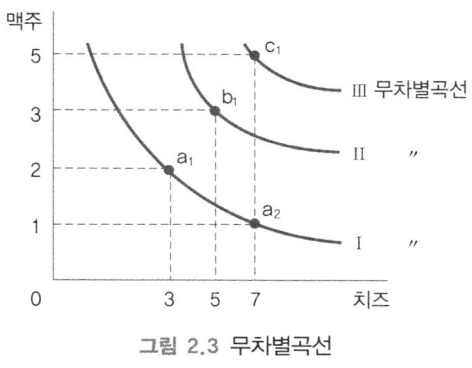

그림 2.3 무차별곡선

표 2.1 X, Y재화의 조합

조 합	a_1	a_2	b_1	c_1
x재화의 양	3	7	5	7
y재화의 양	2	1	3	5
무차별곡선(효용)	I	I	II	III

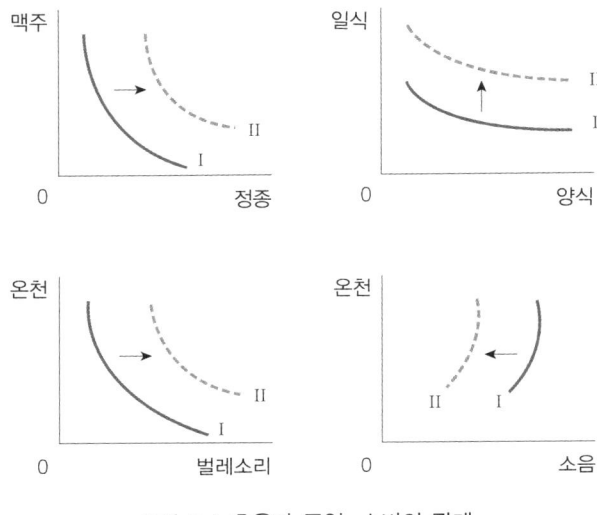

그림 2.4 효용과 구입, 소비의 관계

관광과 관련 있는 재화(음식물)와 서비스(분위기)를 예로 들어, 효용의 크기가 재화와 서비스의 구입량이나 소비량의 크기에 비례한다는 것을 개념적으로 나타내면 〈그림 2.4〉와 같다.

4. 무차별곡선의 특성과 관광객 구매행동

(1) 무차별곡선의 특성

무차별곡선의 특성을 생각해 보자. 〈그림 2.3〉에 있는 무차별곡선(예를 들면, 곡선 I)에서 맥주(y재)를 1단위 추가하면서, 같은 효용을 유지하려면(효용의 크기가 예를 들면 3이라는 I의 곡선에 멈추는 것을 의미한다) 치즈(x재)의 구입단위를 어느 정도 희생해야만 한다. 맥주(y재)를 1단위 늘릴 때 줄여야 하는 치즈(x재)의 비

이해를 위한 예

다음의 무차별곡선은 맥주(y재)와 치즈(x재)의 세트로 200의 효용이 있는 것을 나타낸다. 치즈의 효용이 10일 때의 맥주의 대체율은 얼마가 되는가?

해설 : $xy = 200$ …… ①

이므로

$y = 200/x$ …… ②

②식을 x에 대해서 미분해서

$$\frac{dy}{dx} = -\frac{200}{x^2}$$

의해, 한계대체율은,

$-200 \div (10)^2 = -2$

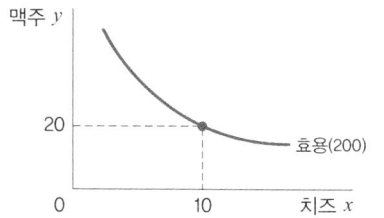

율을 '한계대체율'이라고 한다.

　이 무차별곡선은 원점 0에 대해 볼록한 모양으로 그려져 있기 때문에, 우하향 할수록 x재를 추가시킬 때 y재의 희생 비율($-\triangle y/\triangle x$)은 작아진다. 이것을 '한계대체율체감의 법칙'(Law of diminishing Marginal rate of Substitution)이라고 한다. 이것은 y재의 한계효용과 비교하여 x재의 한계효용이 상대적으로 크게 체감하는 것을 의미하고 있으며, 한계효용체감의 법칙과 같다고 말할 수 있다. 이 법칙은, 두 개의 재화와 서비스에 대해 어느 쪽을 어느만큼 선호하는가를 선택할 때의 원리를 나타내고 있다.

(2) 효용을 화폐로 표시할 수 있는가

여행을 떠나 경관을 즐기고 숙박시설에서 기분 좋은 대접을 받아 행복을 느낄 때가 있다. 또 명승지나 희소성이 높은 자연 생태를 관찰하고 환경의 아름다움에 감동하는 경우도 있다. 이 환경의 아름다움(신록과 단풍 등 자연경관)과 쾌적함(서비스업으로부터 받은 환대의 만족) 두 가지가 특히 관광여행에서 감동을 받게 될 요소라고 가정하자(단순화를 위한 가정).

　이 두 가지의 만족은 효용 함수 = U(x_1, x_2)로 나타내고, 사람들은 만족이 최대가 되기 바라며 행동(관광여행)한다고 가정하자. 만약 두 곳의 관광지(A, B 지역)가 있고, A 관광지의 효용이 B 관광지에서 얻는 만족감보다 클 경우, 합리적인 관광객은 A 관광지를 선택할 것이다.

　이 관광객이 여행이나 숙박업소에서 받은 만족의 정도를 추상적인 효용이 아닌 화폐로서 나타내는 방법도 있다. 효용을 화폐로서 나타낸 것을 '화폐단위효용'이라고 한다. 효용을 화폐로 변환시키려면, 임의의 효용수준 U에 대하여 그 수준을 달성하기 위해 필요한 소득(금액)을 설정해야 한다. 위의 예로 U(x_1, x_2), 즉 차창에서 호수에 비치는 단풍을 감상하고, 숙박업소에서 마음 따뜻한 대접을 받기 위해서 어느 정도의 금액을 지불해야 할까? 즉, 관광객은 보통의 경우 합리적인 비용으로 효용(만족)을 가능한 한 크게 하려고 한다.

　　효용이 최대가 되도록 하며 (U(x_1, x_2) 〉 u)
　　숙박과 교통 등의 전체비용 (Px_1 + Px_2)을 최소화하고자 한다.

　효용을 화폐로 환산할 경우, 같은 명승지나 호텔에 들렀다 하더라도 거기에서 얻을 수 있는 효용은 언제나 같은 금액으로 평가되는 것이 아니며, 변동할 가능성이 있다. 그것은 호텔의 대접이나 단풍에서 받은 효용이 관광여행의 횟수가 늘어남에 따라 체감하기 때문이다(이것은 이용자 측면에서의 효용체감이라고 할 수 있다). 반면, 이 호텔이나 명승지가 관광객의 인기나 출입 동향에 대응하여 경영자나 관리기관 등이 이용 요금을 바꾸거나(호텔 등 이용 횟수에 따라 요금을 할인하는 경우) 혼잡 방지나 주차장이 있는 휴게소를 설치해서 요금을 징수하는 경우도 있다(이것들은 제공자 측면에서의 요금조건이라 할 수 있다).

　이 이용자 측면에서의 효용체감과 제공자 측면에서의 요금 조건의 양쪽 관계로부터 숙박과 교통 등의 전체 비용이 변동하게 된다. 이제부터 '한계대체율체감의 법칙'을 토대로 관광객의 소득수준, 구입하는 재화와 서비스의 가격 변화 등에 의한 구매행동이 어떻게 변화하는가에 대해 살펴보고자 한다.

5. 관광객의 수요 특성

이제까지는 관광경제학을 미시 분야에서 접근하여 관광객 개개인의 관광행동을 소득이나 가격의 변동과 관련지어 고찰하였다. 이 단계에서는 관광객의 집단, 즉 다수의 관광객을 전체로 다루고 또 그 집단이 관광에 관계된 재화와 서비스를 원하고 그것을 구입하는(경제적으로 지출하는) 것을 '수요'로 정의하여, 이 관광에 관계된 수요의 내용과 그 특성 등에 대해 고찰하기로 한다.

(1) 관광객의 수요구조 : 가처분소득

① 경제적 요인

관광객은 관광의 효용을 누리기 때문에 여행의 계획 단계부터 귀가할 때까지 많은 곳에서 음식, 선물, 숙박 또는 유료도로나 여가시설 등에 돈을 지출(이것을 소비라고 한다)하게 된다. 관광객이 관광과 관련된 재화나 서비스(이것을 다음의 내용에서는 '관광재나 서비스'라고 표현한다)에 지출하는 것은, 관광과 관련된 재화와 서비스를 제공하는 쪽(관광 관련 산업 등)에서 보면 '관광수요'가 된다. 또 경영적 또는 계획적인 관점에서는 '관광소비지출'로 표현된다. 이것은 조사와 분석 목적에 따라 표현과 내용을 선택하는 것이므로 각각의 이용 방법이나 내용에 유의할 필요가 있다.

관광재와 서비스는 일반 재화와 다른 면이 있다. 첫째는 위에서 예시한 것처럼 관광이란 다면적인 기능(이동, 감상, 음식, 휴식숙박, 선물 구입 등)이 포괄된 것(복합기능을 가짐)으로서 인식해야 한다. 둘째는 사람과의 관계, 즉 사람에 의한 서비스 제공이라는 측면(현지 가이드, 체험·기능의 지도, 음식의 소재나 시설의 유래 설명 등)이 크다. 게다가 이것과 관련된 서비스 제공(제공자)과 소비(소비자)가 동시에 이루어진다. 일반 상품과 같이 재고 비축, 예상생산이 불가능하고 관광객의 동향과 생각에 적합한 서비스(견고한 장치나 시스템 등과 관련된)를 사람의 손으로 직접 대응해야만 한다. 관광객은 관광여행에 있어서 이러한 특성을 가진 관광재와 서비스를 구입하게 된다(이것을 관광수요라고 한다). 이것을 금전적으로 표현하면 '관광소비지출'이 된다. 그리고 관광소비지출은 넓은 의미에 있어서 소득수준에, 보다 엄밀히 말하면 가처분소득의 크기에 의존한다.

그리고 가처분소득이란, 대체적으로 개인이 얻은 소득 중에서 ① 생활 필수품에 충당되는 부분(식비, 광열비, 세금, 교통 교제비 등), ② 질병, 실업 등 불시의 지출에 대비한 부분, ③ 저축, 보험 부분을 뺀 나머지 부분을 말한다. 개

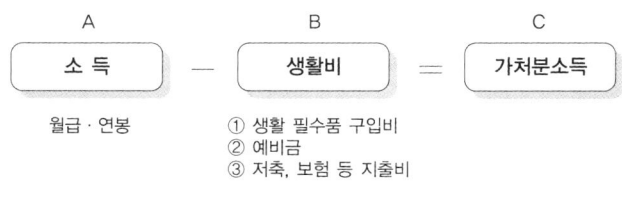

그림 2.5 가처분소득의 개념

인이 노동과 저축 등으로 얻은 소득에서 위의 ①~③을 빼고 남은 부분은, 관광여행에 충당해도 일상의 생활에 지장이 적다는 의미에 있어서 '써도 좋은 소득'[3]이라고 정의한 것이다.

가처분소득은, 말할 필요도 없이 벌어들인 소득의 일부이며, 그 비율은 사회경제의 전망에 대한 기대에 대응하여 변동한다. 고도경제성장이나 거품경제 시기와 같이 장래소득수준이 상승하리라고 예측되는 시기에는, 소득 중에서 관광여행을 비롯한 여가와 관련된 지출비율도(따라서 지출액도) 커진다. 반대의 경우 여가에 대한 지출비율은(따라서 지출액도) 축소된다. 그러므로 관광수요에 영향을 주는 직접적인 경제요인에는 가처분소득이 있고, 가처분소득의 크기는 사회적으로 볼 때 국민소득의 분배상태에 의존한다.

사람들은 의식주나 소득 등의 기본적인 욕구가 어느 정도 충족되면, 물질적인 것이 아닌 즐거움이나 체험, 감동, 지식으로 관심이 옮겨진다. 이것을 사회적인 측면에서 보면, 미국보다 소득분배 불공평도가 낮은 일본에서 새로운 인생의 기쁨이나 즐거움의 창출·제공이 중시되는 정책적 대응이 더 중요시된다. 따라서 관광 분야가 국민생활이나 관련 서비스의 생산·제공뿐만 아니라, 종합적인 환경정비(아름답고 자랑스러운 국토·내 고장)가 중요해지면, 관광통계와 더불어 GNP로부터 GNE(Gross National Enjoyment) 개념을 별도로 검토할 필요가 생기게 된다.

이 이외에도 관광수요에 영향을 미치는 경제적 요인으로는 노동·휴가제도 등이 있고, 국제관광의 경우에는 통화(환율)의 가치, 해외 여행지 물가수준, 조세제도(출국세 등)가 있다.

② 정치사회적 요인

관광수요에 영향을 미치는 경제 이외의 요인으로는 여행지의 정치정세(내란,

폭동 등), 건강ㆍ생명의 위험성(질병, 재해 등), 여권ㆍ비자의 발급 통제 등이 있다. 유럽에서의 광우병 발생, 2001년 9월의 세계 동시 테러 사건 등은 관광수요를 억제하였다.

(2) 관광지출과 국민소득

관광지출 규모는 나라 전체에서 보면 국민소득수준과 상관관계가 크다. 특히 사회경제가 성숙 단계에 진입하면 관광수요는 경기 변동에 좌우되는 일이 적어지고, 풍요로운 생활에 필요한 요건으로 여기게 된다. 제2차 세계대전 이후 의식주의 기초적인 생활기반이 충족되면서 생활에 필요한 편의시설이 갖추어지고 어느 정도의 저축이 가능해지자 일본 국민들은 생활의 중심을 의식주에서 여가활동으로 이동하였고, 이것이 전후 경제활동의 일익을 담당하게 되었다. 최근에는 정년퇴직을 맞은 사람들이 늘어나고, 심신의 건강 유지에 관심이 높아짐에 따라 관광여행이 생활 속에서 정착되고 있다. 이에 따라 경기변동에 의해서 그리 영향을 받지 않게 되어(최근에는 해외여행의

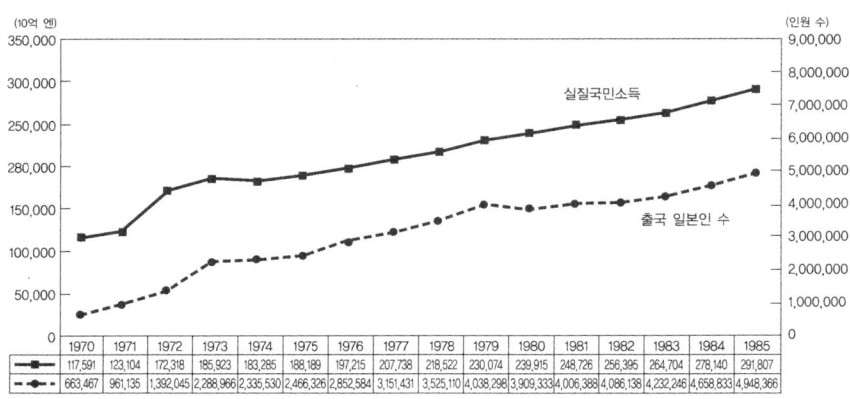

	1970	1971	1972	1973	1974	1975	1976	1977	1978	1979	1980	1981	1982	1983	1984	1985
	117,591	123,104	172,318	185,923	183,285	188,189	197,215	207,738	218,522	230,074	239,915	248,726	256,395	264,704	278,140	291,807
	663,467	961,135	1,392,045	2,288,966	2,335,530	2,466,326	2,852,584	3,151,431	3,525,110	4,038,298	3,909,333	4,006,388	4,086,138	4,232,246	4,658,833	4,948,366

그림 2.6 국민소득의 추이와 관광(출국자 수)의 관계

신장이 뚜렷하지만) 관광수요는 증가추세에 있다.

(3) 관광지출에 영향을 미치는 요인

① 사회적 요인

경제학에서는 이론을 구축하는 데 있어서 대상이 되는 사람을 '경제인'으로
설정하고 있다. 경제인이 가지고 있는 선호는 늘 변함없이 일정하다고 가정
하고 분석이 이루어진다. 하지만 최근, 국민 생활의 일부가 되고 있는 관광
여행을 예로 들면, 사람들의 재화와 서비스에 대한 수요는 거시적으로 보면
그 선호도가 반드시 일치하는 것이 아니므로 관광지출은 유동적이다. 관광
지출(그것을 관광재나 서비스를 제공하는 측면에서 본 수요)에 크게 영향을 미치는 요인
은 다음과 같다.

- **전시효과**(demonstration effect) : 소비에 대한 외부효과라고도 하는데, 타인과
  타국의 고도소비가 자본축적이 적은 나라(개발도상국)에서 같은 소비행동
  을 유발하는 효과를 일컫는다(붐의 파급 등). 선진국에서 온 여행자나 부자
  의 소비행태를 개발도상국 사람들이 선망하고 뒤따라 하는 것이다. 이렇
  게 되면 관광소비가 확대된다.
- **의존효과**(dependence effect) : 본래 소비란 생존을 위해서 직접 필요한 것에
  지출하는 것이 일반적이지만, 재화와 서비스의 생산자 · 제공자가 그들
  이 꾸민 판매전략, 특히 광고 선전을 통하여 반드시 생존에 필요하지도
  않는 재화와 서비스를 소비하도록 유도하는 것을 말한다.
- **톱니효과**(ratchet effect) : 소비수준이 반드시 현재의 소득수준에만 의존하는
  것이 아니라, 과거의 최고 소비수준(좋았던 과거의 소비행동)에 의해서도 영향
  을 받는 것을 말한다. 단적으로 말하면, 한번 맛본 즐거움은 좀처럼 잊을
  수 없다는 것이다.

$$관광소비(C_t) = f(Y_t, \bar{C})$$

- Y : 소득수준
- C : 관광소비
- t : 시간
- $\bar{C}$: 과거의 최고 수비수준

② 개인(소비자)적 요인

관광객은 소비자로서 어느 일정한 소득수준하에서 효용이 최대화되도록 다양한 관광재와 서비스에 비용을 지출하고 있다. 관광(넓은 개념으로는 여가)과 관련된 비용지출(숙박, 교양오락 등)은 단순히 관광과 여가에 관련된 비용항목뿐만 아니라, 소비생활 전체와 관련된 다른 재화와 서비스와도 연계되어 지출된다.[4] 관광이 일생에 한 번뿐인 것이 아닌 생활의 일부로서 인식되고 정착되면 연간 또는 2~3년 후의 생활을 상정하고 그간의 수입과 생활비 지출을 감안하여, 그중에서 관광여행을 위한 비용지출을 고려하게 된다. 그러므로 관광수요는 어느 시점의 가처분소득뿐만 아니라, 그 소비자의 생활리듬(기간) 내에서의 수지(收支)상황에 의해서도 좌우된다.

(4) 관광수요의 예측

관광재와 서비스 수요곡선은 일반적으로 가격에 대하여 우하향한다. 또 이 곡선은, 소득수준의 변화에 따라 이동한다. 그러므로 수요곡선상에서 이동하는 것과 수요곡선 자체가 이동하는 것은 차이점이 있다는 것을 이해할 필요가 있다.[5] 예를 들면, 〈그림 2.7〉에서 수요곡선 D_1 위의 점 a부터 b까지 이동한 것과 수요곡선 D_1 위의 a에서 D_2 위의 A로 이동한 것은 의미가 다르다.

관광재와 서비스에 대해서 수요와 공급의 관계, 수요와 공급에 의한 가

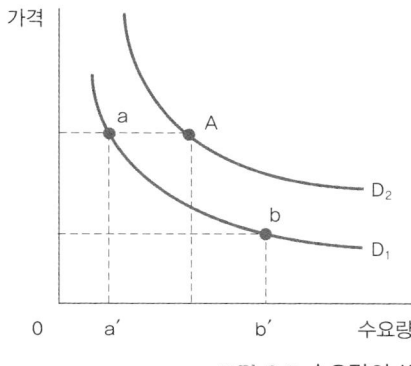

① 같은 수요곡선상의 이동의 의미
  a부터 b의 이동은 가격하락에 의해
  수요량이 a´에서 b´로 증가한 것을
  의미한다.

② 다른 수요곡선 간의 이동의 의미
  a에서 A로 이동한 것은 소득수준의
  향상에 의해 수요가 증가한 것을 나
  타내고 있다.

그림 2.7 수요량의 변화와 수요의 변화

격결정에 대해서는 절을 달리하여 설명할 예정이다.

① 수요 예측의 의의와 과제

관광(지역)에 있어서 앞으로의 바람직한 모습을 그리거나, 현재 과제를 원활하게 해결하고자 하는 경우 수요 예측은 유효한 실마리를 제공해 준다. 관광수요 예측은 단순히 지금까지의 추세를 연장함으로써 이루어지지는 않는다. 거기에는 두 가지 이유가 있다.

첫째는, 관광에 관련된 행동은 사람들의 일상생활 · 환경에 있어서의 만족도와 가치관의 변화에 의해 크게 좌우되기 때문이다. 경제수준이 낮고 자유로운 시간이 적은 단계에서는, 소득수준이나 근로제도가 변화하는 것만으로도 관광행동(그 여행의 양과 내용 등)이 민감하게 반응하는 경향이 있다. 그러나 일본처럼 어느 정도의 소득수준에 도달하여 자유롭게 이용 가능한 시간이 증가되면, 소득의 상승이 비례적으로 관광행동의 양의 증가로 연결되지 않는다.

또 관광여행이 아직 그 빈도가 낮은 단계에서는 한정된 시간과 소득을 가지고 보다 멀리, 보다 많은 관광지를 둘러보거나, 또는 견학, 연회나 음식과 선물 등을 보다 많이 구입하는 등, 돈을 지출하는 관광행동이 주류를 이루게 된다. 관광여행이 경험도 많아지고 생활의 일부로서 정착하게 되면 돈을 쓰는 것보다도 교류, 창작활동이나 자연 생태의 관찰 등 시간을 소비하는 활동을 지향하게 된다(즉 소득소비형에서 시간소비형으로 이동한다). 이와 같은 활동 형태의 변화는 관광소비 내용과 1인당 소비액에도 영향을 미치게 된다. 따라서 향후 관광에 대한 만족도와 그 가치관에 변화가 예상되는 경우에는 지금까지의 수요를 그대로 연장하는 것이 바람직하지 않게 된다.

두 번째 이유는, 국내외를 불문하고 관광여행이 일상적 활동의 일부로 정착되면, 사람들은 노동시간에서 얻는 수입(임금)과 관광여행에 시간을 투자해 얻을 수 있는 만족(효용, 기쁨 등)을 비교하여 행동을 선택하게 된다. 관광여행이 생활의 일부로 정착되기 전에는 노동이 생활을 유지·향상시키기 때문에 노동이 최우선이 되었고, 여행은 그 나머지 극히 한정된 시간에, 짧은 당일 관광을 즐기는 것에 지나지 않았다.

그러므로 관광수요를 규정하는 요인(그 하나)은, 하루나 한 달 등 한정된 시간 내에서 ① 만족(효용)을 얻기 위하여 관광에 충당하는 시간과, ② 시간당 일정 수준의 임금 소득을 얻기 위해서 충당하는 노동시간에 의존한다. 예를 들면, 하루는 24시간으로 한정되어 있고, 수면·생리·음식 등에 필요한 구속시간은 거의 고정되어 있기 때문에, 예를 들면 노동시간을 1시간 줄여 그 시간에 관광(행락)을 즐겼다면 본래 얻을 수 있었을 임금을 희생해야 하는데(⟨그림 2.8⟩의 경우에는 5천 엔) 이것을 '기회비용'이라고 한다.

국제 친선 축구시합(2시간)의 입장료가 1,500엔이라고 하자. 어떤 사람이 집에서부터 축구를 관전하는 데까지 왕복 3시간이 걸리고, 그 사람의 1시간당 임금이 5,000엔이라면, 이 사람이 축구관전이라는 관광행위에 드는 비

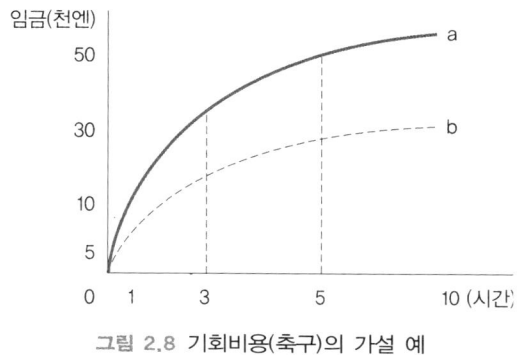

그림 2.8 기회비용(축구)의 가설 예

용은, '입장요금 + 그 사람 시간의 기회비용'[6], 즉 다음과 같이 된다.

1,500엔 + (3시간 × 5,000엔) = 16,500엔

이와 같이 기회비용의 크기와 관광에 대한 가치의 크기를 비교 고려하면, 관광에 충당되는 시간의 크기는 변화한다. 따라서 과거의 관광 동향을 그대로 연장하는 것은 부적절하다.

또한, 기회비용이 샐러리맨의 경우가 아니라 연중 무휴 상태에 있는 자영업이나 자유업에 속하는 사람들에게서 발생하는 경우를 살펴보자. 자영업이나 자유업에 종사하는 사람들이 관광재와 서비스를 수요할 경우 그 크기는 ① 소득수준, ② 관광재와 서비스 가격, ③ 관광재와 서비스에 대한 기회비용(시간당 임금 × 소요시간)의 영향을 받게 된다. 하지만 샐러리맨의 경우에는 ① 소득수준, ② 관광재와 서비스 가격에 의존하는 경향이 강하기 때문에 샐러리맨보다도 자영 · 자유업자들이 기회비용과 더 밀접한 관계가 있다.

② 관광과 소비에 관한 통계자료

관광객이 한 지역이나 시설 등에서 어떤 소비행태를 보이는가(그 비용항목과 금액 등)를 명확히 파악하는 일은 관광지의 진흥정책 또는 관련 시설의 사업계획 수립과 뗄 수 없는 관계에 있다. 특히 관광객의 소비에 관한 특성(활동내용, 여행형태, 시기 등의 요인)에 대해서 오랜 시간에 걸쳐 작성된 신뢰성 높은 자료가 필요하다는 것은 널리 알려져 있다. 그러나 관광여행과 관련된 재화와 서비스의 판매액을 파악할 경우, 그 재화와 서비스의 구매자가 관광객인가 아닌가, 또는 관광객이 친구나 친척과 함께 파티를 했을 경우에 있어서 그 음식·비품을 어떻게 취급할 것인가 등, 관광소비의 주체와 그 대상을 관광 외의 그것과 구분하는 일은 현실적으로 어려운 일이다. 더욱이 관광에 관련된 재화와 서비스를 생산하고 제공하는 주체의 판매액과 판매수량에 있어서도, 세금문제와 경쟁상대와의 전략적인 문제 등으로 인하여 그 수치가 신뢰성이 높다고는 볼 수 없다. 또 행정이나 관광 관련 기관 등이 작성하고 있는 관광(소비)에 관한 정보도 그것이 실태조사에 의한 것, 추계에 의한 것(승수도입), 그리고 이 양자의 혼합에 의한 것 등 조건이 통일되어 있지 않기 때문에 어려운 점이 많다.

따라서 관광조사나 연구목적을 달성하기 위해서는 자료를 보완하고 또한 정밀도를 높일 수 있는 다양한 조사방법과 자료수집 활동이 필요하다.

- **관광객의 선물 구매행동 조사** : 관광객이 어디에서 어떤 물건을 구매하는가를 추적 조사하는 것이다. 사찰이나 신사 앞에서 상가가 발달한 지역에서 행해지는 경우가 많다.
- **출구(gate)조사** : 어떤 한 지역에 입장하는 관광객에게 관광소비행태에 관한 설문지를 건네고, 퇴장할 때에 체크된 설문지를 회수하는 조사이다.
- **관광재나 서비스 제공자에 대한 청취조사** : 관광객을 대상으로 재화와 서

비스를 판매하고 있는 업자들로부터, 판매된 재화나 서비스의 내용이나
수량 등을 듣고(또는 전표에서) 파악하는 조사이다.

일본에서 공개되어 있는 관광소비에 관한 주요 자료

① 관광실태와 지향
- 작성 주체 : (재)일본관광협회
- 작성 조건 : 3,000명을 대상으로 한 표본 조사(1999년부터 매년)
- 목적, 내용 : 개인 소비(관광) 지출액 추계

② 전국 관광동향
- 작성 주체 : (재)일본관광협회
- 작성 조건 : 격년으로, 3,000명을 대상으로 한 표본조사
- 목적, 내용 : 개인 소비(관광)지출액 추계

③ 각 광역자치단체의 관광통계
- 작성 주체 : 현 또는 관광협회
- 작성 조건 : 매년
- 목적, 내용 : 관광형태(출발지, 계절, 출입수단, 동행자 등) 및 소비(관광)지
  출액

④ 적정 발행물 · 관광의 수요 예측
- 작성 주체 : (재)일본관광협회
- 작성 조건 : 연령과 관련된 관광발생량 추계
- 목적, 내용 : 1975년, 1985년, 1990년의 국민 관광 레크리에이션 수요량과
  광역자치단체 별로 추계
- 작성 개시 : 1988년부터 현재

주) 관광과 관련된 주요 공공 자료
  ① 국민소득통계 : 재무성 작성 – 국민소득수준과 경제성장 게재
  ② 가계조사보고 : 총무성 작성 – 가계의 형태별 소비품목과 소비액 게재
  ③ 매월 근로통계조사 : 후생노동성 작성 – 연간 총 실제 노동시간

표 2.2 주요경제지표

| 연 월 | 국내 총생산 | | | | 총인구 연별 인구는 10월 현재, 분기별 인구는 기수 현재 | 전국 근로자세대 가계수지 (168 시, 읍, 면) | | | | 소비자 물가지수 (1995년=100) | |
| | 명 목 | | 실질(1990년 가격) | | | 실수입 | | 소비지출 | | | |
	억 엔	전기 비교	억 엔	전기 비교	천 명	엔	전년 비교	엔	전년 비교	전국 통합	전년 비교
		%		%			%		%		%
1997	5,076,320	0.6	4,896,644	△0.1	→	595,963	2.1	354,615	△0.2	102.3	2.0
1998	4,972,558	△2.0	4,801,652	△1.9	—	588,899	△1.2	351,935	△0.8	102.5	0.2
1999	*4,938,184	*△0.7	*4,823,508	*0.5	—	*570,756	*△3.1	*345,121	*△1.9	102.0	△0.5
1997	5,096,453	1.9	4,929,542	1.6	126,166	595,214	2.7	357,636	1.7	101.9	1.8
1998	4,984,993	△2.2	4,805,868	△2.5	126,486	588,916	△1.1	353,552	△1.1	102.5	0.6
1999	4,951,445	△0.7	4,815,618	0.2	126,686	574,676	△2.4	346,177	△2.1	102.2	△0.3
1999.4~6	5,022,011	0.4	4,874,981	1.0	126,552	589,570	△0.4	340,516	△1.2	102.4	△0.3
7~9	4,949,929	△1.4	4,826,185	△1.0	126,649	538,722	△2.7	344,768	△0.7	102.1	0.0
10~12	4,849,570	△2.0	4,746,724	△1.6	126,686	675,036	△5.5	357,839	△4.4	102.1	△1.0
2000.1~3	*4,946,968	*2.0	*4,860,906	*2.4	*126,770	*479,698	*△3.2	*337,357	*△1.2	101.4	△0.7

작성 : 경제기획청, 총무성.
자료 : JTB 여행 연도(2000), p. 84.

표 2.3 평균소비성향

(단위 : %)

년 / 기	*평균소비성향 (SNA Base)	민간최종소비 / 고용자소득	평균소비성향 (가계조사)
1985	84.40	107.15	77.47
1986	84.39	107.02	77.37
1987	86.19	108.27	76.40
1988	86.99	108.38	75.68
1989	87.08	108.14	75.10
1990	87.87	106.82	75.27
1991	86.83	104.00	74.48
1992	86.88	104.49	74.48
1993	86.65	104.41	74.30
1994	86.70	104.71	73.39
1995	86.29	104.50	72.52
1996	86.19	105.59	72.00

자료 : 경제기획청 경제연구소 경제 리서치(1998), p. 8.

02 관광기업의 재화 · 서비스 생산

지금까지는 관광객의 수요 특성과 소득, 가격이 수요에 미치는 영향에 대하여 고찰하였다. 이제 관광재와 서비스를 누가, 어느 정도의 양을 생산(공급)하는가에 대해서 고찰해 보자. 관광객만을 상대로 재화와 서비스를 생산 · 제공하고 있는 기업은 여행업, 숙박업, 관광지의 음식업 등 전체 산업 중에서 한정된 부문에 불과하다. 많은 기업 중에서 관광기업을 구분해 내는 기준으로 판매하는 재화나 서비스의 특성이나 경영상 판매(이익) 비율 등을 일차적으로 이용할 수 있다. 아래에서는 관광과 관계 깊은 기업을 염두에 두고 기업의 경제적인 측면을 고찰하고자 한다.

1. 관광기업이란

관광객이 요구하는 재화나 서비스를 시장(언제나 누구나 가격 면에서 타협하여 입수 · 구입할 수 있는 장소 혹은 그런 기능)에 제공하는 주체가 관광기업이며, 그 복합체가 관광산업이다(설명을 간단히 하기 위해, 아래에서는 관광기업에 대해 검토한다). 먼저 관광

기업의 기능을 개관하고 이어서 관광재나 서비스 생산(제공과 같음)에 있어서의 기본원칙을 고찰하고자 한다.

기업이란, 이윤극대화를 목적으로 생산요소(자본, 노동, 정보, 노하우, 토지)를 구입하여, 이윤이나 경영지속성이 기대되는 재화나 서비스를 생산한다. 그리고 생산에 필요한 비용, 적정이윤 및 경쟁상태를 감안해서 가격을 결정하고 시장에 판매하는 활동을 하는 주체를 말한다.

일본에는 약 1,000만 개에 가까운 기업이 있으며, 사회경제 동향에 따라 설립 및 소멸 건수도 적지 않다. 또 기업규모도 가족만으로 구성된 영세기업부터 대기업, 국제적인 입지와 자본관계를 특징으로 하는 다국적 기업 등 다양하다. 그중 관광을 주요 업무로 하는 기업은 사람들의 관광활동과 관계되는 재화나 서비스를 생산하고 제공하는 경영형태를 취하고 있으며, 영리를 목적으로 하는 사기업과 그 이외의 공적 재화나 서비스를 창출·제공하는 공기업으로 크게 나뉜다. 또, 이 기업들은 교통업, 숙박업, 여행업, 스포츠·레크리에이션, 선물상품 판매업, 관광광고홍보 등 관광활동에 직접 관련되는 것과, 이들 산업에 집기, 식재료, 비품 등을 제조·수송하는 산업(농림수산업, 비품제조 메이커, 수송회사 등의 일부), 또는 경영회계, 고객관리, 방재위기관리 등 시스템 설계나 정보처리 등에 관련된 사업체를 대상으로 하는 서비스업 등 간접적으로 관련되는 것으로 크게 나눌 수 있다. 이와 같이 구분하는 이유는 관광지의 특성을 살리고, 더 나아가 산업 간 상호연계방안을 고찰할 때 유용하게 사용될 수 있기 때문이다.

2. 관광기업에 의한 재화와 서비스 생산

관광객은 관광재와 서비스의 최종적인 소비자인 반면, 기업은 기본적으로 재화와 서비스의 생산(제공)을 맡고 있는 사회적 존재이다. 기업은 재화와 서비스 생산(제공)을 위해 다른 기업으로부터 생산요소나 중간재를 구입하기도 하는데, 이를 중간소비라 한다(중간수요라고도 한다).

예를 들면, 밭에서 수확한 메밀을 특산품으로 판매하기 위해서는 제분하는 제분기, 그 가루를 담는 봉투와 가루를 반죽하는 통 등을 구입할 필요가 있다. 이때 제분기, 봉투, 반죽통 등이 중간수요가 된다.

기업은 재화와 서비스를 생산하기 위해, 노동력, 원재료, 기구, 소프트웨어, 건물, 토지 등 다양한 것 ─ 이것들을 간단히 노동력(L), 자본장비(K), 원료(M)라 한다 ─ 을 구입해야 한다. 기업은 경제행위를 통하여 필요한 최소한의 생산요소를 투입하여 최대한의 생산량을 얻는, 따라서 보다 많은 이윤을 올리는 것을 기본활동으로 하고 있다. 즉 생산함수(production function)란 어떤 시점에서 주어진 기술수준하에 여러 생산요소를 투입할 때, 효율적 생산활동을 통하여 산출가능한 최대산출량을 나타낸 것이다. 예를 들면 레스토랑이 식사 서비스를 제공(생산)하려면, 요리사와 웨이터 등의 노동력, 점포나 인테리어 등의 자본설비, 식재료, 조미료 등의 원재료가 기본적으로 필요하게 된다. 이러한 생산요소를 조합함으로써 중화요리를 조리하여 고객에게 제공 · 서비스할 수 있다.

$$생산량 = f(L, K, M)$$

재화와 서비스의 공급(생산)은, 판매가격이 높아짐에 따라 이익이 기대

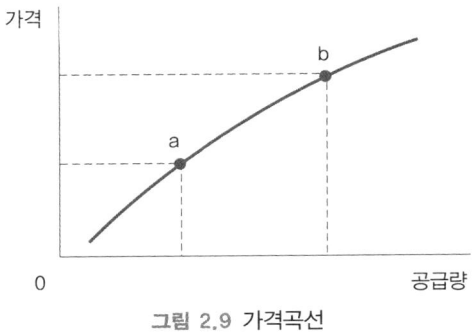

그림 2.9 가격곡선

되면서 공급량이 늘어나게 된다. 공급을 보여 주는 경향(이것을 공급곡선이라 한다)은 통상의 경우 판매가격이 높아지는 만큼 생산에서 제공하는 양을 늘리기 때문에 우상향하게 된다(그림 2.9).

재화와 서비스 모두 이용자에게 유용한데(효용을 가져오는데), 재화는 유형의 상품이고 서비스는 무형의 행위를 가리킨다. 관광과 관련된 재화와 서비스는 모두 노동집약적, 생산성 향상과 관련된 면이 많고, 서비스의 경우에는 재화보다 —— 서비스의 종류와 소득수준 등에 따라 달라지지만 —— 가격탄력성이 상대적으로 크다. 양자는 관광 측면에서 결정적인 차이가 없기 때문에 이하에서는 관광재와 서비스를 구별하지 않기로 한다.

(1) 재화와 서비스 생산 특성

① 생산규모 : 수확체증의 법칙

관광과 관련된 재화와 서비스가 생산(제공)될 때의 특성을 보자. 우선 관광과 관련된 재화와 서비스를 생산하는 데 필요한 노동력, 자본설비, 원료는 산출량이 낮은 수준에서는 생산요소의 투입량이 증가하면 그에 따라 산출량도 증가하는데, 생산요소 투입량의 증가량 이상으로 산출량이 늘어난다는 것이 경험적인 사실로 알려져 있다. 예를 들면 화전 등과 같이 미개발 상태에 있는 농지에서 노동자 수를 늘리거나 농기구를 매입해 사용하고 비료나 농약을 투입하면, 투입량 이상으로 농산물(예를 들면 감자)의 수확량은 증가한다.

이와 같이 생산요소(L, K, M)를 λ배(λ 〉 1) 투입하면, 산출량(Q)은 λ배 이상이 된다. 비교적 생산규모가 작은 단계에서 보이는 이와 같은 요소투입량과 산출량과의 관계를 '규모에 대한 수확체증의 법칙'이라고 한다.

② 생산규모 : 수확체감의 법칙

생산요소의 투입량이 점점 증가하면, 증가된 양과 동일하게 산출량도 증가하는 단계에 이르게 된다. 이 단계는 생산요소의 투입량과 산출량이 균형을 이루는 단계라고 말할 수 있다. 그러나 이 단계를 넘어서서 계속 요소의 투입량이 증가되면 요소 투입의 증가량만큼 산출량이 증가하지 않는 상황이 발생한다. 이 상황은 '규모에 대한 수확체감의 법칙'이 지배하는 단계이며, 이 단계가 기업이 재화와 서비스의 생산활동을 중지하는 기준이 된다(그림 2.10).

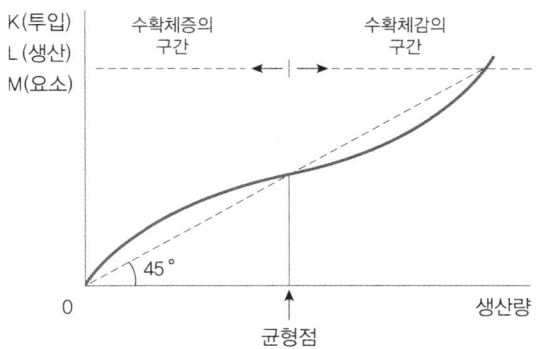

그림 2.10 생산요소의 투입과 산출의 균형

(2) 생산요소의 적정 투입량

① 생산요소 투입량 결정방법

재화와 서비스의 생산에 관련된 이와 같은 특성을 이해한 다음, 기업이 생산요소를 얼마나 투입할 것인가, 그것이 합리적인가 하는 문제를 고찰해 보자. 이때 생산요소 가격과 생산으로부터 도출된 이윤과의 관계에 유의해야 한다.

이제, 생산물(O), 노동력(L), 자본설비(K), 원료(M)의 시장가격을 P_O, P_L, P_K, P_M이라 하자. 자본설비(K)의 내구년수를 T년이라 하면, 1년분의 자본설비 비용은 P_K/T가 된다. 이것을 간단히 P_K라 하자. 이 조건하에서 기업의 이윤이 최대가 되는 생산요소의 투입량을 조합하면 다음과 같다.

$$P_O q = f(L, K, M) - (P_L \cdot L + P_K \cdot K + P_M \cdot M)$$

여기에서 종속변수를 극대화하는 L, K, M을 구하면 된다.

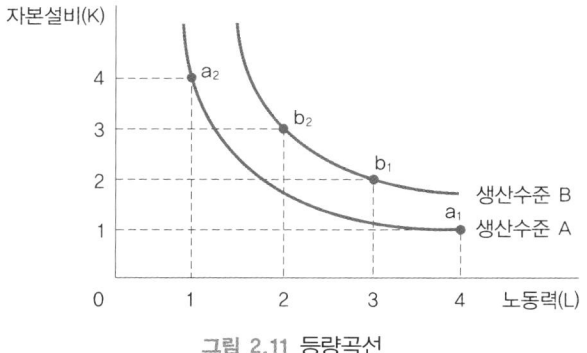

그림 2.11 등량곡선

표 2.4 생산요소와 산출량과의 관계

자본설비(K)	노동력(L)	생산량(O)	생산수준
1	4	4	a_2 : A
2	3	6	b_2 : B
3	2	6	b_1 : B
4	1	4	a_1 : A

단, P_o : 생산물(O)의 가격
　q_o : 생산물(O)의 생산(판매)량

② 생산요소의 결합과 생산량과의 관계 : 등량곡선

이제 생산요소를 둘로 한정(L과 K)해서, 이 두 가지 요소를 각 축에 대입하여 생산무차별곡선, 즉 등량곡선을 그리면 〈그림 2.11〉과 같다.

이 등량곡선은 앞에서 나타낸 소비에 있어서의 무차별곡선과 유사하며, 원점에 대해 볼록한 우하향의 형태를 가진다. 이것은 일정한 산출량을 확보하기 위해서는 한 생산요소(예를 들어 K)를 줄이면 반드시 다른 생산요소(예를 들면 L)를 늘려야 한다는(그 반대의 경우도 있다) 것을 의미한다. 이 관계를 '한계대체율체감의 법칙'이라고 한다.

③ 한계생산력 균등의 법칙

기업은 재화와 서비스의 생산에 있어서 노동력, 기계, 설비 등의 자본설비와 기타 많은 생산요소를 필요로 하지만, 투입되는 총비용이 가능한 한 최소화하도록 생산요소를 조합하여 생산을 하게 된다. 생산요소의 총비용이 최소가 되는 것은, 각 생산요소의 비용(구입가격)과 그 한계생산력이 같아지는 경우이다. 한계생산력은, 생산요소를 1단위(예를 들면, 노동력의 경우에는 한 명, 기계의 경우에는 한 대 등) 늘렸을 때의 산출량의 증가분을 말한다.

$$\frac{\text{노동력의 한계 생산력}}{\text{노동력의 비용(가격)}} = \frac{\text{자본설비의 한계 생산력}}{\text{자본설비의 비용(가격)}}$$

또는 이것을 변형하여 다음과 같이 나타낼 수 있다.

$$\frac{\text{노동력의 한계 생산력}}{\text{자본설비의 한계 생산력}} = \frac{\text{노동력의 비용(가격)}}{\text{자본설비의 비용(가격)}}$$

이것을 '한계생산력 균등의 법칙'(law of equi-marginal productivity)이라고 한다. 한계생산력 균등의 법칙은 기업이 다수의 생산요소를 조합하여 재화와 서비스를 생산할 경우에 있어서 기본원칙이 된다(다수의 재화와 서비스를 구입할 경우는 p. 53을 참조).

(3) 이익을 증가시키는 산출량 결정방법

재화와 서비스 생산에 있어서 이윤을 증가시키려면(예를 들면, 극대화한다) 어떻게 판매액을 증가시킬 것인가와 아울러, 재화(서비스) 생산에 필요한 비용을 어떻게 감소시킬 것인가에 대해서도 생각해야 한다. 엄격히 말하면 재화와 서비스의 생산은 다르지만, 서비스 생산(제공)에 재화가 전혀 관계가 없는 경우는 좀처럼 없으므로, 여기에서는 두 가지 모두에게 공통적인 재화 생산을 염두에 두고 내용을 전개하고자 한다. 관광재를 생산할 때, 어떤 산출량 수준에서 판매액과 비용의 차이가 극대가 될까?

우선 판매액을 최대로 하는 산출량 결정방법을 원료의 비용이라는 관점에서 알아본 다음 생산에 관련된 비용의 종류와 특성에 따라 산출량과의 관계를 고찰하고자 한다. 끝으로 수요(특히 가격)와 공급(특히 비용)을 동시에 고려한 산출량 결정 메커니즘에 대해서 고찰하고자 한다.

① 원료비와 최적산출량 결정 방법

기업은 원료를 사용해서 재화와 서비스를 생산하는데, 생산에 필요한 원료 [1단위당 투입량(그 총량)]는 예산 등의 제약 조건 안에서 수입이 최대가 되도록 구입하여 생산에 투입하려 한다.

　　여기에서 원료로 A(면)와 B(스프)를 사용하여 두 종류의 상품(P₁ : 된장라면, P₂ : 간장라면)을 생산하고 있고, P₁의 1단위 생산에는 원료 A를 2kg, B를 1kg, 또 P₂의 생산에는 A가 2kg, B가 3kg 필요하다고 하자. 한편, 원료 A는 1주에 4kg, B는 3kg만 입수할 수 있다는 제약이 있고, 다른 한편 제품의 판매가격을 P₁은 kg당 10만 엔, 제품 P₂는 15만 엔이라고 할 때, P₁, P₂를 각각 어느 만큼 생산하면 최적(수익이 최대가 된다)이 되는 것일까. 이러한 문제의 해답을 구하는 방법을 선형계획(linear programming)이라 한다.

이해를.위한 예

이 가설에 의한 해법은 다음과 같다.

1. 제품 생산에 투입되는 생산요소(원료)와 그 제품의 판매수입의 조합을 투입, 산출이라고 생각하면 각각 다음과 같이 나타난다.

$$P_1 = \begin{bmatrix} -2 \\ -1 \\ 100 \end{bmatrix} \cdot q_1, \ P_2 = \begin{bmatrix} -2 \\ -3 \\ 150 \end{bmatrix} \cdot q_2$$

(q₁은 P₁, q₂는 P₂의 산출량)

제 품	P₁	P₂	제약량
원료 A	2	2	4
원료 B	1	3	3
수입(천 엔)	100	150	-

2. 제약조건을 나타내면
　원료 A에 대해서 $2q_1 + 2q_2 \leq 4$
　원료 B에 대해서 $q_1 + 3q_2 \leq 3$

3. 목적조건을 나타내면,

$100q_1 + 150q_2$를 최대로 하는 것. 단, $q_1 \geqq 0$, $q_2 \geqq 0$ (비부조건)

4. 이 제약과 목적의 조건에서 생산량 (q_1, q_2)의 균형점을 구하면

$2q_1 + 2q_2 = 4$, $q_1 = 3 - 3q_2$, 따라서 $2(3 - 3q_2) + 2q_2 = 4$

∴ $q_2 = 1/2$, $q_1 = 3/2$

이리하여 $100q_1 + 150q_2 = 100 \times 3/2 + 150 \times 1/2 = 225$(천 원)

② 비용의 종류와 개요

기업이 재화와 서비스를 생산할 때 발생하는 비용의 종류와 특성은 다음과 같다.

㉠ 고정비(불변비용, FC : Fixed Cost)[7]

이것은, 생산하는 재화나 서비스 산출량 변동에 관계없이 일정하게 지불되는 비용을 말하며, 공장의 토지가격, 고정자산세, 감가상각비, 차입자본 이자 등이 중심이 된다.

㉡ 변동비(가변비용, VC : Variable Cost)

이것은, 재화나 서비스 산출량 변동에 따라 변화하는 비용을 말한다. 이 비용은 레스토랑의 식재료와 같이 생산(접시) 수량에 정비례하여 증감하는 것(비례 비용)도 있고, 호텔종업원의 인건비와 같이 생산(접시) 수량에 반드시 정비례하지 않는 것과 경기나 경영전략 등 다른 요인에 의해서 증감하는 것으로(불비례 비용) 구분된다.

ⓒ **총비용**(TC = FC+VC)

불변비용과 가변비용을 합계한 것이다.

ⓔ **평균비용**(AC : Average Cost)

대상으로 하는 재화나 서비스 1단위를 생산(예를 들면, 1인당 숙박 서비스)하기 위하여 소요되는 비용으로, 총비용을 산출량으로 나누어 구한다.

AC = TC/Q (Q는 생산량, 총수량)

ⓜ **한계비용**(MC : Marginal Cost)

이것은 대상으로 하는 재화 1단위를 추가로 생산하기 위해 필요한 추가비용을 말한다. 이러한 여러 비용들의 관계를 임의 수치로 나타낸 것이 〈표 2.5〉이다.

표 2.5 생산에 관한 주요 비용 구성

산출량	총비용 T	가변비용 V	평균비용 A	한계비용 M	고정비용 F
0	200	0	0	10	200
1	210	10	210	15	200
2	225	25	112.5	20	200
3	245	45	81.7	30	200
4	275	75	69	40	200
5	315	115	63	60	200
6	375	175	62.5	100	200
7	475	275	68	—	200

주) • 총비용(T) = V + F
  • 평균비용(A) = T ÷ 산출량
  • 한계비용(M) = $T_2 - T_1$(전기비용 – 당기비용)

③ 비용의 상호관계와 특성

이런 비용들과 재화와 서비스 생산과의 관계를 고찰해 보고자 한다.

㉠ 비용 구조

〈그림 2.12〉에서 가로축은 재화와 서비스 산출량, 세로축은 생산에 따르는 비용을 나타낸다. 지금 한 재화(예를 들면, 선물)의 생산과 비용의 변화를 그래 프로 그려보면, 고정비(FC)는 가로축에 평행한 직선이 되고, 변동비(VC)는 우 상향 곡선이 된다. 고정비는 생산량의 변화와 관계없이 일정하며, 변동비는 생산량의 증감과 거의 연동되어 변화한다.

　　고정비와 변동비를 합친 것이 총비용(TC)이며, 이 비용은 보통 가로축 에 대해 역S자형을 나타낸다.

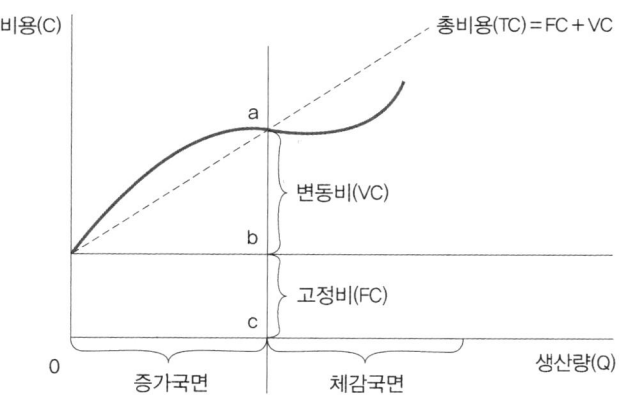

그림 2.12 총비용곡선(고정비＋변동비)의 구조

㉡ 역S자형 모양과 산출량 결정

총비용곡선이 역S자 모양이 되는 이유는 이 곡선(파상으로 변화하는 선)에 두 개 의 굴절점이 있기 때문이다.

첫 번째 굴절점(원점으로부터 증가국면)까지는 산출량을 늘리면 '수확체증의 법칙'이 작용한다. 즉, 이 법칙이 작용하게 되면, 총비용은 산출량이 증가함에 따라 비용이 감소하므로 산출량이 증가한 만큼 비용이 증가하지 않기 때문이다(예를 들어, 100개를 생산하는 총비용은 1,000엔이지만, 200개를 생산할 때는 총비용이 2,000엔이 아니라 1,800엔인 경우도 있다. 이와 같이 대량생산으로 비용이 낮아지는 것을 '대량생산의 법칙'이라고도 한다).

두 번째 굴절점은, 처음 굴절점을 넘어 더욱더 산출량이 증가하게(체감국면) 되면, 이번에는 '수확체감의 법칙'이 작용하여 생산비가 높아지게 된다. 따라서 비용 면에서 볼 때 바람직한 생산규모(산출량)는, 이 두 개의 굴절점 범위 내(그림 0부터 c)에 놓인다.

ⓒ 평균비용 특성

평균비용(AC)은, 산출량이 증가함에 따라 감소하는 경향이 있기 때문에, 이 곡선은 일단 우하향한다. 그러나 산출량이 더 증가하면(t₁부터 t₀) 어느 단계부터 평균비용은 우상향한다(가격이 상승한다). 따라서 평균비용곡선(AC)은 쌍곡

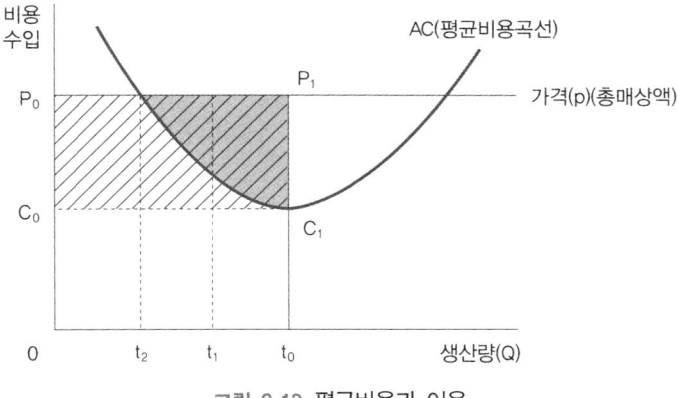

그림 2.13 평균비용과 이윤

선으로 그릴 수 있다. 생산량이 t_0인 경우, 평균비용곡선(AC)의 최저점에서 가장 큰 이윤(P_1C_1)을 얻을 수 있다. 이 이윤은 총수입(P_0P_1)에서 총비용(C_1)을 뺀 것, 즉 생산된 물건의 가격(p)이 주어졌다면 〈그림 2.13〉의 $P_0C_0C_1P_1$의 면적으로 나타난다.

㉣ 한계비용 특성

한계비용곡선(MC)은, 평균비용곡선(AC)처럼 하락하다가 상승하지만 하락하는 정도는 평균비용곡선보다 먼저 시작되고 또한 상승 속도도 빠르다. 그리고 평균비용곡선의 최저점을 통과하는 성질을 갖고 있다(그림 2.14).

현재 한 재화의 가격(P)이 주어져 있고, 생산량이 Q_1에서 Q_2로 증가하면, P(가격) = 한계비용(MC)이 되는 점을 얻을 수 있다. 생산량을 Q_1에서 더 늘리면, 한계비용(MC)은 증가하고 그에 따라 평균비용(AC)도 증가한다. 따라서 재화의 산출량 증가로 얻을 수 있는 1단위당 이윤(TP)은 점차 감소한다. 그럼에도 불구하고 이윤은 계속 증가하여, 결국에는 한계비용이 가격[즉 1단위 더 생산하여 얻는 수입(한계수입, MR : Marginal Revenue)]과 일치하는 점에서 이윤은 0

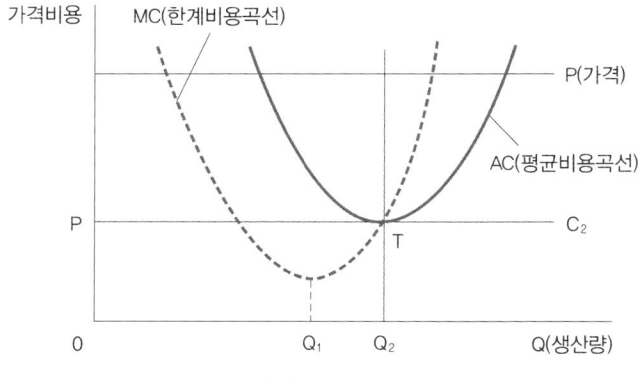

그림 2.14 한계비용곡선과 평균비용곡선

이 된다. 이 점까지 생산량을 증대시키면 이익이 되기 때문에 이 점을 '기업의 단기균형'이라고 한다. 이것이 비용 측면에서 본 재화와 서비스 산출량 결정 원칙이다.[8]

- **생산비용이 최소일 때, 기업의 이윤이 최대가 되지 않는 이유**

  레스토랑에서 카레라이스 한 접시를 600엔으로 판매할 때 한 접시당 비용을 200엔이라 하자. 그리고 하루 산출량(판매량)을 500접시라고 하자. 이 경우 이윤은 다음과 같다.

$$TR = (600엔 \times 500접시) - (200엔 \times 500접시) = 20만 엔$$
$$\qquad 총판매액 \qquad\qquad\qquad 비 용$$

  현재, 생산요소가 상대적으로 비싸져(소재가 뒤떨어지거나, 요소의 결합이 나쁜 경우 등), 한 접시당 비용이 300엔이 되어도 15만 엔[(600×500)−(300×500)]의 이윤이 있다. 이 비용조건하에서 독특한 선전이나 소문 등에 의해 1일 생산량(판매량)이 1,000접시가 되었다면, 이윤은 다음과 같다.

$$TR = (600 \times 1,000접시) - (300 \times 1,000접시) = 30만 엔$$

  이처럼 이윤의 확대는 총판매액과 총비용의 차이에서 나오고(나오는 것이며), 비용이 최소가 되는 산출량이 반드시 이윤의 확대를 보장하지는 않는다.

- **호텔 체인화와 한계비용**

  호텔 · 여관의 체인화 전개를 예로 하여, 한계비용과 평균비용의 관계를 생각해 보자. 호텔 · 여관 혹은 레스토랑이 체인화하는 것은 잘 알려져 있는데, 그 이유로는 식재료, 비품, 광고선전, 인재 연수 등의 비용을 절감(비교적 값이 싸게)할 수 있고, 그만큼 수익향상의 가능성이 있기 때문이다.

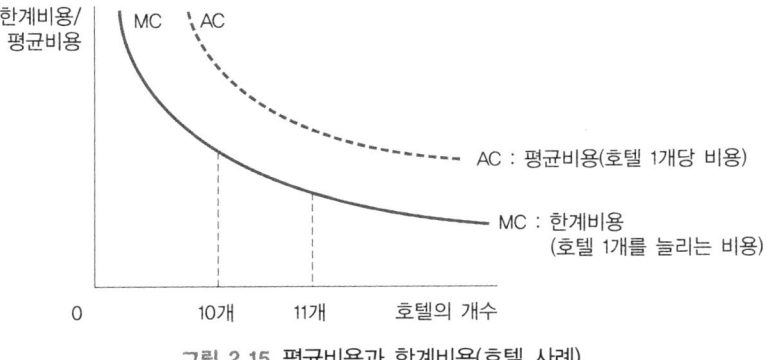

그림 2.15 평균비용과 한계비용(호텔 사례)

이번에는, 어느 호텔이 중규모의 리조트 호텔·체인을 만들었으나 수익(이용자수×숙박요금)은 변하지 않는다고 하자. 이 상황을 전제로 11번째의 호텔 건설을 계획하면, 새로운 호텔이 하나 늘어나므로 지금보다 식재료, 비품 등의 구입량이 늘어난다. 그 결과 11번째 호텔의 비용단가도 내려가는 것은 물론 기존에 있던 10개 호텔에 있어서도 비용이 다소 낮아지게 된다(예를 들면, 10개 호텔의 식료 총비용은 11개가 더욱더 체감한다).

따라서 11번째 호텔의 한계비용은, 11번째 호텔 건설·운영 비용에서 10개 모든 호텔에서 발생할 수 있는 비용의 절감분을 뺀 크기가 된다. 만일 각 호텔의 건설·운영 비용이 동일하다면 한계비용은 다음과 같다.

한계비용 = 평균비용 − [(호텔 추가에 따른 평균비용의 체감분)×호텔 수]

이해를 위한 예	생산함수

전제 : 산속에서 산채(K)를 활용해 산채가공업자(L)가 명물의 채소절임을 360kg 제조한다고 하자. 원료비는 단위당(예를 들면, 1톤당) 5만 엔, 노동비는 단위당(예를 들면, 1인당) 2만 엔으로 하고, 총생산비용을 120만 엔을 한도로 한다.

문제 : ① 채소절임의 생산함수, ② 채소절임 비용의 제약조건, ③ 제약조건을 그림으로 나타내시오. ④ 이 조건의 기준에서 최적화된 생산요소의 조합을 구하시오.

해답 : ① 생산함수 : $360 = f(L, k)$

② $5X_1 + 2X_2 = 120$ …… ①

    (X_1 : 산채원료, X_2 : 가공기술자)

③ $X_1 = 0$일 때, $X_2 = 60$

    $X_2 = 0$일 때, $X_1 = 24$

④ 생산요소의 조합은,

    $360 = L \cdot K$부터,

    $L = 360/K(X_2 = 360/X_1)$

    $5X_1 + 2X_2 = 120$ …… ①에서, $2X_2 = 120 - 5X_1$

    $X_2 = (120 - 5X_1) \div 2 = 60 - 5/2 X_1$

이것을 $L(X_1) = 360/K(X_2)$에 대입해, $360/X_1 = 60 - 5/2 X_1$

∴ 노동력(X_1) = 12, 원료(X_2) = 30

03 관광재 · 서비스 가격결정

1. 관광재와 서비스의 제공

관광재와 서비스를 제공하는 기업은 채산성이나 수익성을 고려하지만, 일반적으로 재화와 서비스 가격이 상승하는(따라서 수익가능성이 높다) 경우에는 공급량을 늘리려 한다.

이제 관광재와 서비스 가격(예를 들면, 비치파라솔의 이용요금)을 P, 제공량을 Q라 하면 $Q = f(P)$가 된다. 〈그림 2.16〉에서 보면, 재화와 서비스 제공에

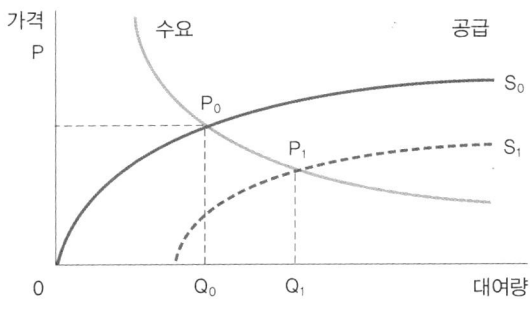

그림 2.16 비치파라솔의 가격변화

영향을 미치는 행정지원, 보조금, 저리융자 등이 있다면 재화와 서비스 제공
(공급곡선)은 오른쪽으로($S_0 \rightarrow S_1$) 이동한다. 그림에서 만일 수요 변화가 없는
상황에서 재화와 서비스 제공에 대해 지원 —— 면세, 보조금 등 —— 이 있으
면 비치파라솔의 대여가격은 낮아지게 된다. 그에 따라, 파라솔의 대여량은
Q_0에서 Q_1으로 증가한다. 한편 여가용품에 대한 과세, 비치레저의 침체, 해
수욕에 있어서의 불안요소(버려진 쓰레기나 파도의 위험성 등)가 있을 때는 비치파
라솔의 제공을 억제하게 되어 만일 수요의 변화가 없다면 공급량이 상대적
으로 적어지기 때문에 파라솔의 대여요금은 P_1에서 P_0로 상승한다.

2. 관광재와 서비스 가격결정

관광재와 서비스 가격은 한편에서는 관광객이 구매할 수 있는 점, 말하자면
지불 가능한 금액[이것을 '부담력점'(負擔力点)이라고 한다]을 상한으로, 다른 한편에
서는 재화와 서비스 생산에 투입한 생산요소비용(이것을 원가점이라고 한다) ——
이것은 생산을 계속하기 위해서 꼭 필요한 생산비이다 —— 을 하한으로 하
여 그 사이에서 관광객이 재화와 서비스를 구매할 만하다고 판단하는 점[이
것을 '응익점'(應益点) —— 이것은 관광객이 타당하다고 간주하여 정하는 가격 —— 이라고 한다]에
서 결정되는 것이 기본원칙이다.

하지만 실제 사회에 있어서는 기업의 경영전략, 시장 특성(완전시장인가 불
완전시장인가), 혹은 관광객의 정보부족이나 충동구매 등에 따라 이러한 상한
이 되는 부담력점이나 하한으로 간주된 원가점을 넘어 판매되는 경우도 있
다. 이런 의미에서 재화나 서비스 가격의 설정이 기본원칙에서 동떨어져
있는 것이 일반적인 상태라 할 수 있다. 다만, 장기적으로 볼 때 재화와 서비
스 가격 설정은 이러한 기본 원칙을 지향하고 있다고 볼 수 있다.

(1) 풀 코스트 원리 : 비용만 고려한 가격설정

장기에 걸쳐 가격의 변동폭이 작은 재화와 서비스(예를 들면, 렌터카나 임대 자전거 등 그다지 가격 변동이 없는 경우)는 가격 결정방식이 풀 코스트 원리(full cost principle)에 의한 것이 많다.

　　풀 코스트 원리란, '한계'의 개념이 아니라, '평균'의 개념으로 가격이 결정되는 것을 말한다. 즉, 재화와 서비스 산출량과 가격이 한계수입 = 한계비용의 점에서 결정되는 것이 아니라[9] 그것들의 생산·제공에 필요한 비용(조명, 수리비 등의 변동비와 비품, 차량비 등의 고정비)에 어떤 비율(이것을 가격인상률이라고 한다)을 적용한 적정이윤을 더하여 결정하는 방식이다. 고정비와 마크업률은 기업가(사업의 주체)가 경험이나 느낌으로 결정하는 경우가 많다.

$$P \;=\; VC \;+\; r_1VC \;+\; r_2VC$$
(가격)　(변동비)　(고정비)　　(이윤)

　　풀 코스트 원리는 적용이 간편하기 때문에 널리 이용되고 있지만 그 반면, 약점도 있다. 첫째는 이 원리가 비용으로만 가격설정을 한다는 것이며, 두 번째는 시장수요동향을 고려하지 않고 있다는 점이다. 따라서 비용만으로 가격을 정하기 때문에 이윤이 최대가 된다는 보장이 없다. 이런 까닭에 아래에서는 생산비용 외에 수요동향을 동시에 고려해서 수익이 최대가 되도록 하는 가격설정방법에 대하여 고찰해 보고자 한다.

(2) 탄력성 개념과 가격설정 : 비용과 수요 고려

관광재와 서비스 가격이 변화하면 그에 따라 제공(공급)량이 변동하게 되는

데 이 변동을 판단하는 기준이 '탄력성'이라는 개념이다. 이 개념은 앞서의 소득의 가격탄력성 경우와 같이 공급에 대해서도 가격탄력성(price elasticity)을 나타낼 수 있다.

$$\text{가격탄력성} = \frac{\text{생산량의 변동}}{\text{가격의 변화율}} \Big/ \frac{\partial Q/Q}{\partial P/P}$$

$$= \left[\frac{\text{기말생산량} - \text{초기생산량}}{\text{기말가격} - \text{초기가격}} \Big/ \frac{\text{초기생산량}}{\text{초기가격}} \right]$$

재화와 서비스 가격이 오르면 일반적으로 공급량은 늘어난다. 그림에서 보면 세로축에 가격, 가로축에 공급량을 취하면 공급곡선은 오른쪽으로 상승하게 된다. 이 공급량에는 재화와 서비스 가격, 생산비, 세금, 기술진보가 영향을 주고 있다. 이러한 공급의 가격탄력성은 가격이 상승(하락)하면 공급량이 증대(감소)하는 것처럼, 가격의 상하변동과 같은 방향으로 증감한다.

하지만 예를 들어 관광지에서 생산되는 특산품(마, 버찌 등), 그 해의 포도로 양조된 와인, 또는 관광 인력거 등은 예를 들어 이러한 수요가 높아지고 가격이 크게 변한다 해도, 거기에 대응하여 공급량을 즉시 늘려 수요와 공급을 조정할 수 없다(조정하는 것은 불가능하다). 이 경우, 공급곡선은 수직에 가까운

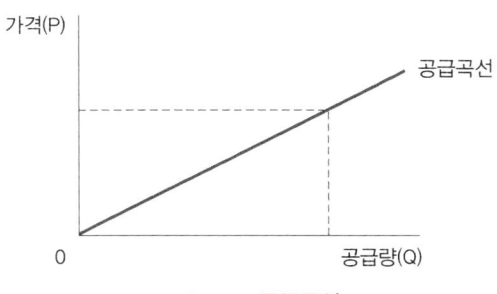

그림 2.17 공급곡선

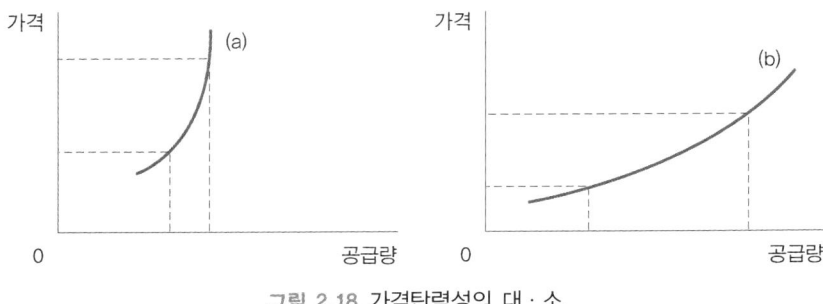

그림 2.18 가격탄력성의 대·소

곡선[〈그림 2.18〉의 (a)]이 된다. 한편, 가격의 변화에 대응하여 즉시 공급량이 대응할 수 있는 경우(예를 들면, 편의점의 POS 시스템에 의한 상품판매 관리 등)에는, 공급 곡선이 가로축에 대해 수평선에 가까운 곡선[〈그림 2.18〉의 (b)]이 된다. 〈그림 2.18〉의 (a)는 가격탄력성이 크고, (b)는 작은 경우를 가리킨다.

$$\text{공급의 가격탄력성(ES)} = \frac{\text{공급량의 변화율}}{\text{가격의 변화율}}$$

따라서 공급의 가격탄력성이 1보다 클(Es > 1) 때에는 가격의 변화 이상으로 공급량의 변동폭이 크고, 이러한 재화와 서비스의 공급은 탄력적(〈그림 2.19〉의 ①)이라고 한다. Es < 1이라면 가격이 변화해도 공급량은 그다지 변동하지 않고, 탄력성이 적어 비탄력적(〈그림 2.19〉의 ②는 극단적인 예로 Es = 0)이다.

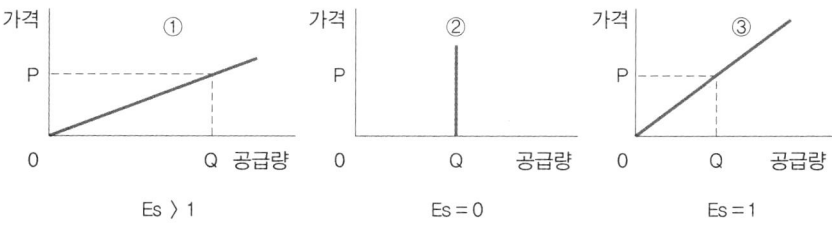

그림 2.19 공급 가격탄력성의 세 가지 패턴

또한 Es = 1이라면 가격의 변화와 공급량의 변동폭이 동일하게 되는데 이 경우를 단위탄력적(〈그림 2.19〉의 ③)이라 한다.

일반적으로 관광재와 서비스 공급은 가격탄력성이 비교적 작다고(Es = 1 이하) 알려져 있다. 그것은 관광이 특히 사람과 깊이 관련된 서비스를 제공하는 것을 기본으로 하고 있기 때문이다. 게다가, 관광재와 서비스의 생산과 공급에 관한 인재를 확보하거나 해고하는 일은 제도적으로 이루어지기 때문에 재화와 서비스 가격 변동에 즉시 대응해서 고용이나 해고가 이루어지기 어렵다. 또, 관광객은 다양하고 고차원적인 욕구(needs)를 가지고 있으므로 그러한 욕구에 즉시 대응할 수 있는 인재를 육성하는 일은 상당한 시간을 필요로 한다. 그렇기 때문에 단기적인 가격의 변화에 신속히 대응할 수가 없다. 또한, 비록 중기적인 관광재와 서비스 수요에 대응하기 위한 새로운 테마 파크 설치계획이나 지속가능성을 기대한 관광 · 리조트의 개발계획을 착수했다 하더라도, 그 계획지역에 대해 지역주민에게 양해를 구하는 일, 필요한 지역을 매수하여 그곳의 환경과 조화를 이루는 토목 · 건축의 시행, 그리고 건설 · 공사 등에 필요한 행정수속과 허가취득 등에는 상당한 시간이 필요하게 된다. 그러므로 관광재나 서비스 가격 변동에 대해서 공급을 신속하게 대응시키는 것은 결코 용이한 일이 아니다.[10]

(3) 수입, 자원 제약하의 최적 산출량

가격이 주어지고 그에 따라 수입이 예상되는 경우에 있어서, 산출(공급)량이 최적화되는 수준에 대해 생각해 보자. 한 레스토랑이 일식(p_1)과 양식(p_2)을 제공하고 있는데, 일식을 조리하는 데는 채소 A가 2kg, 생선 B가 1kg, 또 양식을 조리하는 데는 채소 A가 2kg, 생선 B가 3kg 필요하다고 하자. 하지만 조리에 사용되는 식품재료의 사용량은 월별예산 관계상 채소 A는 40kg, 생선 B는 30kg의 제약이 있다. 한편, 월평균으로 보면 일식과 양식의 판매액은, 각각 100만 엔, 150만 엔이다. 이러한 상황을 전제할 때 양식과 일식은 각각 얼마나 조리하는 것이 가장 적당할까?

　요리에 사용된 생산요소(채소 A, 생선 B)와 판매액과의 관계를 투입·산출형태로 나타내면 〈표 2.6〉과 같다. 투입을 마이너스(−), 산출을 플러스(+)로 나타내면,

표 2.6 식품재료의 조합조건

재　료	일식(q_1)	양식(q_2)	제약조건
채소 A	2	2	40
생선 B	1	3	30
매상액	100	150	−

- 일식(q_1) = $\begin{bmatrix} -2 \\ -1 \\ 100 \end{bmatrix} \times$ 생산량 q_1

- 양식(q_2) = $\begin{bmatrix} -2 \\ -3 \\ 150 \end{bmatrix} \times$ 생산량 q_2

　제약조건과 목적조건을 정리하면,

① 제약조건 : 채소 A　$2q_1 + 2q_2 \leq 40$
　　　　　　　생선 B　$q_1 + 3q_2 \leq 30$
② 목적조건 : $100q_1 + 150p_2 =$ 극대화($q_1 \leq 0, q_2 \leq 0$)

이 조건에서 일식과 양식의 생산량(요리의 수)이 균형을 이루는 것은,

- $2q_1 + 2q_2 = 40, q_1 + 3q_2 = 30$
- $q_1 = 30 - 3q_2$

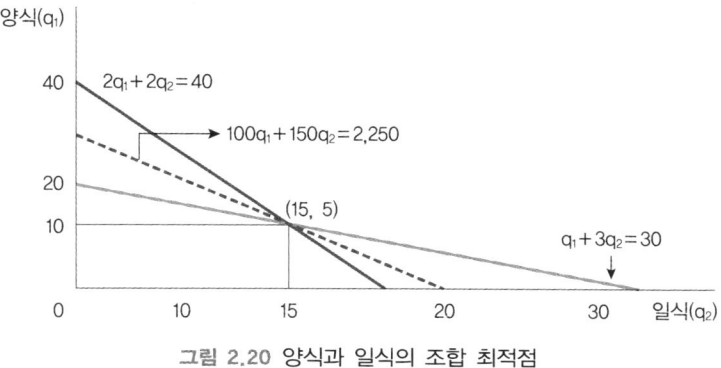

그림 2.20 양식과 일식의 조합 최적점

q_1에 관한 식을 대입하면, $2(30 - 3q_2) + 2q_2 = 40$이 된다.

따라서 $q_2 = 5$, $q_1 = 15$

그러므로 $100q_1 + 150q_2 = 100(15) + 150(5) = 2,250$(만 엔)

3. 소득·가격 변화와 관광재·서비스 구입량 관계

(1) 소득의 변화와 관광재·서비스 구입량

① 균형 구입량

관광객이 재화와 서비스를 구입하려면 예산(소득)이 필요하다. 관광객은 이 한정된 예산(예를 들면, 관광여행에 충당할 소득)의 범위 안에서 만족(효용)이 최대가 되도록 구입하는 재화와 서비스 종류와 그 구입량을 결정한다. 이 구입량을 '균형구입량'이라 하면, 이것은 앞에서 설명한 무차별곡선과 예산(이것을 예산선 'budget line'이라 한다)이 만나는 점(그 점에 있어서의 X재화와 Y재화의 수량)에서 정해진다. 예산선은, 관광객의 예산규모를 나타내는 데, 예를 들어 두 개의 재화

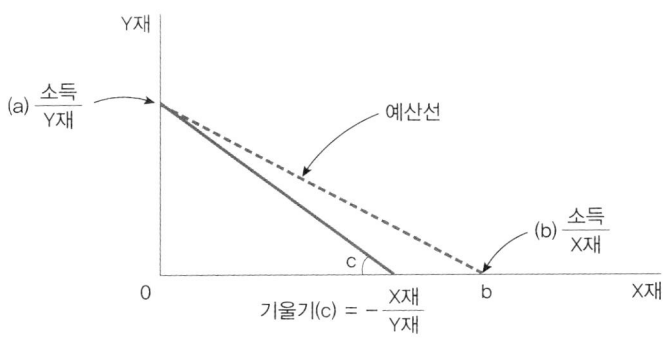

그림 2.21 재화의 가격과 예산선

와 서비스(x, y)가 있고, 그 각각의 가격을 p₁, p₂라고 하면 다음과 같이 나타
낼 수 있다.

예산선(B) = Xp_1 + Yp_2

〈그림 2.21〉에서, 예산선의 기울기는 이 두 개 재화(X와 Y)의 가격비를
나타낸다. 관광객은 X재화와 Y재화 각각의 수량을 구매할 때, 무차별곡선
과 예산곡선이 만나는 점에서 효용은 최대가 된다. 이것을 최적해라 간주할
수 있다.

이해를 위한 예

S씨는 월급에서 매월 1.8만 엔을 관광여행과 여행지에서의 식사·선물에 소
비하고 있으며 여비는 km당 300엔, 식사·선물대금은 600엔이다.

문 1 : 이때 최적해는?
문 2 : 운임이 반값이 되었을 때의 최적해는?
문 3 : (문 2) 때의 최적해는?

• 여비 : X_1
• 식사·선물대금 : X_2

답 1 : $300X_1 + 600X_2 = 18,000$엔 ······ ①

최적해는 효용함수($U = X_1 \cdot X_2$)와의 접점에 있기 때문에, ①식을 정리하면,

$X_2 = 30 - 1/2X_1$ ······ ②

$U = X_1 (30 - 1/2X_1)$

$\quad = 30X_1 - 1/2X_1^2$ ······ ③

③식을 X_1로 미분하면,

$\dfrac{dU}{dX_1} = 30 - X_1$ ······ ④

$dU/dX_1 = 0$ 이므로,

$X_1 = 30$ ······ ⑤

⑤를 ②에 대입하면

$X_2 = 30 - 1/2X_1 = 30 - 15 = 15$, 따라서, $X_1 = 30, X_2 = 15$

답 2 : 운임이 반값이 되면,

$300(1 - 0.5) = 150$엔이 되기 때문에,

X_1(운임)은, $30 \times 150 = 4,500$엔

X_2(도시락)은, $15 \times 600 = 9,000$엔

따라서, $18,000 - (4,500 + 9,000) = 4,500$엔이 남는다.

답 3 : 운임이 반값일 때,

$150X_1 + 600X_2 = 13,500$엔 ······ ①

①식의 X_2를 X_1의 함수로서 나타내면,

$X_2 = 22.5 - 0.25X_1$ ······ ②

②식을 $U = X_1 \cdot X_2$에 대입하면,

$U = X_1(22.5 - 0.25X_1) = 22.5X_1 - 0.25X_1^2$ ······ ③

이것을 미분하면,

$\dfrac{dU}{dX_1} = 22.5 - 0.50X_1 \quad \dfrac{dU}{dX_1} = 0$ 이므로,

$X_1 = 45$ 따라서, $X_2 = 11.25$

② 예산(소득)이 증가하는 경우의 구입량 결정

관광객은 계절이 바뀔 때 자연 경관을 즐기거나 사람들을 만나기도 하고, 특산물을 구매하거나 테마체험 등의 목적으로, 자가용이나 버스 등을 이용하여 중·장거리 여행을 한다. 또한 장거리 여행에서 날이 저물거나, 천천히 경관을 즐기고 싶을 때에는 관광지에서 숙박을 한다. 여행거리(X재)와 숙박일수(Y재)의 관계가 〈그림 2.22〉의 (a)와 같다고 하자. 이 그림에서 여행거리(X재)와 숙박일(Y재)로부터 얻을 수 있는 효용은 낮은 수준의 U_1부터 높은 수준인 U_3까지 많은 무차별곡선이 있다고 가정한다[〈그림 2.22〉의 (a)].

　　먼저 Y재와 X재 각각의 가격이 크게 변하지 않는다고 하면, 소득수준(I)

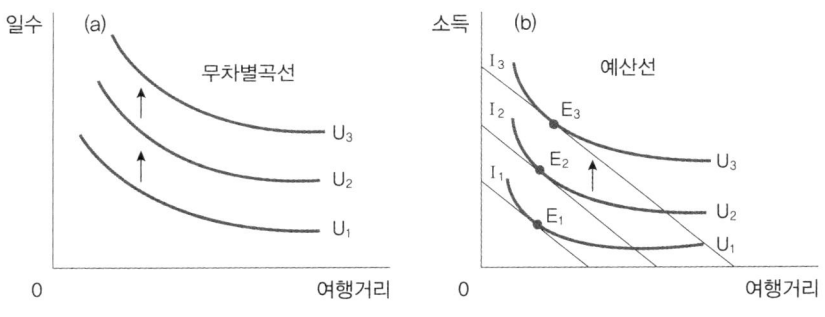

그림 2.22 숙박일과 여행거리

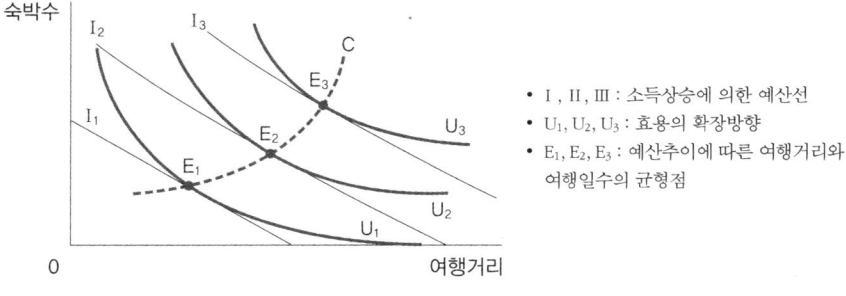

- Ⅰ, Ⅱ, Ⅲ : 소득상승에 의한 예산선
- U_1, U_2, U_3 : 효용의 확장방향
- E_1, E_2, E_3 : 예산추이에 따른 여행거리와 여행일수의 균형점

그림 2.23 소득 · 소비곡선 – 소득의 확장경로

이 높아짐에 따라(이것은 그림에서 예산선이 I_1, I_2, I_3로 위로 이동하게 된다) 숙박일수를 늘릴 가능성이 높아진다(사람들이 전부 같은 행동을 한다고 단언하는 것은 아니다). 이 사실은 〈그림 2.23〉에서 무차별곡선(U_1, U_2, U_3)과 예산선(I_1, I_2, I_3)과의 접점(균형점)이 E_1에서 E_2, E_3로 이동하는 것을 의미한다. 이러한 접점을 차례로 연결한 선을 '소득·소비곡선'이라고 한다(〈그림 2.23〉의 C).

이 접점의 이동은 소득이 증가함에 따라 예상 구매량의 변화모습과 재화와 서비스 구매량이 어느 정도 변화하는지를 나타낸 것이며, 오른쪽 위로 이동($E_1 \rightarrow E_2 \rightarrow E_3$)할수록 보다 높은 효용수준을 나타낸다.

'소득·소비곡선'의 의미는, 관광객이 소득(예산)에 여유가 있으면 가능한 장거리 여행을, 그리고 보다 많은 날을 숙박하고자 한다는 특성이 있고 그렇지 않을 때에는 반대의 경우를 보여 주는 특성이 있다는 것이다.

③ 소득변화와 구매량과의 관계 : 소득탄력성

관광재와 서비스 가격에는 변화가 없고 소득만 증가하면 재화와 서비스 구매량은 말할 것도 없이 증가할 가능성이 있다. 위에 나타낸 소득·소비곡선을 전제로 소득이 변화한 시점에서 재화와 서비스 수요(구매)가 어느 정도의 영향을 받는지를 분명히 파악하고자 할 때에 편리한 개념으로서 수요의 소득탄력성(income elasticity of demand)이 있다(소득탄력성계수라고도 한다).

이 수요의 소득탄력성($\varPsi$)이란, 수요량(D)의 증가율($\Delta D/D$)을, 소득(Y)의 증가율($\Delta Y/Y$)로 나눈 비율로 나타낸다.

$$\text{소득의 탄력성}(\varPsi) = \frac{\text{수요량(D)의 증가율}(\Delta D/D)}{\text{소득(Y)의 증가율}(\Delta Y/Y)} = \frac{\dfrac{\Delta D}{D}}{\dfrac{\Delta Y}{Y}}$$

만약, 소득이 10% 증가했을 때 수요량이 10% 증가하였다면 그 탄력성은 1이 된다. 사회경제 상황에 따라 다르지만 관광재와 서비스 수요는 소득성장의 1.2~1.3배 정도 증가한다. 이것은 관광재와 서비스의 소득탄력성이 크다는 것을 보여 주고 있다. 이것과 반대로 화장실 휴지와 같이 소득탄력성이 작은 재화의 경우에는 소득변동에 따라 좌우되는 수요 부분이 작다.

또한, 이것을 관광과 연관시켜 보면 관광비용 지출액은 소득에 대해 비교적 탄력적이지만, 숙박일수나 관광객 수로 측정하여 보면 그 정도만큼 탄력적이지 못하다.[11] 그 이유는, 소득이 증가하면 보다 고액의 여행(세계여행이나 크루즈 등)이 가능하기 때문에 소득증가가 꼭 숙박일수나 관광객 수의 증가로 연결되지 않기 때문이다. 또한, 관광이 생활의 일부로서 정착되면 소득이 비록 낮다 하더라도 숙박일수를 줄이지 않거나 가격이 저렴한 여행을 지향하게 되기 때문이다. 게다가 관광여행의 형태에 따라 수요탄력성이 달라지게 된다. 예를 들면, 〈그림 2.24〉는 소득수준이 Y_1에서 Y_2로 증가할 때 상용관광 A(의무적인 요소가 강한 여행), 컨벤션 관광 B, 또한 국내여행 C, 해외여행 D의 탄력성이 다양한 패턴을 보여 준다는 것을 나타내고 있다. 즉, 의무적인 요소가 적은 여행일수록 수요탄력성이 커지는 경향이 있다.

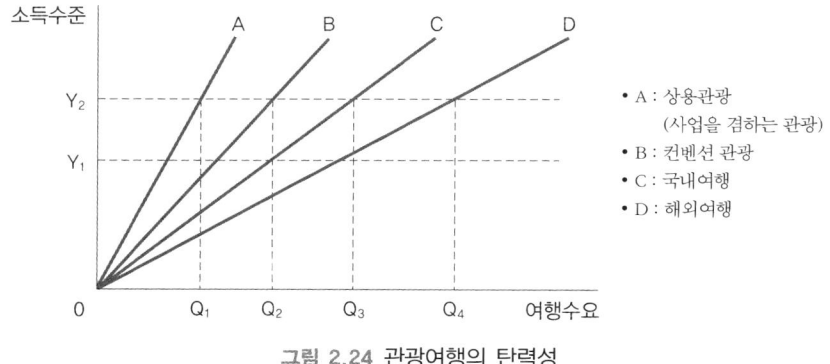

그림 2.24 관광여행의 탄력성

(2) 가격변화와 관광재·서비스 구매량

관광객은 재화와 서비스를 구입할 때 소득(예산) 크기와 함께 재화와 서비스 가격 변동 에도 관심을 갖는다. 이하에서는 가격의 변동 어떻게 관광객의 재화와 서비스의 구입에 영향을 주는지에 대해서 고찰하고자 한다.

① 예산(소득)이 일정한 경우의 구입량 결정

운임과 여행거리를 예로 들어 운임이 변화했을 경우 여행거리가 어떻게 변화하는지 생각해 보자. 소득은 변화가 없는데 운임(Y재화)이 낮아졌다면, 보다 먼 거리를 여행할 수 있기 때문에 비용선은 오른쪽으로 이동(〈그림 2.25〉에 대해 L_1에서 L_2로)한다.

　　이렇게 되면 예산선은 보다 상위의 무차별곡선(U_1에서 U_2로)과 접하게 되어, 균형점은 E_1에서 E_2로 이동한다. 균형점의 이동은 관광객에게 실질적으로 소득이 증가한 것과 같은 효과를 가져다주기 때문에, 이것을 '소득효과'(income effect)라 한다. 운임이 낮아지면 그에 따라 여행거리가 늘어난다는 것을 보여 주고 있다(이것은 책의 4장 3절 '교통과 관광경제'에서도 논하고 있다).

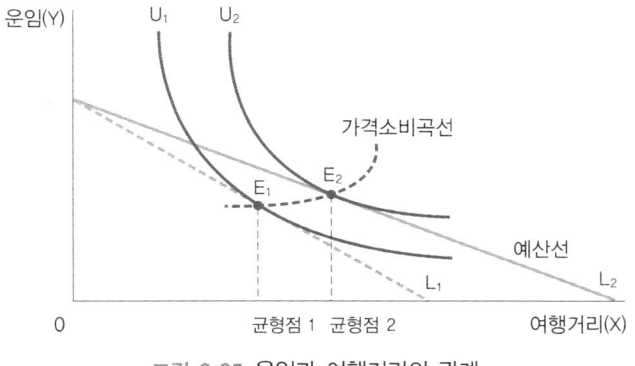

그림 2.25 운임과 여행거리의 관계

이처럼 가격변화(여기에서는 운임의 변화)는 실질소득 변화와 똑같은 효과를 가지고 소비패턴(여기에서는 운행거리)에 영향을 미치게 된다. 또한, 한 재화의 가격이 상승할 때, 하급재(각 역 정차의 철도이용, 외국산 버섯 등)에서 상급재(신칸센 이용, 송이버섯 등)로 소비가 옮겨지는 것을 '대체효과'라고 한다.

이것은 각 재화와 서비스가 상호경쟁적인 대체관계에 있는 경우로, 가격이 하락하면 대체효과와 소득효과 모두를 통해 수요가 증가하여 우하향하는 수요곡선이 된다. 이러한 대체효과와 소득효과의 내용을 관광리조트 지역의 파트타임 고용을 예로 들어 생각해 보자. 현지 주부가 가계에 보탬을 주고자 파트타임 취업을 고려할 경우 이 주부는 파트타임 취업 여부와 취업시간 정도를, 파트타임 취업에서 얻게 되는 소득과 이로 인해 잃게 되는 자유시간이나 가사시간과 비교검토하여 결정하게 된다. 만일, 이 주부가 오직 경제적인 합리성만 가지고 판단한다면 파트타임 임금이 인상되면 보다 긴 시간 동안 일하려 할 것이다. 즉, 임금이 상승해서 파트타임으로 일하지 않음으로써 상실되는 기회비용(일하면 얻을 수 있는 임금소득 기회 · 그 금액)이 커지면 대체효과에 의해서 노동시간은 늘어나게 된다. 여기서 말하는 상급재나 하급재는 소득과 수요의 영향에 따른 상대적인 구분이다. 또한 동일한 재화와 서비스라도 소득기준의 변화에 따라 상급재에서 필수적인 것, 혹은 하급재로 이동하는 경우도 있다.

반면에 소득효과가 있는 경우, 임금이 높아 적은 노동시간으로 많은 임금을 벌 수 있는(실질적으로 소득이 증대한) 경우, 주부는 노동시간을 단축하게 될지도 모른다. 그래서 여가활동이나 가사노동이 하급재가 아닌(그 시간이 중요하다고 인식한 경우) 한, 주부가 여가활동이나 가사노동에 소비하는 시간은 늘어나게 된다. 따라서 임금상승이 주부의 파트타임 노동시간을 늘리는지 아닌지는 한마디로 말할 수 없다. 그것은 소득효과와 대체효과가 서로 반대방향으로 작용하기 때문이다.

앞에서 제시한 운임(가격)의 변동에 따른 예산선과 무차별곡선의 접점을 차례로 연결한 곡선을 '가격·소비곡선'이라고 한다(그림 2.25). 이것은 운임(Y재의 가격)은 변하지 않고 여행거리(X재의 가격)만 변할 때, 여행거리가 어느 정도 변화하는가를 나타낸 것이다. X재의 가격은 변하지 않고 Y재의 가격만 변화한 경우에도 똑같은 논리가 작용한다.

이와 같이 재화와 서비스 가격이 변화할 경우 그 수요의 변화는 재화와 서비스의 종류, 수요자(관광객)의 가치관과 기간·지역에 따라 다르게 나타난다. 동일한 재화와 서비스 가격과 수요와의 관계를, 예를 들면 비행기의 이용상태와 요금설정, 때와 장소에 따라 다른 것도 쉽게 이해할 수 있다.

② 가격·소비 분석 : 수요의 가격탄력성

가격소비곡선을 전제로 가격이 변화할 때에 구매(수요)가 어느 정도 영향을 받을지를 분명히 하기에 편리한 개념이 '수요의 가격탄력성'(price elasticity of demand)이다(가격탄력성계수 라고도 한다). 이 가격의 탄력성($E\rho$)은 구매량(D)의 변화율($\Delta D/D$)을 가격(P)의 변화율($\Delta P/P$)로 나눈 비율로 나타난다.

$$\text{가격의 탄력성}(E\rho) = \frac{\text{구입량(D)의 변화율}(\Delta D/D)}{\text{가격(P)의 변화율}(\Delta P/P)} = \left[\frac{\dfrac{\Delta D}{D}}{\dfrac{\Delta P}{P}}\right]$$

구입량과 가격이 역방향으로 변화하는 불편을 피하기 위해 절대치를 사용한다.
- $E\rho = 0$ 완전비탄력적이며, 가격이 변화해도 구입량은 변하지 않는다.
- $E\rho = 1$ 탄력성이 1인 경우, 구입량의 변화는 가격의 변화와 같게 된다.
- $0 \langle E\rho \langle 1$ 비탄력적으로, 구입량의 변화는, 가격의 변화보다 적다.
  가격이 수요의 영향을 받지 않는 상황이다.
- $E\rho \rangle 1$ 탄력성이 1보다 큰 경우, 가격의 변화 이상으로 구입량의 변화가 크다.
  근소한 가격변화가 수요를 크게 좌우한다.

구입량이 가격변화에 대해 탄력적인 경우 수요곡선의 기울기는 작다.

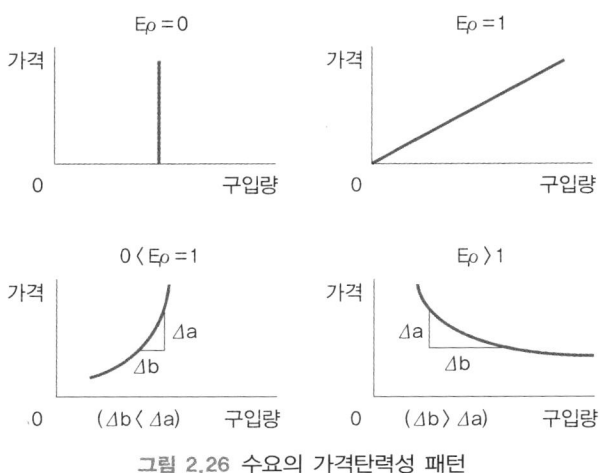

그림 2.26 수요의 가격탄력성 패턴

예를 들면, 해외여행은 사치품적인 성격이 강한데(일본의 1950년대 등), 그 가격 (여행비용)이 하락하면 수요가 증가하기 때문에 탄력적이라 할 수 있다. 이러한 재화와 서비스를 제공하는 사람(여행회사 등)은 가격을 내리는 데 따르는 손실분(loss)을 판매량(여행 신청건수 등)을 늘려 보전할 수 있다. 또한 구입량이 가격에 대해 비탄력적인 경우, 수요곡선의 기울기가 작을 때(예를 들면, 일상품적인 재화 : 쌀, 빵, 그밖에 대체가 없는 소금, 기호품 : 담배 등의 경우), 가격이 어느 정도 변동한다 하더라도 구입량이 크게 변동하지는 않는다.

또한, 수요의 가격탄력성은 수요곡선의 확정 가능한 범위에 있어 타당한 것이며 수요곡선의 전체에 적용시키거나 그 모양을 보고 탄력적 · 비탄력적이라 단정해서는 안 된다.[12]

③ 재화 특성과 가격탄력성

가격변화에 따라 구매량이 어떻게 변동하는가에 대해 앞에서 살펴보았다. 그럼 재화와 서비스의 종류(특성)에 따라서 가격탄력성이 어떤 영향을 받는지에 대하여 고찰해 보고자 한다.

관광객은 일반적으로 보면, 관광여행에 나서기 전에 관광지나 그 지역으로 가는 길 등에 관한 정보를 얻어 여행지에서 필요한 신발이나 지참물을 구입한다. 또한, 관광지로 향하는 도중에 음식을 먹거나 관광지의 향토음식이나 관광시설의 견학, 농림업의 체험 혹은 온천에서의 숙박 서비스 등을 취하게 된다. 게다가 다음날에는 자신이나 가족 등을 위해 여행지에서 선물을 구입하거나 현지 이벤트에 참가해서 그 지방의 술을 마시는 등 많은 장소에서 소비행위를 하기도 한다. 이와 같이, 관광객은 복수의 재화와 서비스를 구입하면서 관광여행을 의미 있게 보내기를 원하고 있다.

그런데 이 구매하는 많은 재화 중에는 대체적 · 보완적인 재화가 있으며 또한 상호 독립관계에 있는 재화도 있다. 이제부터는 각 재화의 특성과 가격과의 관계에 대해 생각해 보고자 한다.

㉠ 두 개 재화 및 서비스가격의 탄력성

재화의 종류에 따른 가격탄력성을 간단하게 이해하기 위해 여기서는 단순하게 두 개의 재화를 예로 들어 각각의 가격 변동과 구입량의 관계에 대해 고찰하겠다(서비스에 대해서도 마찬가지이므로 독자가 각자 생각해보기 바란다).

두 개 중 어느 한 개의 재화가격이 변화했을 때, 이것에 따라 다른 재화의 구입에 어떠한 변동이 생기는가는 '교차탄력성'(cross elasticity of de- mand)이라는 개념으로 측정할 수 있다.

$$교차탄력성(EAB) = \frac{A재화의 수요변화율}{B재화의 가격변화율} = \left[\frac{\frac{\Delta DA}{DA}}{\frac{\Delta PB}{PB}} \right]$$

- DA : A재화의 수요량
- PB : B재화의 가격
- ΔDA : A재화의 수요 증가량
- ΔPB : B재화의 가격변화

이 식에서 EAB 〉 0이라면 두 개의 재화(A, B)는 대체적이고, EAB 〈 0이라면 보완적이 된다.

두 개의 재화가 대체적 혹은 보완적인 관계에 있을수록 교차탄력성의 절댓값은 커진다. 또 두 재화가 독립적(서로 영향을 주지 않는)인 경우에는, 교차탄력성이 0에 가깝게 된다. 예를 들어, 멀리 떨어진 곳의 세계 자연문화유산지에 가고 싶은 사람들이 철도의 운임이 올랐기 때문에 현재 이상으로 비행기를 이용하는 횟수를 늘리게 되면 이 두 가지 교통 서비스(철도와 비행기의 이용)는 대체관계에 있다고 할 수 있다.

또한, 철도와 비행기를 이용하여 홋카이도 리조트 지역에 가고 싶은 사람들은 항공 분야의 규제완화에 의해 항공운임이 낮아져 비행기를 이용하는 사람들이 늘어나면 부수적으로 리조트 지역까지의 철도 이용자도(운임변화가 없어도) 증가하게 된다. 이런 경우, 이 두 가지 교통 서비스(철도와 비행기)는 보완관계에 있다고 할 수 있다(커피와 설탕의 관계도 이와 비슷하다). 한편, 한쪽의 변화(증감)가 다른 한쪽에 아무런 변화(증감)를 가져오지 않으면, 즉 대체효과가 없다는 것을 의미한다.

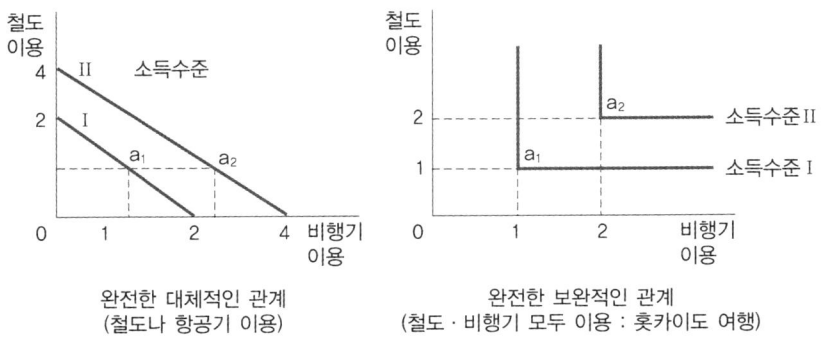

완전한 대체적인 관계
(철도나 항공기 이용)

완전한 보완적인 관계
(철도 · 비행기 모두 이용 : 홋카이도 여행)

그림 2.27 대체관계와 보완관계

ⓛ 그 외의 변화요소

이 두 개의 재화와 서비스의 수요변화는 앞에서 살펴본 가격과 소득수준의
변화 외에 관광지라면 그 지역 간 물가수준 격차, 해외여행의 경우에는 환율
변화 등에 의해서도 영향을 받는다.

이해를 위한 예

문제 : 어떤 여행투어상품(2만 5,000엔)은 항공운임이 5,000엔 올라, 3만 엔이
되자, 투어 참가자들이 3,000명에서 2,000명으로 감소했다. 이때 투어
상품의 수요탄력성은 얼마인가?

답 : 가격의 변화분은, 3만 엔 - 2만 5,000엔 = 5,000엔
　① 이 가격의 평균변화율은, (25,000 + 3,000) ÷ 2 = 27,500엔
　　따라서 가격변화율은 5,000 ÷ 27,500 = 10/55 = 0.1818
　② 그 다음으로,
　　수요의 변화분은 3,000 - 2,000 = 1,000
　　수요의 평균변화분은 (3,000 + 2,000) ÷ 2 = 2,500엔
　　따라서 수요의 변화율은 1,000 ÷ 2,500 = 2/5 = 0.48
　③ 이렇게 하여, 투여상품의 수요
　　탄력성은 수요의 변화율 ÷가격
　　의 변화율이기 때문에
　　2/5 ÷ 10/55 = 2.2
　　이는 1보다 크다.
　　즉, 작은 가격의 변화도 수요를
　　크게(2.2배) 변화시키게 된다.

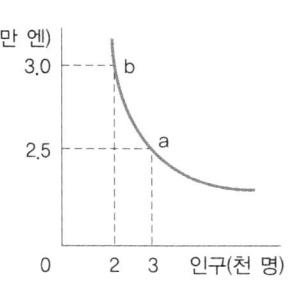

04 시장과 관광재와 서비스 가격결정

1. 시장구조와 가격결정

시장은 수요(소비자)와 공급(생산자)이 만나는 장소이다. 이것은 특정장소를 가리키는 것이 아니라 수요자와 공급자 전체를 나타낸다. 이 시장은 수요와 공급이 가격에 의해서 양자균형점이 조정되는 완전경쟁시장과 수요 또는 공급이 시장에 대해 강한 영향력을 행사하여 시장의 가격, 거래량을 좌우하는 불완전경쟁시장으로 크게 나뉜다. 시장은 수요(소비자)와 공급(생산자)의 각각의 참여자에 의해 몇 가지 패턴으로 구분된다(표 2.7).

표 2.7 시장의 패턴

공급 \ 수요	1인	2인	소 수	다 수
1인	쌍방독점	—	—	수요독점
2인	—	쌍방복점	—	수요복점
소수	—	—	쌍방과점	수요과점
다수	공급독점	공급복점	공급과점	완전경쟁

이번 절에서는, 먼저 완전경쟁시장의 가격결정 메커니즘을 살펴본 다음 이어서 불완전경쟁시장에 있어서의 가격결정에 대해 살펴보고자 한다.

(1) 완전경쟁시장의 조건

관광재와 서비스를 수요하는 사람과 그것을 제공하는 사람(기업)이 만나는 장소(혹은 추상적으로 정보교환을 포함해)가 '시장'이다. 이 시장에서 수요하는 사람들과 공급하는 사람들의 기대나 예상이 일치하게 되면 양자가 모두 받아들일 수 있는 가격과 거래량(거래 조건이기도 하다)이 확정된다. 이와 같이 관광재와 서비스 가격이 다수의 수요자와 공급자에 의해 합리적으로 정해지는 상황을 '완전시장'이라 한다. 이 시장에서는 어떤 구매자도 판매자가 요구하는 최저 가격보다 높은 가격으로는 구입하지 않고, 어떤 판매자도 구매자가 제시하는 최고 가격보다 낮은 가격으로는 판매하지 않는다. 시장이 완전한 상태가 되려면 다음과 같은 네 가지 조건이 충족되어야 한다.

① 거래 주체의 수

거래와 관련된 주체(수요자, 생산자)가 시장가격에 영향을 미칠 수 없을 정도로 무수히 많아 어떤 주체도 '가격지배력'을 갖지 못한다. 이 경우, 아무리 작은 가격의 변화라도 수요와 공급의 조정기능이 작용하여(시장을 컨트롤하는 것이 아니라), 모든 생산자와 수요자가 함께 시장가격을 결정한다는 전제에서 생산이나 소비행동을 취할 필요가 있다. 여기에서 같은 시기, 같은 제품에는 단 하나의 가격만이 존재하는 '일물일가의 법칙'이 성립된다.

② 재화와 서비스의 동질성

시장에서 거래된 재화와 서비스는 완전히 동질적이지 않으면 안 된다. 만일 딸기의 품질에 큰 차가 있을 경우, 가격이 같다면 소비자의 입장에서는 품질이 좋은 맛있는 것을 구입하게 되므로 저품질의 딸기는 팔리지 않고 남게 된다. 한편 팔리지 않을 위험성이 있는 저품질 딸기 생산자는 그러한 딸기를 팔기 위해 더욱 가격을 내리지 않으면 안 된다. 낮은 품질의 딸기가 판매부진이나 가격이 떨어질 것을 예상하여 생산자는 이러한 딸기의 생산량을 줄이게 된다. 이와 반대로, 고품질의 딸기를 생산하는 사람은 상대적으로 수요가 많아져 가격이 올라갈 가능성을 예상하게 된다(매출이 좋기 때문에). 가격인상으로 판매량은 다소 감소하겠지만 수입감소분은 높은 판매가격에서 얻은 수입증가분으로 충분히 해소할 수 있다.

이와 같이, 재화와 서비스의 품질이 좋고 나쁨은 시장에 있어서 판매자(생산자)에게 가격지배력을 주게 되기 때문에 가격이 가지고 있는 시장의 조정기능을 왜곡하게 된다. 예를 들어, 어느 여행사가 기획한 투어요금이 비교적 싸서 관광객에게 만족을 주어 시장에서 인기가 있게 되면 이 투어요금이나 내용은 이후의 투어기획에 있어 그 전제가 된다. 또 광고선전을 통해서 소비자들이 품질에 차이가 있다고 믿게 된 경우에도 마찬가지이다. 또한 재화의 디자인, 패키지 혹은 부대 서비스를 제공함으로써, 재화나 서비스에 차이가 있는 것을 강조하는 것도 '제품의 차별화'로 시장을 불완전하게 한다.

③ 거래정보의 완전성

재화와 서비스 가격과 품질에 관한 정보가 관광객(소비자)에게 거의 동시에 같은 내용으로 부담을 주지 않고 널리 퍼져 있을 필요가 있다(이것을 정보의 완전성이라 한다). 넓게 분포하고 있는 관광객(소비자)에게, 어떤 재화와 서비스의 가격과 품질에 대해서 동일한 정보가 동시에 전달되지 않으면, 그 재화와 서비스가 비록 품질이 좋으면서 비교적 저렴하더라도 팔리지 않고 남는 일이 생기게 된다. 이것은 가격에 의한 시장의 조정기능이 충분하지 않기 때문에 나타나는 현상이다. 최근 몇 년 동안, 급속히 확산된 인터넷 거래는 같은 정보를 광범위하게 거의 동시에 전달한다는 점에서 정보조건이 보다 이상적인 상태에 가까이 다가섰다고 볼 수 있다.

④ 시장출입의 자유

시장거래에의 자유로운 참여와 탈퇴가 저해요인 없이 완전히 자유로워야 한다. 시장참여를 저해하는 요인을 진입장벽, 탈퇴를 방해하는 요인을 탈퇴장벽이라 하는데, 전자의 경우 규모의 경제나 제품의 차별화에 의한 우위성 등이 요인이 될 수 있다(한때 일본의 항공 3사가 신규산업의 진입을 규제한 사실을 포함해도 좋을 것 같다). 후자의 경우로는, 공장재입지 저해(행정지도) 등이 있다.

이와 같이, 거래에 관한 정보를 완전히 파악할 수 있으며, 시장참여와 탈퇴가 자유롭고(시장 메커니즘에 의해서만 영향을 받은 경우) 완전히 동질적인 재화나 서비스를 충분히 취할 수 있는 많은 소비자가 존재하는 경우에 결정된 가격을 수용하는 것이 조건을 갖춘 거래시장을 '완전경쟁시장'이라 한다.

(2) 시장실패와 그 배경

하지만 실제 시장은 결코 완전하지 않으며, 또한 완전하게 하는 것 또한 쉬운 일이 아니다. 이런 경우 자원(자금, 인재, 기술 등)을 최적으로 활용할 수 없다고 하는 의미에서 이것을 '시장실패'(market failure)라고 한다. 실제 시장이 불완전할 수밖에 없는 이유는 다음과 같다.

① 비용체감산업의 존재

시장실패의 원인으로는 '비용체감현상' 또는 '규모의 경제'가 있다. 이것을
철도·자동차 산업의 거대한 설비, 반도체 산업의 품질관리 등 습득효과가
큰 산업에서 살펴보자. 이들 산업은 평균비용이 생산량의 누적에 따라 낮아
지는 경향에 있다.

〈그림 2.28〉의 $D_1 D_2$는 교통 서비스의 수요곡선을, MC는 이러한 재화
나 서비스를 제공할 때의 한계비용곡선을 나타내고 있다. 이 그림에 있어서
재화나 서비스가 생산되어 제공되는 양은 한계비용곡선(MC)과 수요곡선
($D_1 D_2$)의 교점 E에서 결정되며, 이때 공급량은 X^*가 된다. X^*보다 공급량이
적으면 수요자의 한계적 평가가 한계비용보다 커져 과소공급이 된다. 수요
가 X^*의 양에 대응하기 위해서는 가격이 P^*(즉, 한계비용)가 되어야 한다. 이것
을 '한계비용의 가격형성원리'[13]라 한다.

그런데 이 가격에서 채산성이 맞을까? 고정비가 작은 경우의 평균비용
곡선(AC_1)과 고정비가 큰 경우의 평균비용곡선(AC_2)에서 보면 AC_1의 경우, X^*

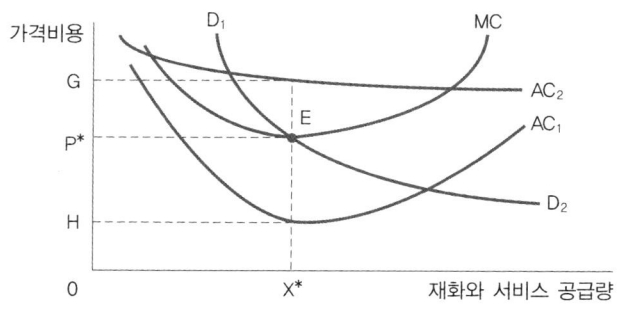

그림 2.28 교통 서비스 수요곡선

의 생산에 의해 평균비용은 OH이며, 이것은 가격 P*보다 낮기 때문에 채산이 맞는다. 한편 AC₂의 경우, 평균비용은 OG이므로 채산이 맞지 않는다. 즉, 이 비용이 체감하는 경향에 있는 기업(AC₁)은 후발기업(AC₂)에 비해 비용 면에서 유리하여 신규기업이 시장에 진입하는 것을 방해하기 때문에 시장은 기존기업에 의한 과점 혹은 독점 상태가 된다. 그 때문에 가격기구는 마비되고 자원배분의 효율성은 떨어지게 된다. 이러한 상황에서는 기업의 가격지배력을 억제하기 위해 가격, 산출량, 투자 등을 규제할 필요가 있다.

② 외부효과와 비용의 내부화

외부효과(external effect)는 어떤 경제 주체의 행동이 가격 변동을 통하지 않고 다른 경제 주체의 활동에 직접 영향을 끼치는 경우에 발생한다. 특히, 다른 경제 주체의 경제상황을 악화시키는 것을 '외부불경제', 반대로 경제상황을 호전시키는 것을 '외부경제'라 한다.

- **외부불경제** : 흡연에 의한 불쾌함, 고속도로나 신칸센(고속열차) 근처에 사는 주민들이 받는 소음·진동 또는 통근 시 혼잡, 소음·혼잡 등의 공해 등
- **외부경제** : 집 근처에 있는 공원, 하천, 호수와 늪에 의한 경관, 역사문화 시설의 차분한 분위기 등

이러한 외부경제가 작용하면 개인의 편익·비용과 사회의 편익·비용 사이에서 괴리가 발생하게 된다. 그 때문에, 개인적인 한계비용과 사회적인 한계비용이 같지 않은 상태가 되어 자원 배분에 있어서 비효율성이 발생하게 된다. 이것을 하천변에 있는 공장과 물고기 등 담수생물의 관계에서 생각해 보자.

하천의 상류에 있는 공장에서는 그 하천물을 사용해 생산물을 제조하고, 하류에는 물고기나 반딧불이 등의 담수생물이 서식하며, 어업이 행해지고 있다고 하자. 공장의 생산량이 작을 때는 이 하천의 수질도 자연스럽게 정화되어 물고기나 반딧불이 등의 담수생물이나 어업에 그다지 영향을 끼치지 않는다. 하지만 시장이 확대되어 생산량이 급증하면 공장이라는 경제주체에게는 수익이 늘어나지만, 사회 전체에서 보면 물고기나 반딧불이 등의 담수생물이 감소(혹은 특정 어종은 소멸될지도 모른다)해 사회적 후생의 감소가 발생한다. 이 사회적인 손해가 '공해'이며, 사회적으로는 이러한 손해는 공장의 비용으로 간주한다(이것을 '외부(성의)비용'이라 한다). 만일 이 공장과 하류에서 어업(통발을 사용한 고기잡이, 민물고기 요리점 등)을 하는 기업을 같은 기업이 경영한다면 어업에 필요한 수질정화장치를 도입 운용하는 등에 필요한 비용을 기업에서 지불하게 된다(이것을 '외부비용의 내부화'라고 한다).

이와 같이 공장의 공해에 관한 비용부담과 공장생산에 의한 수입(편익)이 일치하는 것이 바람직하며, 이런 상황에서 사업 주체는 자주적으로 행동한다. 그런데 그렇지 않은 경우에는 행정기관이 법률적 규제 등을 통하여 오염 등의 처리 비용을 그 사업 주체가 부담하게 함으로써 환경오염 문제를 방지하게 된다.

환경에 사회적인 부담을 전가시키는 기업활동에 대해서는 원리적·경제적으로 평가하여 그 활동에 의한 편익과 사회적인 비용부담(공해 경감비용)이 일치하는 점까지 생산활동을 인정하고 그 이상에 대해서는 규제해야 한다. 예를 들어, 자동차를 구입할 때 대기오염의 비용분을 세금으로서 자동차에 포함하면 자동차의 한계편익과 대기오염 등 공해한계비용이 동일해져 적정한 보유대수에 근접하여 공해를 완화시킬 수 있게 된다.

또한, 공장이 하천정화비용을 부담하는 경우 하천의 하류에서 사회적인 비용을 부담하는 것보다 공장 출구에서, 배수에 아직 남아 있는 물질이 명확하고 농도도 높은 단계에서 처리하는 편이 적은 비용으로 확실하게 처리할 수 있는 방법이다.[14] 이러한 시장실패를 시정하는 방법에는 환경비용을 직접 가격 메커니즘에 편입시키는(내부화하는 것) 환경세(이것은 '피구세'라고도 한다)[15], 및 오염물질의 총량에 적절한 배출권을 설정하여 이것을 입찰이나 할당, 혹은 재거래에 의해서 적정한 가격으로 거래되도록 하는 '배출권 거래'가 있다. 환경문제를 가격 메커니즘으로 내부화하는 것에 대해 한편에서는 대기업이나 선진국의 환경오염물질 배출을 용인하여 공정하지 않다는 비판이 있는 반면, 내부화가 획일적인 환경규제보다 각자의 사정에 따라 대응할 수 있는 여지가 많고, 자발적인 환경보호에 대한 인센티브를 높일 수 있다는 긍정론도 있다.[16]

(3) 공공재의 필요성 : 제3자(행정 등) 개입

시장실패는 다음과 같은 특성을 가진 공공재[17] —— 많은 사람이 동시에 소비 · 향수할 수 있는 편리나 안전 등의 재화 · 서비스 —— 가 제공되어 발생하기도 한다. 공공재란 다음과 같은 특성이 있다.

- 대가를 지불하지 않는 주체가 소비하지 못하도록 배제시키는 일이 어려운 재화이다. 도쿄 디즈니랜드, 스키장의 리프트 이용 등은 요금을 지불하지 않고서는 이용할 수 없다. 이것들은, 편익이 사적으로 독점된다는 의미에 있어 '사적 재화'라 한다. 하지만 경찰, 사법, 방송 혹은 해수욕장, 등산, 야산산책 등은 정비나 운영을 하려면 비용이 드는데, 이러한 서비스를 누리고 있는 사람들(무임승차자라고도 한다)[18]이 요금을 지불하지 않는다고 해서 배제하려면 오히려 더 많은 경비(넓은 범위의 불특정 다수 사람들을 감시해

요금을 징수하기 위해서)가 든다. 그 때문에 대가를 지불하지 않는 사람들을 배제하는 것은 실제로 어려운 일이다.

● 한 주체가 소비한다고 하여 다른 주체의 소비수준을 저하시키지 않는 재화가 공공재이다. 일반적인 재화(예를 들면, 바나나)는 A씨가 먹으면 B씨는 그것을 먹을 수 없다(이미 먹어 없어져 버렸다). 하지만 경찰, 사법, 방송 등의 사회적 서비스는 누군가가 이용해도 다른 사람들의 이용을 저해하지 않는다. 공공재는 많은 사람들이 같은 서비스를 누릴 수 있다는 성질이 있다.

이와 같이 공공재는 일단 누군가의 부담으로 공급되면 다른 사람들은 그에 대한 대가를 지불하지 않고 편익을 누릴 수 있다. 하지만 대가를 확보할 수 없는 경우, 특히 이윤에 근거해 생산 활동하는 민간기업은 공공재를 생산하거나 제공할 수 없다. 사회적으로는 공급이 바람직한 재화·서비스이지만 실제 시장에서는 공급되지 않는다는 의미에서 시장은 실패하고 있다. 따라서 정부 스스로가 민간을 대신해 시장에 공공재를 공급하는 것이 사회적으로 바람직하다.

그러면 공공재는 어느 정도까지 공급해야 할까?

공공재를 효율적으로 공급하려면 사회적 한계효용이 그 공공재를 공급하는 데 필요한 사회적 한계비용과 일치해야 한다. 이를 위해서는 정부가 사회구성원의 공공재에 대한 한계효용(평가)을 알고 ── 한 지역 전체의 효용(평가)은 각자의 수요곡선의 합계로 구할 수 있다 ── 그 편익에 알맞은 비용부담의 크기를 찾아내야 한다. 외부효과가 있는 경우 통상적으로 행정의 개입이 없으면 적절한 자원 배분은 잘 이루어지지 않는다. 하지만 이 외부효과에 관련된 주체가 적고 동시에 외부효과를 시장에서 거래할 수 있는 경우 시장을 통한 자원배분이 가능하게 된다. 예를 들면, 철도 외부효과에 있어서 보면, 철도 개통에 따라 철도연변의 지가가 상승하여 택지개발을 하는 경우

── 해당사업자가 기업활동을 다각화하거나 또는 다른 기업과 업무를 제휴하는 등 ── 외부효과를 내부화할 수 있게 된다. 또한 공공재의 공급을 시장거래에서 실현하는 것은 매우 어려운 일이다. 따라서 공공재의 대부분은 공공기관에 의해서 제공된다.

이와 같이 자원의 적절한 이용을 저해하는 요소가 존재하기 때문에 실제시장은 불완전할 수밖에 없다. 이번에는 불완전한 시장을 염두에 두고 재화나 서비스의 가격 설정에 대해서 생각해 보고자 한다.

2. 불완전시장

(1) 불완전시장의 종류

불완전시장은 독점시장과 과점시장으로 크게 나누어진다.

① 독점시장

대체재나 서비스를 생산하는 기업이 없이 한 기업에 의해 매매가 독점적으로 이루어지고 있는 상태의 시장을 말한다. 현실에서 순수독점은 거의 존재하지 않으며, 비교적 독점시장에 가까운 것으로 간주되는 것은 한때의 NTT, 전력회사, JR 등을 들 수 있겠다. 세계화의 추세에 따라 외국기업을 포함해 이러한 시장에 참여하는 기업이 늘고 있다.

② 과점시장

비교적 소수의 기업이 대체적인 재화를 공급하고 있는 상황을 '과점시장'이

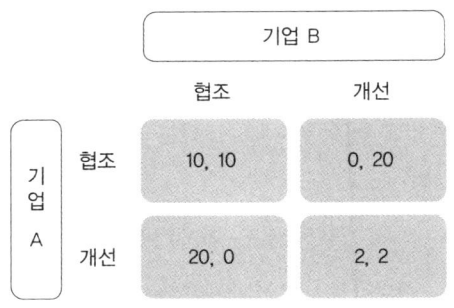

그림 2.29 기업의 상호관계(가설 예)

라 하며, 이에 해당되는 기업은 많다. 대표적인 기업으로는 자동차산업(도요다, 닛산, 혼다기연), 맥주산업(기린, 삿포로, 아사히, 산토리), 컴퓨터(일본전기, 후지쯔, 도시바, 히타치), 칼라필름(후지, 코니카, 코닥)이 있다.

　이러한 과점시장은 가격이나 생산량을 결정할 때 다른 기업의 반응에 예민하게 관심을 기울인다는 특징이 있다. 독점의 경우에는 경쟁자가 없고, 완전시장의 경우에는 시장에서 차지하는 비중이 적기 때문에 다른 기업의 반응에 주의를 기울일 필요가 없다. 그런데 과점시장은 판매나 투자전략 면에서는 의존관계이며, 가격이나 투자의 동향은 경쟁기업과 경쟁하기 쉽기 때문이다. 이것을 두 회사의 모델로 나타내 보자(그림 2.29). 이 모형의 숫자는 기업의 이윤 크기를 나타내며 좌측은 기업 A, 우측은 기업 B로 한다.

　상호 협조할 때는 다같이 10, 10의 이윤을, 왼쪽 아래는 기업 A가 개선, 기업 B가 협조할 때이고 각각 20, 0의 이윤을 얻는다. 이 그림에서 이윤은 그 기업뿐만 아니라 경쟁기업의 영향을 받는 것을 나타내고 있다. 왼쪽 위는 상호 협조적인 '카르텔' 형성을 통해서 가격을 결정한다. 오른쪽 위와 왼쪽 아래는 한편에서는 카르텔을 따르고 다른 편에서는 따르지 않는 패턴으로 가격을 내림으로써 이윤을 얻고자 한다. 오른쪽 아래는 상호 경쟁적으로 가격을 내려 고객을 서로 빼앗으려는 전략을 취하는 패턴으로 결국 모두 이윤이 작아지게 된다.

동질적인 재화나 서비스를 가격전략만 가지고 시장의 확대를 지향하거나 이윤을 늘리는 것은 어렵다. 그러므로 제품의 차별화 전략을 도입하여 광고선전을 통해 브랜드·이미지나 포장·디자인을 중시하게 된다.

과점시장은 독점시장과 유사하게 가격지배력을 행사할 수 있다. 이것은 가격기구를 제대로 작동하지 못하게 하여 자원의 적정한 배분에 실패하게 된다. 또한 지속적인 발전을 왜곡시키는 원인이 되기도 한다.

(2) 독점시장의 기업행동

불완전한 시장 아래, 판매자가 독점인 경우(예를 들면 전력회사, OPEC 등), 구매자의 독점시장 및 지역 독점의 경우에 대해 생각해 보자.

① 판매자 독점시장

　㉠ 전력회사의 경우

사적 기업(여기서는 전력회사를 가정)이 독점 상태에 있는 경우 ── 정부에 의한 규제가 없다고 하면 ── 시장가격이나 거래량은 어떻게 결정될까?

전력회사는 이윤을 최대로 하는 전기 판매량을 생각하기 때문에 판매하는 전기량을 1단위(1KWh) 증가시키기 위해서 발생하는 비용의 증가분(한계비용)과 전기판매에서 얻어진 수입의 증가분(한계수입)이 같아져야 한다(한계수입이 한계비용보다 클 때에는 전기판매를 늘리게 되고, 반대로 한계비용을 밑도는 경우 손실을 피하기 위해 전기판매를 줄이게 된다).

시장이 하나의 기업밖에 없는 완전독점인 경우에 있어서 발생하는 사회적인 폐해를 경제적으로 고찰해 보자. 이를 위하여 소비자 잉여와 생산자

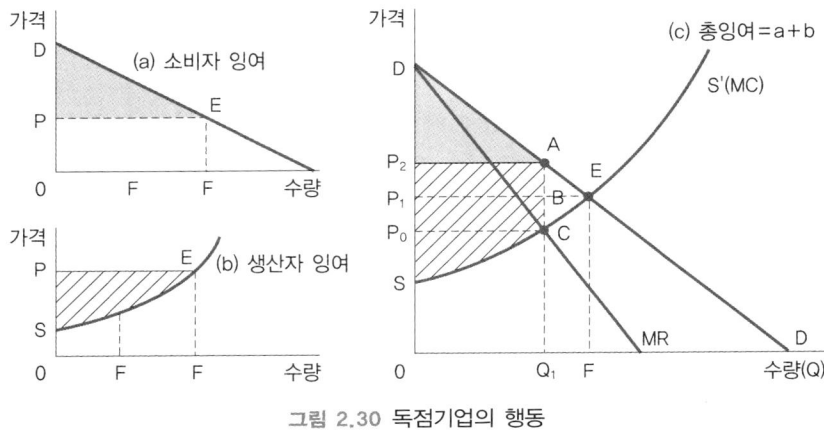

그림 2.30 독점기업의 행동

잉여의 합인 사회의 총잉여 개념을 사용하고자 한다. 이것은 경제후생의 크기를 나타내어, 시장효율성을 판단하는 지표가 되기 때문이다.

우선 소비자 잉여는 재화나 서비스를 구매함으로써 얻을 수 있는 소비자의 효용 증가분이며 수요곡선과 가격이 만나는 점 E를 포함한 면적 DPE[〈그림 2.30〉 (a)]로 나타낼 수 있다. 또한 생산자 잉여는 생산자가 시장에서 재화나 서비스를 판매함으로써 얻을 수 있는 이익으로 이것은 가격과 공급곡선이 교차하는 점 E를 포함한 면적 PES[고정비용을 포함한 총이윤으로 〈그림 2.30〉 (b)]로 나타낼 수 있다.

한 기업이 완전경쟁인 경우와 이에 대비되는 한 기업이 완전독점인 경우에 있어서의 총잉여 크기를 비교해 보자. 독점상태에 있는 기업이 이윤을 극대화하려면 한계수입(MR)과 한계비용(MC)이 같아지는 점에서 생산·판매해야 한다. 한계수입을 MR로, 또한 한계비용을 SS′로 나타내면 이윤이 극대화되는 것은 MR = MC가 되는 교점 C가 되며, 이때 재화나 서비스의 생산·판매량은 Q_1이 된다[〈그림 2.30〉 (c)]. 이 수량은 사회 총잉여(경제적 후생)를 충족시키는 것일까? 〈그림 2.30〉 (c)에 대한 생산자 잉여는 SP_2AC이며, 완

전경쟁(그림 b)의 경우보다 크고 소비자 잉여는 P₂DA으로 완전경쟁의 경우
[〈그림 2.30〉 (a)]보다 작다. 총잉여는 SDAC이며 완전경쟁의 경우보다 CAE 만
큼 감소한다. 즉, 어떤 기업이 완전독점에 의해 재화나 서비스의 생산·판
매량이 F 이하인 경우 총잉여는 완전경쟁의 경우보다도 작아져 시장효율성
은 그만큼 낮아지게 된다(그림 2.30).

ⓛ 석유수출국기구

OPCE(석유수출국기구)이 원유가격의 독점적 이윤을 확대하기 위해 원유의 공
급량을 대폭 늘리면 시장에서 원유가격이 하락하여 이윤은 사라지게 된다.
한편, 공급량을 크게 줄이면 원유가격은 상승하지만 이윤은 적어진다. 공급
량을 X₂라 할 때, 1단위 증가시킬 때의 수입증가는 P₂의 가격(단위당 평균수입)
으로 나타내진다(그림 2.31).

따라서 원유 판매 증가에 따른 수입의 변화는 다음 식과 같다.

한계수입 = 가격 - [(추가생산에 의한 가격하락 크기) × (공급량)]

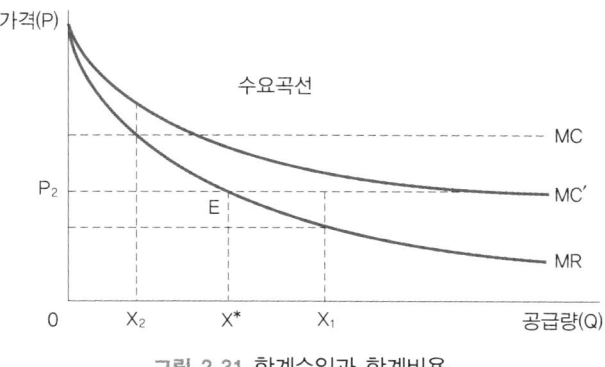

그림 2.31 한계수입과 한계비용

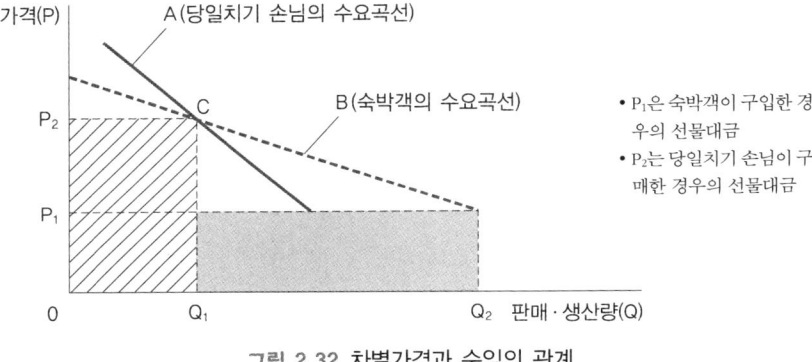

그림 2.32 차별가격과 수익의 관계

이 조건 아래에서, 시장이 완전경쟁인 경우 원유 공급량을 늘려도 가격은 내려가지 않기 때문에 한계수입 = 시장가격이 된다. 이 경우, 판매자(공급자)는 시장의 동향을 보고 서비스라는 '제품차별화'를 꾀하여 가격을 독자적으로 설정하려 한다.

또한, 시장을 분리(segment, 숙박객과 당일치기 손님을 구별해 선물의 가격차이를 줄 경우)하여 가격을 차별할 수 있다. 그러한 경우 숙박객(P_1)과 당일치기 손님(P_2)에게 같은 가격으로 판매하는 금액(수입의 총액은 $P_2 \times Q_1$; 〈그림 2.32〉의 사선)보다 차별된 가격으로 판매하면 총액이 커진다(수입의 총액은, $P_1 Q_2 + (P_2 - P_1) Q_1$이며, 그림의 사선 부분과 점 모양의 총계).

② 구매자 독점시장 : 수요 측면의 독점적 행위

판매자가 다수이나 구매자가 혼자일 경우를 구매자 독점(또는 수요자 독점)이라 한다. 조직화되지 않은 노동자 개개인은 기업이 제시하는 임금을 받아들일 수밖에 없기 때문에 기업(고용주)은 노동시장에 대해 수요독점이 되기 쉽다. 예를 들어 어떤 마을의 리조트 호텔이 현지 주민을 새롭게 여러 명 고용한다고 하자. 고용을 늘릴 경우 임금비용은 얼마나 상승할까? 처음 한 사람(A씨)

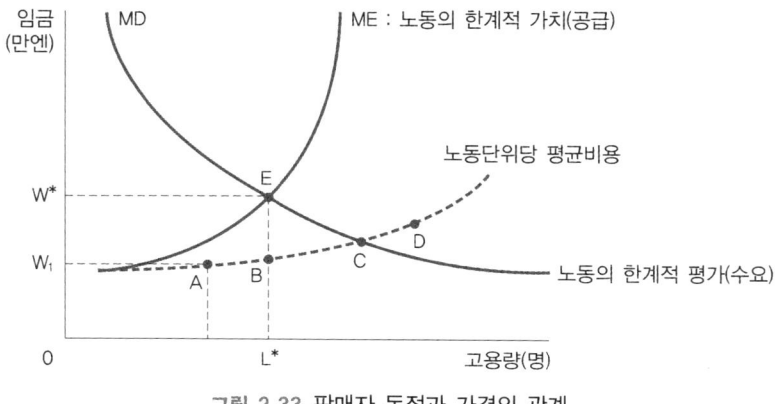

그림 2.33 판매자 독점과 가격의 관계

을 고용했을 경우에 W_1의 임금을 지불했다고 하자. 다음 사람(B씨)을 고용할 경우의 임금비용은, B씨에게 지불되는 임금(B)과 A씨에게 B씨와 같은 수준의 임금을 지급하기 위해 조정해야 하는 두 사람의 임금 차액과의 합계가 된다. 따라서 임금의 한계지출액(ME)은 '추가 고용된 사람에게 지불하는 임금(B) + 그것에 따른 기존임금과의 조정분(A−B) × 이미 고용한 인원수'가 된다.

이 리조트 호텔에 있어 이윤이 극대화되는 고용량은 노동의 한계지출액(ME)과 노동의 한계평가(가치)액(MD : 수요량)이 동일해지는 점(E)에서 결정되며 이때의 고용량은 L^*, 임금은 W^*가 된다. L^*보다 많은 사람을 고용하면 호텔의 수익은 감소하게 된다. 이와 같이, 판매자 독점기업이 공급량(구직자수)을 제한하여 가격(임금수준)을 올리는 데 반해 구매자 독점인 경우 수요량(구직자수)을 제한하여 가격(임금수준)을 내리게 된다.

③ 지역 독점
지역 독점은 외딴 장소에서 일상적인 재화나 서비스를 제공하는 경우에 발

생한다. 즉, A마을과 B마을이 서로 멀리 떨어져 있고, 각 마을에 생선가게가 하나밖에 없는 경우, A마을의 가게에서 생선가격을 올린다 해도 소비자 전부를 잃지는 않는다. 서로 떨어져 있는 것(신선도가 중요한 생선 같은 상품을 소비자가 먼 거리에 있는 가게까지 가서 구매할 가능성이 적은 경우)이 일상적인 재화나 서비스를 제공하는 경우 각각의 지역에서 독점적인 힘을 갖도록 한다. 각각의 지역에서 각 생선가게는 독점적 입장을 유지할 수 있다. 이 생선가게와 같이 자연발생적으로 형성된 지역 독점은 재화나 서비스의 가격(생선)과 소비자의 구매비용(물건을 구매하기 위해 쓰는 교통비 등)에 의존하고 있다. 앞서 말한 전력회사 외에 가스, 수도 등도 여기에 포함된다. 하지만 이들의 생산을 시장기능에 맡겨 방치해 두면 자원배분에 있어서의 낭비와 독점이용을 발생시키기 때문에 행정기관은 공기업으로서 가격결정에 관여하고 있다.

(3) 독점폐해와 시정

앞에서 간단히 설명했듯이 독점에는 몇 가지 폐해가 있을 수 있다. 예를 들면, 〈그림 2.30〉에서 본 것처럼 전력의 공급량은 사회적으로 요구되는 것보다 적은 수준이 되고 가격은 올라 그 결과, 소비자 잉여(이윤)는 감소하나 생산자 잉여가 증가할 가능성이 있다. 이러한 독점폐해를 해소하기 위해, 신규산업의 참가를 촉진하여 완전경쟁상태를 만들 필요가 있다. 하지만 실제로는 다음과 같은 어려운 점이 있다.

① 규모의 경제와 사적 독점의 상충(trade off) 관계
규모의 경제가 뚜렷한 전기, 가스, 수도 등의 산업 분야에서 기업은 우하향하는 평균비용곡선에 직면해 있기 때문에 한계비용과 가격이 같아지는 생

산량에서는 반드시 손실이 발생한다. 그러므로 이러한 산업은 완전경쟁시장 체제에서는 존속할 수 없으므로 오히려 경쟁기업을 배제하기 위해 생산량을 늘리거나, 다른 회사와의 흡수·합병에 의해 생산확대를 꾀하게 된다. 그 결과 소수의 회사만이 남게 된다.

　　여기서 신규 기업의 참여를 촉진하는 경우에는, 규모의 경제로부터 얻을 수 있는 이익을 사회 전체적으로는 포기해야 한다. 그러므로 규모의 경제가 크다고 생각되는 분야에서는, 소수의 기업에 생산을 집중시키는 것이 사회전체로서는 총비용을 감소시키고, 생산의 효율성을 높이게 된다. 일정 지역의 범위에서 비슷한 직종의 회사가 각각 같은 설비·투자를 실시해 재화나 서비스를 제공하는 것은 그 지역에 대한 중복투자가 되고 자원낭비를 초래하게 된다. 따라서 규모의 경제가 기대되는 산업 분야(전기, 가스, 상하수도 등)에 있어서는 자유참가를 인정하는 것보다 위와 같이 독점을 받아들여 가격의 지배력을 통제하는(법 제도나 심의회를 이용) 편이 바람직하다고 할 수 있다.

② 범위경제의 경쟁

현재의 생산활동과 다른 새로운 재화나 서비스를 생산할 때 현재의 생산활동에서 축적한 기술·지식·시스템이나 기존의 설비를 공통자본으로 활용할 수 있는 경우에는, 각각(현재 생산하는 재화나 서비스 그 이외의 재화나 서비스)을 따로따로 생산하는 것보다 동시·병행하여 본업과는 다른 업종으로 이행 —— 이 것을 업종융합(業際化)이라 한다 —— 할 수 있다. 예를 들면, 세제 회사가 화장품 또는 반도체나 플로피를 생산하고, 식품 회사가 스포츠 분야로 진입한다면 그 기업 전체의 생산비를 낮출 수 있다. 이것을 '범위경제'(範圍經濟)라 한다. 이러한 상태에 있는 기업에 대해 새로운 분야의 참가를 억제하는 것은 그 기업은 경영효율의 기회(잠재적이지만)를 잃게 할 뿐만 아니라 사회적으로도 범위경제에 의한 이익을 잃게 된다.

　　따라서 단기적으로는 앞서의 독점대책에서 언급한 바와 같이 가격을 감시할 필요가 있지만, 중·장기적으로는 경제의 효율화, 자원의 효율적 배분을 위해 경쟁상태를 확보하여 그것을 유지하는 쪽이 바람직하다.

3. 가격결정 방식

관광에 관련된 재화나 서비스의 가격은, 그 기초인 각각의 수요와 공급상황과 함께, 시장실패에 대한 행정의 개입, 또는 환경문제 인식의 고조 등을 반영하고 있다. 이제부터는 현실에 있어서의 가격결정 요인에 대하여 설명하고자 한다.

(1) 비용을 기초로 한 가격결정

관광과 관련된 재화나 서비스의 가격은 생산(제공)에 의한 비용과 적정이윤으로 구성된다. 이 가격은 관계된 기업(또는 공영기업)의 경영능력, 운영관리 시스템 등에 따라 변동하지만, 관광과 관련된 재화나 서비스의 수요자가 널리 정보를 모아 타당한 가격에서 구매를 희망하게 되면 관광 관련 산업(업계)의 평균가격으로 정착하는(수렴하는) 경향을 보이고 있다. 실제로 관광과 관련된 재화나 서비스의 가격은 풀 코스트 원리(자재 시스템, 인건비 등의 비용에 일정한 마진을 추가한 것)가 널리 채택되고 있지만, 경쟁이 심해짐에 따라 비용 총액에 이윤을 더한 정도의 판매액을 달성하도록 해줄 수 있는 수준에서(일정한 관광객의 총수를 염두에 두고) 가격을 결정하기도 한다. 이와 같이 비용을 기초로 한 가격결정은 관광과 관련된 재화나 서비스 제공자가 일방적으로 결정하는 방식이며, 따라서 관광객이 그 가격을 받아들이는가 그렇지 않은가에 대해 항상 관심을 갖고 상황에 따라 조정할 필요가 있다.

(2) 관광객의 가치평가에 의한 가격결정

이것은 관광객이 관광과 관련한 재화나 서비스에 대해 그것의 효용가치를 기초로 해서 가격을 결정하는 것이다. 즉 재화나 서비스 생산비용의 크고 작음에 관계없이 관광객이 지출해도 좋다고 생각하는(수용하는) 가격으로, 예를 들면 유사한 재화나 서비스와의 비교에 의해 결정할 수 있는 것이다. 이런 가격결정 방법은 관광과 관련된 재화나 서비스가 가지는 특성과 관광객의 구매동기 등이 일반 재화와 다르다는 점 —— 사전에 예상생산을 하거나 그 것들을 저장하거나 할 수 없다 —— 에 기인하고 있다.

관광객은 대체로 자신의 기호에 맞는 서비스를 적절한 때에 구매하고 자 하는 경향이 강하다. 또한 관광과 관련된 재화나 서비스의 경우, 수요나 가격결정이 특히 구매자(관광객)의 가치평가에 의해 크게 영향을 받는다. 그 렇기 때문에 성수기와 비수기, 장소, 구매인원 수 등에 의해서도 재화나 서 비스의 가격은 유동적이 되기 쉽다(선물이나 견학요금 등의 가격). 그렇지만 엄밀 한 시장조사나 한계효용의 분석이 어렵고, 또한 가치관도 유동성이 크기 때 문에 관광과 관련된 재화나 서비스의 가격 결정은 유동적일 수밖에 없다.

(3) 시장지향 가격결정

앞에서와 같이 관광에 관련된 재화나 서비스 비용을 기초로 가격을 설정하 는 것과 관광객의 가치평가에 근거하여 가격을 결정하는 것 이외에 시장에 서 널리 통용되는 가격이 있다. 이 가격은 사회적으로 신뢰성이 높다고 생각되는 우수한 기업이 제시하는 재화나 서비스의 가격이며, 또한 이 가격은 기업의 건전한 경영을 가능하게 하여 관광객의 평가도 높은(납득할 만한) 가격이다. 동종의 재화나 서비스를 제공하는 기업은 이 가격을 재화나 서비스의 생산이나 제공의 기초로 삼고 있다. 즉 이미 시장에서 통용되고 있는 가격을 기초로 하고, 그때그때의 사회경제적 전망이나 소득, 여가시간의 신장상태를 감안해 최종적으로 가격은 조정·설정된다. 이 가격은 업계의 대표가격으로서 인식되어 사업 전개의 가이드라인 역할을 하게 된다.

실제로 관광에 관련된 재화나 서비스 가격은, 이러한 세 가지의 가격결정 방식을 기본으로 하고 있으며, 여기에 지역성(자원상황), 시간대 또는 관광객의 속성 등(시기, 여행의 형태나 목적 등)이 더해져 결정된다. 예를 들면, 관광자원·시설이나 서비스 등이 미비·미숙한 지역에서는 가격이 낮게 설정된다. 또한 성수기인 계절·시간대에는, 관광동향이나 관광객의 의향, 수요와 공급의 불균형에 의해 예기치 못한 혼란의 회피 등을 고려해 가격을 설정하고 있다. 거기에 관광객의 여행형태(개인·단체, 또는 유람, 리조트·체재 등)나 시기 등에 따라 요금도 상당한 차이를 보인다. 이와 같이 가격이 유연한 까닭은 경영전략의 하나로, 제공되는 서비스의 평판에 근거하는 면이 강하다. 그렇지만 이렇게 목적에 따라 사용되는 가격체계는 관광객에게 차별가격이라는 불만이나 비판이 생길 수 있다는 점을 유의해야 한다.

| 이해를 위한 예 | 관광자원의 최적 배분(파레토 최적의 기준) |

의미 : 한 사회 자원의 최적 배분을 위해 파레토가 제기한 최적상태(이를 파레토 최적이라 한다)는 시장이 완전하고 기술수준과 경제자원이 주어진 경우, 한 사람은 다른 사람의 경제상태를 해치는 일 없이 자기의 경제상태를 개선할 수 없다. 그 경우, 모든 소비자 또는 생산자는 재화나 서비스의 한계대체율이나 한계기술대체율이 동일해야만 한다.

해설 : 여기서 두 개의 재화(①, ②)를 소비자 A와 B가 구입하며, 무차별곡선은 원점에서 U_1, U_2, U_3(B 소비자의 경우는 V_1, V_2, V_3)로 그려지고, 이 두 사람의 효용(두 재화)관계는 아래의 그림과 같다. 소비자 A의 효용은 O를 원점으로 E에서 F로 커지며 B는 F에서 E로 커지게 된다. 그림에서 A와 B의 무차별곡선이 이웃해 만나는 점을 묶어 보면 FE의 선으로 연결된다. 이것을 '계약곡선'이라 한다.

　　EF를 오른쪽 그림과 같이 나타낸 것을 '효용가능곡선'이라 한다. 예를 들면, 점 P는 B의 효용 V_3와 A의 효용 U_2의 조합을 나타내지만 M~M′의 호(P에서 R) 위로 이행하면 A와 B의 두 사람 모두 높은 효용을 얻을 수 있게 된다.

　　이 곡선상의 x, y, z가 파레토의 최적점을 나타낸다. 이 점 이상의 효용을 얻으려 하면 타인의 만족을 해치게 된다. 이 경우, 두 재화(①, ②)의 한계대체율(MRS)과 함께 동일해, MRS① = MRS②가 된다. 파레토 최적(Pareto optimum)의 조합은 무수히(M~M′)존재하기 때문에 어느 조합이 바람직한지 A와 B 효용의 상대적인 평가가 필요하다.[19]

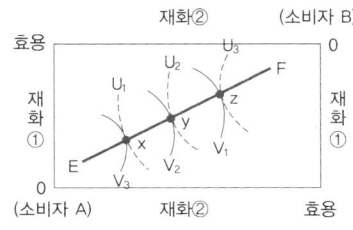
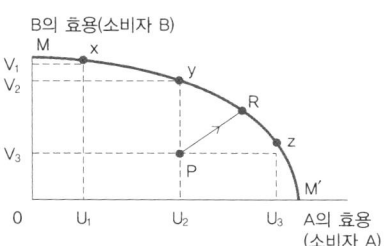

파레토 최적

FOOTNOTE

1) 이 효용은 관광객의 주관적인 만족기준(satisfaction basis)으로 생각할 수도 있다. 한 재화의 효용은 다른 재화의 2배 또는 절반으로 예측할 수 있는 '기수적인 효용'과, 한 재화의 효용은 다른 재화보다 큰(혹은 작은) '서수적인 효용'의 두 가지가 있다. 후자의 효용은 순위를 가리키는 것에 지나지 않다고 하는 생각이 경제학 이론의 기초가 된다.

    효용은 재화나 서비스의 수요를 생각하는 단서가 되지만, 경제생산성이나 효율성을 높이는 것을 중시하는 생산지향형의 경제사회를 반영한 것이다. 그렇기 때문에 이 효용이 숫자로 나타낼 수 없는 것, 경제효율성과 직결하지 않다고 하는 것 등에서 지금까지 경제학에서는 둘 중 하나를 선택하는 경우 경시되어 왔다. 하지만 경제의 서비스화, 물건으로부터 환경이나 여유 등을 지향하는 사회경제 아래서는 효용의 개념이 새로운 관심을 불러일으킬 필요가 있다.

2) 코자이 유타카(2001). "어떻게 생각하고 어떻게 사용하는가". 닛케이신문 13. 4. 24.

3) 가처분소득이란 통상, 세금이 포함된 수입에서 세금과 사회보험료 등을 뺀 것을 가리키지만, 여기에서는 관광여행에 직접 관계된 것으로서 표시하였다.

4) 이케가미 히로노리(2000)는, 현시 선호의 일반화 공리와 현시 선택의 준공리를 쇼와 55년부터 헤이세이 11년(1999)까지 소비자 지출행동에 적용하여 고찰했다.

5) 코자와 켄이치(1983). 『관광분석을 위한 경제학적 기초』. 문화서방하쿠분사, pp. 42-50.

6) 코바야시 요시히로(1989). 『현대를 알 수 있는 경제학 사회문제에 적합한 이론』. 중앙경제사, p. 211.

7) 어떤 비용을 고정비라 간주할지는 고려기간의 장단에 따르게 된다. 어떤 고정비는 기술혁신에 의해 변동비로 전환되는 경우도 있다. 종래 수력과 화력에 의존했던 전기비용이 태양열을 이용해서 개별 기업·사업체가 (자가) 발전하여 이용하는 경우가 있다.

8) 기업의 활동목적에는 이윤의 극대화, 시장점유율 제고, 경영자원의 효율적 활용 등 기업의 형태나 입장·환경조건에 의해 다양하다. 이 책에서는 기업의 공통적인 활동목적으로 이윤의 극대화를 설정하고 있다.

9) 그다지 친숙하지 않는 '한계'라는 용어의 의미는 다음과 같이 이해할 수 있다. 어느 호텔에서 영업원 한 명을 늘려, 그 결과 연간 숙박객은 3,000명이 늘었고, 그에 따른 수익이 1,000만 엔이었다 한다. 이때의 한계, 즉 신규 채용된 영업원(1명)의 생산력(한계생산력)은 3,000명이며, 또한 가치의 한계생산력은 1,000만 엔이 된다.

10) 카와무라 세이지(2000). 『관광경제학의 기초』. 큐슈대학교 출판회, pp. 55-56.

11) A. Bull 저, 모로에 외 역(1998). 『여행·관광의 경제학』. 문화서점박문사, pp. 51-52.

12) 니시오카 히사오(1998). "관광·레저의 마이크로 경제학 입문 (1)". 요코노 노부미치 편저. 『신·관광사회경제학』. 내외출판, p. 63.

13) 이토 모토시게(2001). 『입문경제학』 제2판. 일본평론사, p. 412.

14) 이토 미츠하루(1986). 『생활 속의 경제학』. 코단샤 학술문고, p. 412.

15) 이토 모토시게. 앞의 책. p. 407.

16) 위의 책. pp. 410-411.

17) 쓰레기 처리, 상하수도, 의료 등 시민생활에 관한 서비스가 전부 공공 서비스, 공공재라 불리는 경우가 있다. 하지만 경제학에서 공공재라 간주하는 것은 시장의 기능이 충분히 작용되지 않아 민간은 공급할 수 없기 때문에 어쩔 수 없이 공공으로 공급하는 것을 말한다. 코바야시 요시히로(1989). 『현대를 알 수 있는 경제학: 사회문제에 적합한 이론』. 중앙경제사, p. 69.

   최근에는, 이러한 공공재, 사적 재화의 중간적인 것도 등장하고 있다. 예를 들면 상하수도, 의료 등 종래 공공이 공급하고 있던 서비스를 시민이 그 계획에서부터 건설 및 운영관리까지 일관하여 제공하는 것이며, 종래보다 낮은 공공 부담과 질 높은 서비스를 제공하는 제도(PFI)가 도입되었다.

18) 공원, 문화교육시설, 도로 등 누구나 사용하는 공공재에 대해 자신의 편리성을 과소에 평가해 비용부담을 줄이려고 하는(무임승차, 돈을 지불하지 않고 이용하는)사람들을 말한다. 이 무임승차 의식이 강하면 결국 행정기관은 세금을 사용해 지속적으로 공급할 것인지, 행정기관이 새로 정비하지 않는 경우 한정된 공공재를 많은 사람들이 사용하게 되어 혼잡하거나 부실한 상황을 겪게 된다.

19) 다테 쿠니하루·오이시 야스히코 편(1972). 『근대경제학을 배우다』. 유비각, pp. 213-214.

제 3 장

국민경제 ·
지역경제와
관광의 관계

관광은 국민이 자국에서 하는 국내 관광여행과 해외에서 하는 외국 관광여행으로 크게 나뉜다.

국민이 관광여행을 하는 것은 생활, 정신, 문화 면 등에서 의의가 있는 동시에 국민경제에도 큰 효과를 가져온다. 사회경제가 발전하면 여가시간이나 가처분소득이 신장되고 이를 배경으로 많은 국민이 국내 관광여행을 하게 되는데, 이는 관광과 관련된 소비나 투자를 야기해 국민경제(소득수준이나 경제성장 등)에 영향을 준다. 이제부터 이 메커니즘에 대해 살펴보고자 한다. 이것을 지역 측면에서 고찰하는 것이 이 장에서의 지역경제 부문이다. 지방자치단체 등이 산업구조 고도화나 서비스화 등의 변화에 따라 지역고용과 소득기회를 관광 관련 산업에 의존하게 되면, 국내 관광의 동향, 특히 관광소비가 그 지역경제에 미치는 효과에 관심이 높아지게 된다. 이러한 경제적 효과의 규모나 파급 시스템에 대해서도 사례를 들어 고찰할 것이다.

또 최근 몇 년 동안, 사회경제의 발전과 정보화, 교통환경의 개선 등과 함께 해외로 관광여행을 떠나는 것은 드문 일이 아니며, 연간 1,800만 명이나 되는 해외여행자가 생기고 있다. 이러한 해외여행은 입국을 허가한 나라에 대한 이해를 높여서 문화교류를 촉진시키는 등 사회적 효과가 크다. 뿐만 아니라, 방문한 나라에서 숙박·교통·음식·선물 등의 소비나 구매활동을 통해 경제적인 효과를 가져오고 있다. 한편, 외국에서 일본을 방문한 관광객(인바운드)은 일본에 대한 이해가 깊어져 국제친선에 기여하는 동시에 방문한 지역의 국제화나 경제적 효용을 가져오게 한다.

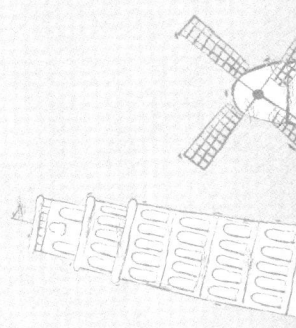

01 관광과 국민경제와의 관계

1. 국민총생산, 국민소득, 가처분소득

국민총생산(GNP : Gross National Product)은 한 국가의 경제활동 수준을 나타내는 개념이다. 이것은 한 나라의 국민이 일정기간 동안 생산한 재화와 서비스의 최종단계에 있어서의 가치를 모두 합한 것이다. 이를테면, 생산활동에 의해 새롭게 추가된 가치, 즉 지대, 이윤, 임금 등의 형태로 나타나는 부가가치를 말한다(그림 3.1).

예를 들어, 밀을 재배해 빵을 판매하는 과정에서 일어나는 부가가치와 소득형성을 생각해 보자. 부가가치는 생산액(재화와 서비스로서 생산된 수량에 그것

중간생산	① 농가		100만 엔
	② 제분회사	20	120만 엔
	③ 빵 메이커	20 50	170만 엔
최종	④ 빵 판매	20 50 30	200만 엔
	소득의 형성	20 50 30	= 200만 엔

• 부가가치
= 총 부가가치－기계 · 설비의 감가상각비
= 순 부가가치
= 요소비용＋(이윤)
= 인건비＋이자지대＋(사내유보＋배당＋조세)

그림 3.1 국민소득, 부가가치의 형성과정(가설 예)

들의 시장가격을 곱한 것)에서 원료와 재료 등의 비용을 공제하여 계산한다. 이 부가가치는 생산에 관여된 요소의 비용(임금, 이자, 지대, 이윤, 사내유보, 배당, 임원상여)으로 구성된다. 한 나라 안에서 측정한 것을 국내총생산(GDP : Gross Domestic Product)이라 하며 GDP가 커지는 것을 경제성장이라 한다.

그런데 빵의 생산과정을 통해 생산에 사용되는 요소(밀가루 생산과 수확에 관련된 농업기계, 빵 제조기계, 밀가루 등을 저장하는 창고 등의 자본설비)는 시간이 지남에 따라 점차 가치가 작아진다. 이것을 '감가상각'이라 한다. 국민이 1년 동안 생산한 금액에서 이 감가상각분(액)을 공제한 나머지가 '국민순생산(NNP : Net National Product)이다.

농가, 제분회사 또는 제빵회사 등은 통상적으로 감가상각분을(요소의 보수로써 지불하지 않고) 내부에 유보하여 이후에도 생산이 계속될 수 있도록 준비한다. 또한, 국민순생산의 일부는 생산에 관련해 세금(간접세)으로 납부된다(경우에 따라 정부가 생산을 지원하기 때문에 보조금으로 교부되기도 한다). 이와 같은 사내유보와 세금을 공제한 다음 남은 금액은 생산과 서비스에 관여한 각각의 주체에(노동 : 가계로, 자본 : 금융기관으로, 토지 : 부동산회사 등에)지불된다.

국민총생산은 이러한 국가의 경제활동 수준을 나타내는데, 여기에는 다음 사항이 포함되지 않는다는 점에 유의해야 한다.

- 시장에서 거래된 재화와 서비스만을 취급하며 시장에서 거래되지 않는 서비스, 즉 가정주부의 노동, 자원봉사활동 등은 포함되지 않는다.
- 지가의 상승에 따른 땅 주인의 소득증가는 재화나 서비스를 생산한 것이 아니라, 단순히 가격상승에 의한 소득(capital gain)이기 때문에 국민총생산의 계산에 포함되지 않는다.

최근, 국민총생산의 개념이 바뀌어 국민순생산(NNP)의 개념도 사용되고 있다. NNP는 국민총생산에서 감가상각(생산활동에 따라 기구·설비 등이 마모되고 파손되어 가치가 감소한 부분)을 공제한 값에 해외로부터 받은 금액과 해외로 지불한 금액의 차액이 포함된다.

국민순생산(NNP) = 국민총생산액 − (감가상각액) ± (해외와의 차감액)

국민순생산(NNP)을 지출 면에서 보면 소비에 관련된 것(소비재화를 시장가격으로 표시한것), 투자에 관련된 것(투자재화를 시장가격으로 표시한 것)과 재정에 관련된 것(국가, 지방자치단체 등 공적 부문의 지출 총액)으로 성립된다.

국민순생산(NNP) = 소비 + 투자 + 재정

국민소득(NI)은 이러한 국민순생산을 소득(분배) 면에서 파악한 것으로 생산요소의 보수, 즉 요소비용의 합계로서 표시한 것이다. 엄밀히 말하자면 '국민소득 = 국민순생산 − 감가상각분 − 간접세 + 보조금'이 된다.

국민순생산은 생산요소의 보수를 시장가격으로 표시한 것을 말한다. 덧붙여 GNP, NNP도 역시 시장가격으로 표시한 것이며, NI는 요소비용을 나타낸다. 국민소득에서 소득세를 차감한 것이 거시적인(국가 수준)의 '가처분소득'이다.

국민소득 = 소득세 + 가처분소득
∴ 가처분소득 = 국민소득 − 소득세

가처분소득의 주된 부분은 의식주 등의 소비에 사용되고 나머지는 저축이 된다.

국민소득 = 소비 + 저축

물가지수

한 국가의 경제활동에 의한 재화와 서비스의 가치에 가격을 매기는 것이 물가이며 그러한 가격 변동을 '물가지수'라고 한다. 물가지수란 디플레이션(가격이 지속적으로 하락하는 상태)인지 인플레이션(물가가 지속적으로 상승하는 상태)인지를 포함해서 가격상태를 판단하는 자료가 되며 통계청에서 작성한다. 지수란 여러 재화와 서비스의 가격상승 정도를 평균한 것이다. 또한, 소비자가 구매하는 재화와 서비스의 가격 변동을 나타내는 것이 '소비자물가지수'이며, 기업 간 거래(주로 생산재와 자본재)의 가격 변동을 나타내는 것이 '도매물가지수'이다.

소비자물가지수는 국내생산을 전제로 하는 물가지수로 해외에서 수입하는 상품은 포함되지 않는다. 또 소비자가 수입하는 재화와 서비스를 많이 포함하고 있고, 계절에 의해 변화하는 채소 등의 가격 변동의 영향을 받기 쉽다. 즉, 가계소비를 대표하는 재화와 서비스의 품목별 가격을 기준년(현재 한국은 2005년)의 가계조사에 의한 지출액의 비율로 가중평균하여, 기준년을 100으로 한 지수에서의 가격 증감폭을 나타낸 것이다.

이러한 지수계산은, $\dfrac{\Sigma P_1^* \cdot Q_0}{\Sigma P_0^* \cdot Q_0}$

- P_1^* : i재화의 비교년에 대한 가격
- P_0 : i재화의 기준년에 대한 가격
- Q_0 : i재화의 기준년에 대한 소비량

즉, 기준이 되는 해의 소비재 소비량(Q_0)에 기준년도와 비교년도의 재화 가격을 구해 각각의 모든 재화를 더한 수치의 비율로써 나타난다. 소비자물가지수는 예를 들면, 팬(fan)을 제거한 컴퓨터, 핸드폰의 통화료를 더하는 등 가계가 필요로 하는 대표적인 재화나 서비스를 5년마다 보완·수정하여 계산한다.

또한, 그때그때의 가격에 근거해 측정한 국민총생산을 '명목국민총생산'이라 한다. 이 물가수준의 변동을 포함한 명목국민총생산은 다른 연도의 값과 비교하기 위하여 그때의 가격수준으로 나누어 실질가치를 구할 필요가 있다(이것을 디플레이트라 한다).

$$\text{명목국민총생산} = \text{소비(C)} + \text{투자(I)} + \text{수출(E)} - \text{수입(M)}$$

$$\text{실질국민총생산} = \frac{\text{소비(C)}}{\text{소비자물가지수}} + \frac{\text{투자(I)}}{\text{투자물가지수}} + \frac{\text{수출(E)} \cdot \text{수입(M)}}{\text{수출입물가지수}}$$

2. 국민소득 · 국민총생산 접근법 : 케인지언과 신고전파

(1) 국민소득 · 국민총생산에의 두 가지 접근법

경제성장이나 발전 등 거시경제의 장기적인 동향을 보면 자본과 노동 등 공급 측면의 요인이 중요한 의미를 가지고 있다. 한편, 경기 변동이나 국제수지 잔고, 환율은 비교적 단기간에 소비나 투자 등 수요 측의 동향을 반영하는 경향이 있다.

이와 같이 거시적 경제를 고려할 때, 공급 측면과 수요 측면에서 변화에 시간적 차이가 있다. 그 때문에 메커니즘의 이해, 따라서 그것에 근거하는 경제정책의 운영에 있어서 케인지언(Keynesian)과 신고전파 사이에 차이가 있다.

① 신고전파의 접근방법 : 공급이 거시경제를 규정
시장의 가격조정 메커니즘이 수요와 공급의 균형을 이루게 한다. 재화와 서

비스 가격을 총칭한 물가에 의해 소비, 투자 또는 정부의 재정·지출이 조정
되고 그에 따라 생산규모 GDP가 정해진다고 가정한다.

따라서 재정·금융정책을 이용한 수요통제는 그다지 의미가 없고, 가
격조정에 따라 대응할 따름이다. 또한 가격의 조정기능이 충분히 작용하는
한 생산요소, 즉 노동 등에 있어서 완전고용이 이루어진다고 생각한다.

② 케인지언적 접근법 : 수요가 거시경제를 규정

케인즈 학파는 신고전파의 생각과 달리 가격의 조정력이 약하기 때문에 총
수요와 총공급이 반드시 일치한다고 보지 않는다. 특히, 수요가 공급을 밑
돌아 가격 메커니즘이 충분하게 작용하지 않아 경제활동이 저조해지는 것
에 주목하고 있다. 이들은 불경기, 소득감소, 고용악화를 초래함과 동시에
경기를 크게 위축시키는 요인을 '수요부족'이라고 간주한다.

따라서 경제정책은 수요부족을 보충하는 정책이어야 하며 정부지출(국
채발행) —— 사회적인 의미가 있고 없음이 아니라 —— 등 적극적으로 개입하
는 것이 경제의 안정성장을 가져온다고 생각하고 있다.

> ● **일본 경제의 조정정책**(2000년초) : 근래 당시의 일본 경제를 보면, 공공투자
> 나 감세를 통하여 수요를 높이려고 하는 정책은 예전보다 그 효력이 떨어
> 지고 있는 듯하다. 한편 사회적인 실업과 산업구조의 조정, 국제경쟁력이
> 뒤떨어지는 등 공급과잉의 상태를 볼 수 있다.
>
> 이러한 의미에서 케인지언적인 수요확대 노력은 기존 산업의 회생 의
> 욕을 없애, 공급 측면의 조정속도를 지연시킬 가능성이 있다. 지금 당장
> 의 일시적인 실업과 도산을 각오하고, 새로운 방향을 모색하면서 적극적
> 인 구조조정을 주축으로 하는 정책이 기대되고 있다.

⦿ 국민경제와 산업 : 재화나 서비스는 앞서 제시한 밀에서 빵을 제조 판매하는 과정에서도 분명히 알 수 있는 것처럼 산업은 서로서로 재화와 서비스 거래를 통해 부가가치를 창출하여 그 결과 국민소득이 형성된다. 한 국가의 경제활동을 이러한 산업 간의 상호의존관계에 주목하여 본 것이 '산업연관'이다. 이에 대해서는 뒷부분에서 다시 설명하도록 하겠다.

(2) 국민소득 결정방법 : 민간기업 중심

관광과 관련된 재화와 서비스를 요구하는 사람이 2000년대에 들어 큰 증가를 보였으며, 해외여행을 나가는 사람도 연간 약 1,800만 명을 상회하였다. 특히 산업의 고도화, 하이테크화나 고령화 등을 배경으로 자연 · 생태나 역사문화 등과 같은 감성에 관한 요소를 원하는 사람이 늘고 있다. 관광지를 순회하는 사람들과 함께 리조트 지역에서 리조트 라이프를 즐기는 사람도 늘어나 관광과 리조트는 국민의 생활의 일부로 정착되고 있다. 이러한 상황을 반영해 민간기업과 그것을 지원해 주는 행정은 관광 · 리조트 지역의 개발과 재생, 또는 그 일환으로서의 이벤트나 캠페인 등의 이용 촉진 방안을 적극적으로 펼치게 되었다.

관광여행 중에서도 특히 해외여행은 지금까지는 사치품으로 여겨져 왔지만 최근 들어 우등재로 상당히 인식이 바뀌고 있다. 이것은 생산구조의 변화, 가치관의 다양화, 국제화의 확대 등을 반영한 것이며 관광과 리조트 담당부서와 거기에서의 이용 촉진 활동이 국내외적으로 확산되고 있다. 또한 사업의 채산성 확보와 그것과 관련이 깊은 기업 · 경제환경에 대해서도 관심이 높아지고 있다. 이런 점을 근거로 하여, 아래에서는 국민경제의 크기를 규정하는 요인 및 관광과 리조트의 변동과 확대요인에 대해 고찰해 보고자 한다.

① 국민소득에 있어서의 두 가지 고려

국민경제활동의 성과인 국민총생산(또는 국민순생산)과 소비활동과 저축의 원천이 되는 '국민소득'과는 어떤 관계일까? 또 국민소득의 크기는 어떻게 결정될까? 이 점에 대해 우선 생각해 보자.

경제(국민)와 그 규모를 고찰할 경우, 두 가지 전제조건이 있다. 첫째는, 가격이 수요와 공급의 상호작용에만 의존하고 수급이 가격에 의해서 이루어져 자원이 효율적으로 배분되는 경우이다. 다른 하나는, 이러한 가격 메커니즘이 다양한 이유(예를 들면, 행정의 개입, 정보의 불완전 등)에 의해, 수급관계 이외의 요인에 의해서 영향을 받는 경우이다.

이 두 가지 고려(이해)의 차이에 의해, 국민소득 또는 경제활동의 결정방법이 달라진다. 우선 가격 메커니즘이 원할하게 작용하는(완전경쟁상태) 이상적인 사회경제상황을 가정하고, 그 후에 행정, 정보, 공해 등이 가격 메커니즘에 영향을 주는 경제상황(불완전경쟁상태)을 가정하여 국민소득 또는 경제활동의 결정방법에 대해 고찰하고자 한다.

② 국민경제활동의 결정 : 가격 메커니즘의 기능 원활(완전경쟁시장)

국민소득 또는 경제활동이 가격 메커니즘에 의해 결정된다는 생각은 영국의 경제학자 아담 스미스(Adam Smith)를 시작으로 고전학파 및 최근의 통화주의학파(monetarist)가 주장한 이론으로 대표된다.

가격 메커니즘이 작용하고 있다는 전제하에 국민경제와 관련된 측면(생산활동, 임금, 소득, 저축, 투자 등)의 결정방법에 대해 살펴보겠다.

㉠ 생산의 특성 : 한계생산력체감

생산활동은 통상 생산요소(자본자금, 토지설비, 노동력)를 확보하고, 원료를 구매

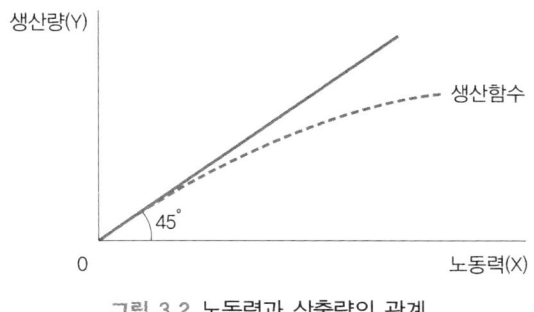

그림 3.2 **노동력과 산출량의 관계**

하여 이루어진다. 설명을 간단히 하기 위해 생산활동에 필요한 생산요소 중, 노동력 이외의 요소는 언제나 안정적으로 공급된다고 가정한다. 또 노동력은 전문성(기능, 지식 등)과 직종의 차이에 의한 생산성의 차가 없다고 가정한다.

　이 조건을 전제로 노동력이 투입되면 노동력의 증가에 따라 산출량(생산량)이 증가하게 되고, 이것은 X축에 대해 우상향의 형태(위로 볼록한 모양)를 나타낸다(그림 3.2). 이 산출상황의 전제에서 새로이 1단위(1인) 노동력을 투입하면 그에 따라 산출량이 증가하게 된다.

　하지만 그 투입한 노동력의 크기만큼 증가하지는 않는다. 이것은 10명의 노동력을 늘려도 생산성이 10배로 증가하지 않는다는 것을 의미한다. 그것은 생산요소가 모두 동일한 비율로 투입되지 않아 요소 간에 불균형이 발생하기 때문이다. 즉 한계효용체감의 법칙이 생산 면에서 일어나기 때문이며, 이것을 '한계생산력체감'이라고 한다. 그러므로 노동력을 증가시키는 경우 산출량의 증가율은 1보다 작게 되어, 〈그림 3.2〉에서 원점부터 45° 선 아랫부분에 곡선으로 나타난다.

ⓒ 임금의 결정 : 수요곡선과 공급곡선

일반적으로 소득수준이 낮을 때 임금수준이 높아지면 많은 사람들은 적극적으로 노동에 참여하려고 한다. 새로운 일을 찾는 사람들이 늘어나거나, 혹은 이미 고용된 사람들은 노동시간을 더 늘리고 싶어 한다. 그 때문에 노동공급량은 증가하게 되어 우상향하는 곡선(SS'라고 하자)이 된다.

한편, 임금이 상승하면 생산활동에서 차지하는 생산비용이 증가하게 되고 그 결과 이윤이 감소하게 된다. 따라서 기업은 가능하면 노동력의 양 또는 노동시간을 늘리는 것(잔업시간 등)을 억제하게 되어, 결국 노동수요량은 감소하여 우하향하는 곡선(DD'라고 하자)이 된다.

이렇게 하여, 임금수준은 노동량에 관한 수요곡선(DD')과 공급곡선(SS')

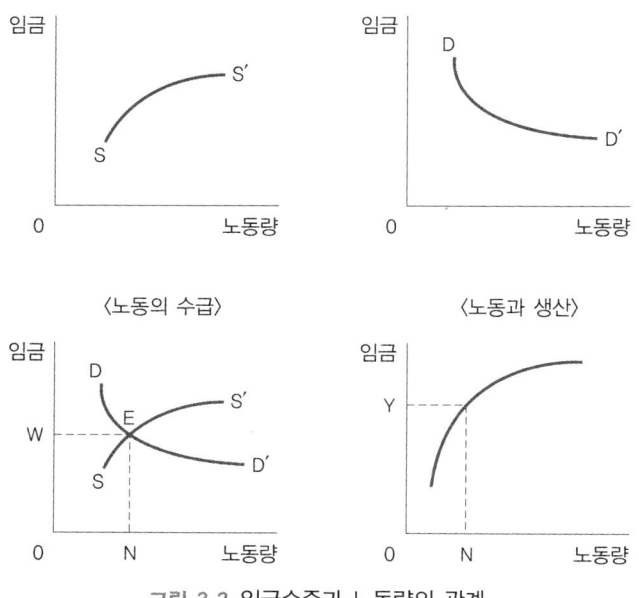

그림 3.3 임금수준과 노동량의 관계

의 교점(E)에서 결정되며, 이때에 임금수준(OW)과 고용량(노동량과 같음, ON)이
결정된다. 따라서 이 고용량에 대응하는 산출량은 OY의 수준이 된다.

ⓒ 고전적인 임금결정의 문제점 : 세이의 법칙

위의 내용은 노동시장에서 임금이 수급관계를 반영하여 신축적으로 변동하
는 것을 전제로 하고 있다. 즉, 노동자는 일하고 싶다고 생각하는 만큼 몇 시
간이라도 고용되고, 또한 기업도 생산활동에 필요한 노동자를 언제라도 확
보(고용)할 수 있으며, 임금이 상승하여 이윤이 감소하게 되면 곧바로 노동자
를 해고할 수 있는 상황을 가정하고 있다. 이것은, 임금이라는 가격 메커니
즘이 원활하게 작용하고, 노동력의 수급관계 또한 원활하게 조정되고 있다
는 것을 의미한다. 이와 같은 상황에서, 노동력은(노동 이외의 다른 생산요소도 마찬
가지지만) 어떤 임금(가격)을 기준으로 일하고 싶다(취업하고 싶다)고 생각하는 양
(공급)이, 언제라도 기업에 고용(수요)되는 것이 보장되고 있다.

이와 같이 공급되는 만큼 언제나 수요가 있어, 즉 '공급은 그 스스로 수
요를 창출한다'는 '세이의 법칙'이 성립한다고 전제한다. 이런 사고방식은
고전학파 경제학(세이, 리카도)에서 오랫동안 지지를 받았다. 그러나 현실에서
는 일하고 싶은 사람들 전부가 반드시 고용될 수는 없다. 자발적 · 비자발적
인 실업을 불문하고 실업은 존재하게 된다.

산업구조와 소비자 기호가 크게 변화하는 경우, 그에 적절히 대응하지
못하는 경우에는 기업도산이나 구조조정이 이루어져 실업이 발생하게 된다.
한편, 그와 같은 변화를 예측한 새로운 기업이 출현하게 되면 거기에서 새로
운 고용기회가 창출된다. 이와 같이 노동력의 수급관계는 사회경제환경의
변화에 의해서 많은 영향을 받기 때문에 가격(임금) 메커니즘으로 고용량과
산출량 등을 설명할 수 없다는 점을 지적한 것이 케인즈(J. M. Keynes)였다.

3. 유효수요의 구성요소(소비, 저축, 투자)와 소득결정

세이의 법칙에 문제가 있다고 지적한 것은 맬더스(T. R. Malthus)와 케인즈였다. 케인즈는 그의 저서 『고용·이자 및 화폐에 관한 일반이론』(1936)에서, 수요에 의해 공급이 영향을 받으므로, 경제 전체의 총산출량은 '유효수요'에 의해 결정된다고 주장하였다. 유효수요란 단순히 '갖고 싶다'라고 생각하는 것뿐만 아니라, 경제적으로 획득가능한 '구매력이 뒷받침된' 수요이다.

이제부터 케인즈가 말한 가격기구가 기능을 하지 못하는 경우에 국민총생산, 즉 국민소득이 어떻게 결정되는가에 대해서 살펴보고자 한다. 이 문제에 대한 이해를 돕기 위해 다음과 같이 가정한다.

- 해외와의 거래가 없는 폐쇄 경제이다(해외와의 거래는 따로 취급한다).
- 정부의 개입(경제활동의 규제나 촉진)이 없다(따라서 경제활동의 주체는 민간 부문으로 기업과 가계의 두 부문만 존재한다).
- 감가상각이나 조세가 없다.

(1) 소비의 특성

가계는 노동 등으로 얻은 소득을 가지고 예기치 못한 지출(예를 들어, 병, 관혼상제 등), 장래를 위한 저축과 보험, 그 외에 식비, 광열비, 교양오락, 사교 등의 비용을 지출한다. 가계의 비용지출 크기는 대부분 소득(지출하지 않아 남겨진 것이 저축이다)의 크기에 의존한다. 소비와 소득과의 관계를 국가 전체적으로 본 것이 '소비함수'이다. 소득이 증가하면 가계의 소비도 증가하는 경향이 있기 때문에 소비함수(C)는 우상향한다(그림 3.4).

다만, 소득이 전혀 없다 하더라도 생활을 유지하기 위한 최소한의 생활

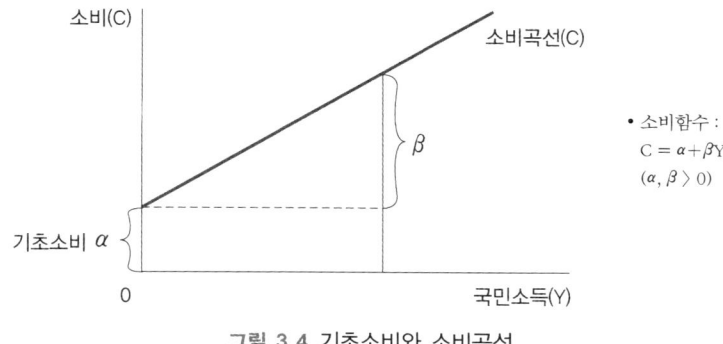

그림 3.4 기초소비와 소비곡선

비(식비나 광열비 등)는 필요한데 이것을 '기초소비'(〈그림 3.4〉의 α)라 한다. 따라서 소득의 증가에 따른 소비함수는 기초소비(α)를 기점으로 우상향하는 형태로 나타난다.

① 소비함수와 소득

소득 중 소비에 지출되는 비율을 '평균소비성향'이라고 한다. 또 소득의 증가분(ΔY)에서 차지하는 소비의 증가분을 '한계소비성향'이라고 한다. 이것은 소득이 1단위 늘어날 때, 그 증가한 소득 중에서 소비에 충당되는 금액의 비율을 말한다. 한계소비성향은 일반적으로 1보다 작다(0 < β < 1).

　한편, 가계는 장래의 생활을 유지·향상시키고자 하므로 이를 위해 소득의 전부를 소비하지 않고 통상 일부를 저축한다. 증가된 소득 중 저축하는 비율을 '한계저축성향'이라고 한다. 따라서 '1 – 한계소비성향'이 된다(그림 3.5).

소득(Y)	0	50	100	150	200	250	300	350	400
소비(C)	100	125	150	175	200	225	250	275	300
C/Y	−	5/2	3/2	7/6	1	9/10	5/6	11/14	3/4
$\Delta C/\Delta Y$	0.5	0.5	0.5	0.5	0.5	0.5	0.5	0.5	0.5
한계저축성향	−100	−75	−50	−25	0	25	50	75	100

- 소비함수 : $C = 0.5Y + 100$
- 한계소비성향이 0.5이므로, 한계저축성향은 $1 - 0.5 = 0.5$

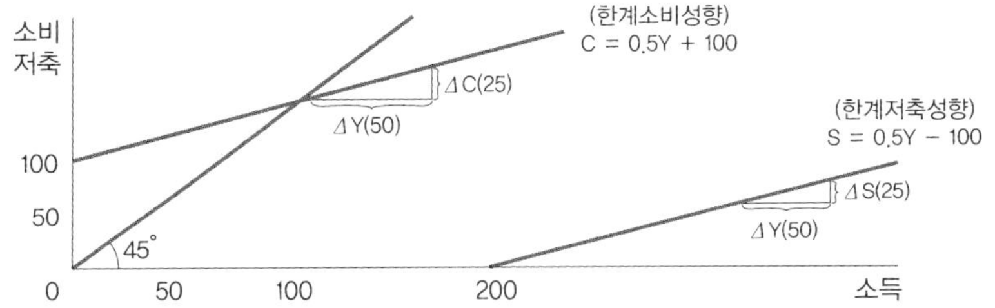

그림 3.5 소비함수, 한계소비성향, 한계저축성향(가설 예)

② 한계소비성향의 활용 : 투자승수(investment multiplier)

한계소비성향을 0.8이라고 할 때, 관광리조트 이용객의 안전관리를 위한 방재 시스템 관련기기 개발에 행정과 민간이 공동으로 100억 엔을 투자해 만든 기기를 판매한다고 하자. 이 100억 엔 중 80억 엔이 정보 관련 기업·업계에 투입되면, 이 금액은 방재 관련 업계나 해당 기업의 수요를 증가시킨다. 이 업계가 기기나 시스템을 개발 판매하게 되면, 판매액의 일부는 기업이나 업계 종사자의 소득으로, 일부는 저축(사내유보)에 충당된다. 종사자들은 소득의 증가분 중 8할을(한계소비성향을 0.8로 가정한다) 음식, 광열, 주택, 여가 등에 사용한다. 이것은 방재 시스템이 아닌 다른 산업의 판매액이 되고 그중 일부는 해당 기업이나 종사자의 소득을 형성하고, 나머지는 사내유보 등으로 사용될 것이다. 이와 같이, 한 기업이나 업계의 수요 확대는 한편으로는 관련 산업의 생산활동과 관련 노동자와 사업자의 소득형성에 기여함과 동시에, 다른 한편으로는 그 생산과 소득규모는 점차 작아지지만(연못의 파문과 같이) 그 밖의 기업과 업계에도 파급효과를 일으킨다. 그 결과, 경제 전체의 수요, 생산, 소득을 누계하면 맨 처음 투자(여기서는 100억 엔)보다 훨씬 커지게 된다. 이 결과를 '승수효과'라 한다.

이 승수효과를 수식으로 나타내면 다음과 같다. 단, 1차 수요의 증가를 A, 소비성향을 c라고 하자.

$$A + c_1 A + c_2 A + c_3 A + c_4 A + c_5 A = A(1 + c_1 + c_2 + c_3 \cdots) = 1 \cdot A/(1-c)$$

승수는 $\dfrac{1}{1-c} = 1 - \dfrac{1}{\dfrac{\Delta C}{\Delta Y}} = \mu$이며, 한계소비성향이 커질수록 소득증가는 커지게 된다. 100억 원을 투자한 경우의 소득증가는 μ의 크기에 따라

예를 들어, $\mu = 2$일 때, $\Delta Y = 10$억 엔 $\times 1/1 - 0.5 = 20$억 엔

$\mu = 5$일 때, $\Delta Y = 10$억 엔 $\times 1/1 - 0.8 = 50$억 엔

$\mu = 10$일 때, $\Delta Y = 10$억 엔 $\times 1/1 - 0.9 = 100$억 엔

이와 같이 승수효과는 한계소비성향이 1에 가까울수록(소득의 대부분이 소비에 충당되는 상태) 파급효과가 커지게 된다. 단, 승수과정은 정(正)의 효과뿐만 아니라 음(陰)의 효과도 있기 때문에 유의해야 한다.

③ 복합승수 : 독립투자와 유발투자

케인즈의 투자승수는 '독립투자'에 대해서 고찰한 것으로, 소득의 증가에서 파생된 효과까지 고려한 것은 아니다. 그러나 최초의 투자는 그것과 직접 관련된 기업 종사자의 소득증가를 가져오고 그 종사자는 소득의 일부를 다른 산업의 생산물 소비에 지출한다. 이에 따라 다른 산업의 판매액 및 종사자의 소득증가도 발생하게 된다. 이와 같은 소비의 연쇄 반응을 통하여, 전체 소비가 증가하고, 이것이 재화와 서비스 산업의 판매액을 증가시켜 광범위하게 산업을 활성화시킨다. 이와 같이 종사자에게 지불된 소득의 증가는 소비를 증가시킬 수 있으므로 그 과정에서 유발되는 투자라고 생각할 수 있다. 소득증가로부터 발생된 유발투자는 $\Delta I / \Delta Y$이며, 이것을 '한계투자성향'이라고 한다. 이와 같이 파급되어 나타난 승수효과를 복합승수라고 한다.

$$Y = C + I, \ C = cY + C_o, \ I = \gamma Y + I_o$$
$$Y = \frac{1}{1 - c - \gamma}(c_o + I_o)$$

Y : 소득수준
C : 소비수준
I : 투자수준
c : 한계소비성향
γ : 한계저축성향
o : 일기(一期)전의 수준

또, 어떤 기업이나 지역에서 수요증가(또는 감소)가 발생하면, 이 승수효과가 작용하여 수요증가에 따른 과열(노동력의 부족, 지가의 등귀)이 일어나기도 하고, 수요감소에 따른 경기침체가 일어나기도 한다. 이와 같이 수요관리가 중요하기 때문에, 그 일환으로써 공공사업, 증세 등 승수효과를 통한 경제조정정책이 시행되고 있다.

이해를 위한 예

예 : 한계소비성향이 0.8일 때, 5천만 엔의 신규투자 효과를 5기까지 구해 보자. 어떤 기간의 승수효과(파급효과)는 부분등비급수의 합으로 구해진다.

공식 : 초항을 a, 공비를 r이라고 하면,

- 합 : $a/1-r$　　　　　　　　　$2+6+18+54 \cdots$
- 부분합 : $a(1-r^n)/1-r$　　초항이 2, 공비가 3일 때 4기까지의 합은,

$$S_n = \frac{2(1-3^4)}{(1-3^4)} = \frac{-160}{-2} = 80$$

해법 : 초기투자액 L_0, 한계소비성향 $\Delta C/\Delta Y = c$, 각기 소득증가를 Y_n이라 하면

$$Y_n = L_0 + cL_0 + c^2L_0 + c^3L_0 + c^4L_0 \cdots\cdots + c^{n-1}L_0$$
$$= L_0 + (1-c_n)/1-c$$

적용 : $Y_n = \dfrac{5,000(1-0.8^5)}{1-0.8} = \dfrac{5,000-(5,000 \times 0.3277)}{0.2} = 1억\ 6,808만\ 엔$

(2) 저축과 투자의 특성

① 저 축

가계가 소득의 일부를 장래 생활유지 등을 위해서 보유하는 것이 '저축'이다 (즉, 소득−소비 = 저축). 이것을 국가 전체로 보면 국민저축 = 국민소득 − 국민소비가 된다.

　국민소득이 1단위 증가했을 때, 거기에서 저축에 충당되는 증가분을 '한계저축성향'이라고 한다. 가계가 미래생활을 보전하거나 특정목표를 위해 소득 전부를 저축할 수 없기 때문에, 증가된 소득의 일부만을 저축하므로 한계저축성향은 1보다 작다. 따라서 한계저축성향은 소득에서 소비를 뺀 것이므로 1−β로 나타낸다. 이것을 국가 전체로 보면 저축(이것을 S로 한다면)은

다음과 같다.

$$S = (1 - \beta)(Y - \alpha)$$

S : 저축
1-β : 한계저축성향
Y : 소득
α : 기초소비

② 투 자

기업의 기본적인 역할은 재화와 서비스를 생산하여 사회에 공급하는 일이다. 기업은 미래 수요와 수익(이윤) 전망을 토대로 기계설비, 시스템 등을 구입하고, 인재를 채용해, 그것들을 가지고 재화와 서비스를 생산 제공한다. 또, 기업은 생산에 사용되는 기계나, 설비·건물 등이 점차 마모되어 생산효율이 저하되기 때문에 이를 보충하거나 새로 교환할 필요가 있다. 이와 같이 재화와 서비스를 공급하기 위해 신규로 건물·설비구입, 보충 및 교체하기 위한 민간기업의 구매행위를 '설비투자'라고 한다.

한편, 기업은 재화와 서비스 생산에 필요한 원재료나 비품 등을 미래의 생산계획 또는 가격변화에 대응하기 위해 미리 구입하여 보유하기도 한다. 이와 같은 목적을 위해 구입하는 것을 '재고투자'라고 한다.[1]

이와 같이 투자는 생산과 판매활동을 통해 이익을 가져오는데, 1단위 투자의 증가에 의해서 나타나는 이익의 증가분을 '한계투자성향'이라고 한다(또는 투자의 한계효율이라고도 한다). 한계투자성향은 투자금액이 늘어날수록 줄어든다고 생각하기 때문에(투자량이 1단위 증가했을 때의 한계투자성향을 ρ라고 한다), 한계투자효율곡선은 우하향한다(〈그림 3.6〉의 I, II).

투자에 필요한 자금을 은행 등 금융기관에서 차입할 경우, 차입자금에 대한 이자는 기업에게는 비용(자금 비용)이 된다. 또 자기자금을 활용하는 경우에는, 그 자금을 다른 사업에 투자 할 기회를 잃게 되므로 이 비용의 총액

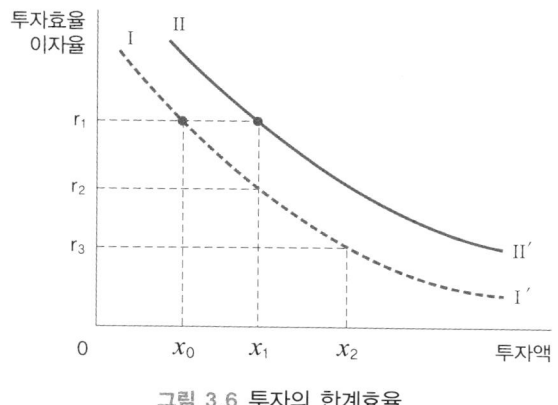

그림 3.6 투자의 한계효율

을 '기회비용'이라고 한다.

따라서 기업은 투자에서 얻는 수익과 투자를 위한 자금비용(이자율 또는 기회비용)을 감안해 투자의 규모를 결정하게 된다. 투자의 한계효율(수익)이 이 자율(자금비용)보다도 크면 투자를 적극적으로 하게 된다. 그 반대의 경우에 는 투자를 억제하게 된다.

〈그림 3.6〉에서, 통상의 한계투자효율곡선(투자로부터의 수익)이 II′이고 이자율이 r_1일 때, 투자액을 x_1으로 하는 것이 합리적이다. 이자율이 r_0로 내 려가면 투자액은 x_2로 확대하고, 반대로 이자율이 r_2로 올라가면 투자액은 x_0로 감소되게 된다.

투자효율은, 현재의 투자환경(예를 들어, 현재의 호텔사업 채산성)과 함께 가까 운 미래의 사회경제 전망(경기, 고용, 세금제도 등)이나 사업투자(예를 들어, 이후 예정 하고 있던 실버용 리조트호텔)의 수익전망 등의 영향을 받는다. 따라서 미래의 투 자효율 전망이 좋을 경우에는(예를 들어, II, II′) 이자율이 설령 높다고 하더라도 (r₂) 투자액은 x_0가 아니라 x_1으로 확대될 수 있다. 이와 같이 투자는 이자 외 의 많은 요인에 의해 좌우되기 때문에, 그 동향을 예상하는 것이 쉽지 않다.

(3) 국민소득균형 : 유효수요에 의한 국민소득 결정 메커니즘

재화와 서비스에 대한 민간 부문(사기업으로, 정부를 제외) 전체의 유효수요는, 소비수요(가계 부문)와 투자수요(사기업 부문)의 합계로 나타낸다. 여기서 투자가 일정하고 소비가 소득에 대한 증가함수라 하면, 유효수요의 크기는 국민소득의 증가에 따라 커지게 된다.

유효수요법칙(뒷부분에서 설명)에 따라, 재화와 서비스의 수요와 같아지도록 하는 국민총생산이 결정되기 위해서는, 국민소득은 총수요와 총공급이 같아지는 수준(Y*)에서 결정된다. 따라서 〈그림 3.7〉의 E점에서 $D=S$, $Y=\alpha+\beta \cdot Y+I$ 가 성립하며, 재화와 서비스는 시장균형을 이루게 된다.

이 상태에서의 국민소득 수준은 다음과 같다.

$$수준(Y^*) = \frac{\alpha+I}{1-\beta}$$

만약, 국민소득이 균형수준을 밑돌면(왼쪽으로 이동한다) 총수요가 총공급

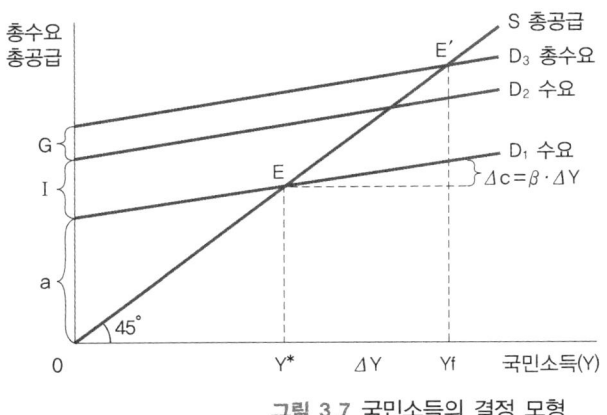

$D = \alpha+\beta \cdot Y+I$
α : 기초소비
β : 한계소비성향
I : 투자수준(독립투자)

그림 3.7 국민소득의 결정 모형

보다 크기 때문에, 재고가 감소하여 생산자는 생산량을 늘리고자 한다. 그 결과, 국민소득은 상승하게 된다.

이해를 위한 예

유효수요법칙은 세이의 법칙보다 현실적이라고 한다. 이런 인식에 따라, 유효수요법칙을 기초로, 조건을 바꾸면서 소득수준의 변화를 고찰해 보자.

문제 : 투자증가는 균형국민소득에 어떤 영향을 주는가? 즉 투자가 1억 엔 증가할 때, 국민소득은 얼마나 증가할까?

해설 : 투자수요가 ΔI만큼 증가함에 따라, 총수요곡선은 D_1에서 D_3로 이동하고, 균형점은 E에서 E′로 이동한다. 이때 국민소득 ΔY에 한계소비성향(β)을 더한 만큼 늘어난다. 따라서,

$$\Delta C = \beta \cdot Y$$

국민소득의 증가분은, 투자의 증가분과 소비의 증가분의 합계와 일치하기 때문에, $\Delta Y = \beta \cdot \Delta Y + \Delta I$, 즉 $\Delta Y(1-\beta) = \Delta I$가 된다. 따라서,

$$\Delta Y = \frac{\Delta 1}{1-\beta}$$

이것은 투자의 $1/1-\beta$만큼 소득이 증가하는 것을 의미한다. $(1/1-\beta)$를 '투자승수'라고 하며, 이것은 한계소비성향의 역수이다. 여기서, 한계소비성향을 0.8이라고 하면, 1억 엔을 투자할 경우 0.8억 엔의 소비수요가 발생하며, 투자승수를 적용하면, 국민소득의 증가는 다음과 같다.

$$\Delta Y = \frac{\Delta 1}{1-\beta} \text{ 보다, } \frac{1}{1-0.8} = 5 \text{(투자승수)}$$
$$= 5 \cdot \Delta I = 5억 \text{ 엔}$$

4. 국민소득과 공공경제

이제까지 가계 부문과 민간기업 부문에 의해서 이루어지는 '민간경제'에 있어서, 국민소득의 결정구조에 대해서 고찰해 보았다.

현실에서는, 민간경제 부문 이외에 정부 및 지방자치단체 활동에 따른 공공경제 부문도 있다. 이 부문도 민간경제와 같이, 재화와 서비스를 생산, 구입하고, 공공재와 사회자본을 제공하고 있다. 이러한 활동을 통해서 행정은 국민경제, 즉 국민소득, 저축 또는 소비동향에도 큰 영향을 주고 있다. 다음에는 정부(행정 등) 활동이 국민경제에 어떤 영향을 미치는가, 또 어떻게 개입하는가에 대해여 살펴보기로 한다. 이와 함께, 관광 분야에 있어서의 고용확보 방향에 대해서도 고찰해 보고자 한다.

(1) 정부지출에 의한 유효수요의 형성

정부는 국방, 사회복지, 교육 등의 공적 서비스 제공과 도로, 공항, 방재시설 등 사회간접자본 정비와 유지관리에 힘쓰고 있다. 그것에 필요한 재화와 서비스의 구입으로부터 소비수요가 발생한다.

이와 같이 정부가 필요한 재화와 서비스를 구입하기 위한 자금은 기본적으로 조세(소득세, 법인세, 물품세 등)에서 조달된다. 그러나 조세로 처리할 수 없는 부분은 공채를 발행하여 충당하고 있다.

그런데 조세는 가계 부문의 소득을 그 세금의 크기만큼 감소시키기 때문에, 국민소비수요를 저하시키는 요인이 되기도 한다. 한편, 공채의 발행이 소비지출을 감소시킬지 또는 그렇지 않을지에 대해서는 의견이 나뉘어 있다. 전통적인 케인즈 경제학에서 보면, 공채 발행이 직접적으로 가처분소

득(가계 부문에서는, 노동 등으로부터 얻은 소득 중에서 세금, 생활비, 교통·교제비 등 생활 유지
에 필요한 부분을 뺀 나머지로, 자유롭게 쓸 수 있는 소득을 말한다)에 영향을 주지 않기 때문
에 소비지출에 영향을 주지 않는다. 한편, 정부부채는 미래의 조세부담 증
가로 연결되기 때문에 소비지출을 억제한다는 견해도 있다.

　　일반적으로 공채 발행에 의한 정부지출은 유효수요 증대로 연결된다
고 간주한다.

(2) 정부지출과 국민소득의 관계

정부의 정책적 결정에 따라 이루어지는 재정지출(G)은 재화와 서비스에 대한
총수요곡선을 G만큼 상향 이동시킨다. 실업이 존재하는 경우, 만약 완전고
용을 가져오는 소득수준(Yf)을 달성하기 위해서는 고용수준을 나타내는 45°
선과 교차하는 점까지 민간과 정부에 의한 투자가 이루어져야 한다(그림 3.8).

　　여기서, 민간기업에 의한 설비투자(민간지출)가 △I만큼 이루어지면, 총
수요곡선은 D에서 D′로 이동하고 이에 따라 수요와 공급이 일치하는 균형

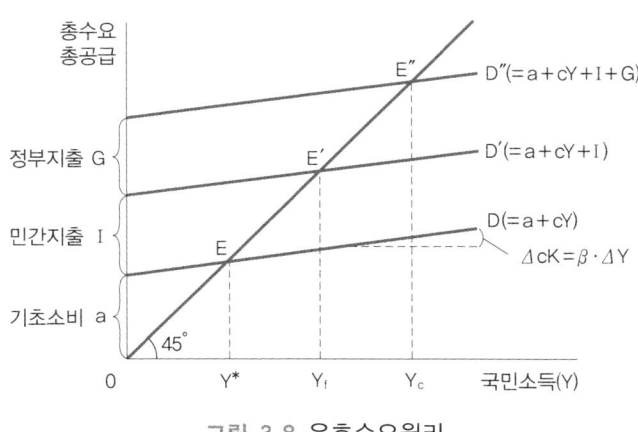

그림 3.8 유효수요원리

점은 E에서 E′로 이동한다.

더욱이 정부가 경기회복이나 고용확대 등을 위해 정부지출(G)을 하면, 균형점은 E′에서 E″로 이동한다. 이 총공급(45°의 선)과 총수요(D″)의 교점에서 국민소득 크기가 결정된다. 이것을 '유효수요법칙'이라 한다. 이와 같은 유효수요 창출은 정부에 의한 투자 외에도 감세나 이전지출에 의해서도 가능하다.

이처럼 국민소득의 증가분(ΔY : Y*로부터 Yf, Yc)에 대응해서 국민소득도 증가한다. 그 증가분은 국민소득(ΔY)에 한계소비성향(β)를 곱한 값이다.

$$\Delta c = \beta \cdot \Delta Y$$

세이의 법칙에 의하면, 국민소득 증가분은 투자 증가분과 소비 증가분의 합계이므로 다음과 같다.

$$\Delta Y = \beta \cdot \Delta Y + \Delta I \qquad \therefore \Delta I = \Delta Y(1-\beta)$$
$$\Delta Y = \Delta I/(I-\beta)$$

즉, 투자의 $1/(1-\beta)$배만큼(저축성향의 역수) 소득이 늘어나게 된다. 이 배수를 '투자승수'라고 한다.

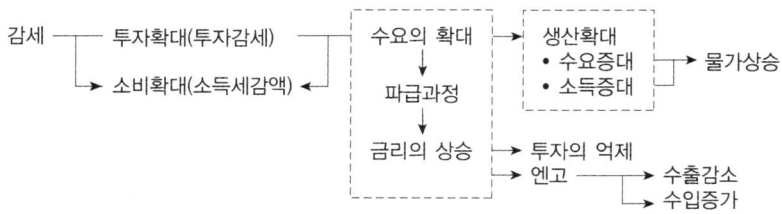

그림 3.9 조세와 승수효과의 흐름

(3) 감세와 승수효과

감세(여기서는 소득감세를 상정한다)가 행해지면, 가계가 소비에 사용할 수 있는 가처분소득이 늘어나게 된다. 그러나 가계는 통상적인 경우 그 늘어난 가처분소득 전액을 소비에 충당하지 않고 일부는 저축으로 돌리는 경우가 많다. 소비지출에 충당된 금액이 승수과정을 통해 경제 전체의 유효수요를 증대시키게 된다. 이것은 경기활성화 정책으로서 금리인하와 같은 효과를 가져올 수 있다.

1억 엔의 감세가 행해지고, 이것이 동일한 액수만큼 가처분소득을 증가시킨다면, 최초에 민간소비수요를 β억 엔만큼 증가시킨다. 소비수요 증가는 더욱이 승수효과에 따른 새로운 소비수요를 유발해 $\beta/(1-\beta)$억 엔의 유효수요를 낳는다. 반대로, 증세나 보조금의 삭감 등은 국민소득을 감소시킨다.

(4) 관광(개발)으로부터 고용을 확보하는 방향 : 고용정책

관광이라는 사회현상에 대해서 보면, 개인이나 행정 등 관광 주체에 따라 그 기대되는 내용이 달라지게 된다. 개인은 해방감, 휴식, 상호접촉 등을 중시한다. 관광에 관련한 재화와 서비스를 제공하는 관련 산업은 보유자원을 효율적으로 결합하여 이를 비즈니스 기회와 연결하려 한다. 또 국가와 지방자치단체는 국민 여가활동을 촉진시켜, 지역의 고용과 소득기회 창출을 위한 관광 관련 시책을 전개하고 있다.

거품경제의 붕괴(1990년대의 일본 경제상황을 말함, 역자 주) 이후, 산업의 하이테크화와 그것에 따른 효율화, 시스템화가 진행되는 한편, 산업과 문화 부문에 있어서 국제화, 국제분업이 확대되고 있다. 한편, 급속한 산업 · 기술의 변혁, 종신고용제도의 개혁, 고등교육의 보급, 고령 · 장수화 등을 배경으로 고용의 안정화와 함께 고용의 창출 · 기회의 확보가 요구되고 있다. 각 기업은, 잉여인원을 정리해 효율적인 부분에 배치함으로써 기업 전체의 생산성 제고에 힘쓰고 있다.

예를 들어, 기업의 불량채권 처리나 구조조정에 의한 실직자 발생은, 실업과 그에 수반된 불황을 사회에 방출하는 것에 지나지 않는다. 일시적으로 각 개별기업은 이익을 얻었다 하더라도, 그것이 사회 전체의 생산성 향상이나 경기 상승으로 연결된다고 할 수 없다. 노동력이라는 국가적 자원을 유효하게 사용하는 일은 정책 측면에서 매우 중요한 것이다.

이제 관광에 있어서의 고용 창출 · 기회 확보에 대한 견해와 방향에 대해서 고찰해 보고자 한다.

우선, 관광고용정책에 있어서의 정책방향에는 적정시기에 효율적으로 운영되고 있는 사업 주체(예를 들어 호텔, 레스토랑, 여가시설, 여관 등)에게 고용확대를 의존하는 방향이 있다. 이미 이와 관련된 사례로는 호텔 · 여관의 매수, 리조트의 재생(미야자키 현의 시가이야) 등이 있으며, 이에는 고용안정과 지역산업 관점에서의 우대세금제도, 낮은 이자율, 융자 등에 의한 지원이 유효하다.

두 번째는, 새로운 성장산업과 분야를 찾아내고 거기에 자금, 인재 등을 투입해, 확실하게 전개되도록 지원하는 환경조건을 정비하는 방향이다. 이것은 이전의 테크노폴리스(technopolis)에 의한 첨단산업 육성에서 힌트를 얻을 수 있다. 테크노폴리스 정도의 규모와 산업적 범위에는 미치지 못하지만, 시장에 출하하지 않고 길가나 역의 농산물 직거래소 등에서 지역의 농림수산물을 판매해 소득을 얻고 있는 방식은 농어촌의 고령자와 부녀자들에게 소득과 고용기회를 동시에 창출해 주고 있다. 또 각지에서 개발된 온천과 온천욕 시설 등도 고령화나 건강유지 의식을 반영한 새로운 고용의 장이 되고 있다.

세 번째는, 공공사업과 제휴한 관광개발로, 이것은 신규개발이라기보다는 기존 관광시설 기능을 확충하거나, 방재나 쾌적성의 향상 또는 환경과 생태 보전 등을 고려해 재정비하는 방향이다. 이것은 단순히 고용대책으로서가 아니라, ① 고령화를 기반으로 한 장벽 제거(barrier free)나 방재대책이고, ② 평온한 분위기 조성과 생태, 경관 등을 고려한 보전이나 경관의 정비, 또는 ③ 환경의 특성, 관광객의 행동특성이나 의향, 사업으로서의 채산성을 고려한 재정비 등을 공공(인프라 정비) 사업과 연계하여 고용을 창출하는 것이다. 여기에도 조세지원이나 규제완화 등의 인센티브가 필요하다는 것은 말할 필요도 없다.

이와 같이 고용창출과 기회 확보는, 거품경제 붕괴 이후 구조조정과 장기불황에 기인하여 실업이 사회문제가 되고 있었던 일본의 경우, 실업 해소와 그 위험성 회피를 동시에 병행하여 검토할 필요가 있다. 다음은 실업과 경제정책의 관계에 대하여 생각해 보고자 한다.

지금까지 실업은, 물가상승률과 상충(trade off)관계에 있는 것으로 알려져(이것이 필립스곡선이다) 있어서 인플레이션(inflation) 정책도 용인될 수 있었다(그림 3.10). 즉, 실업률과 물가상승률(인플레이션율이라고도 한다)은 우하향 관계에

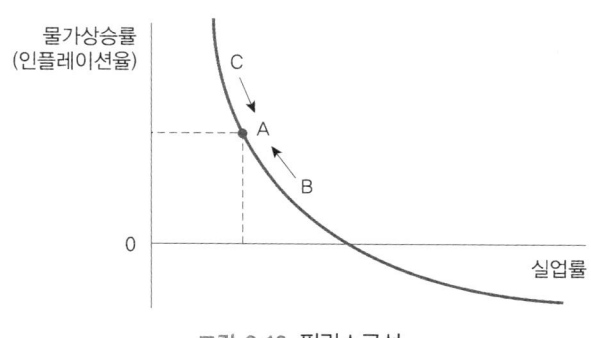

그림 3.10 필립스곡선

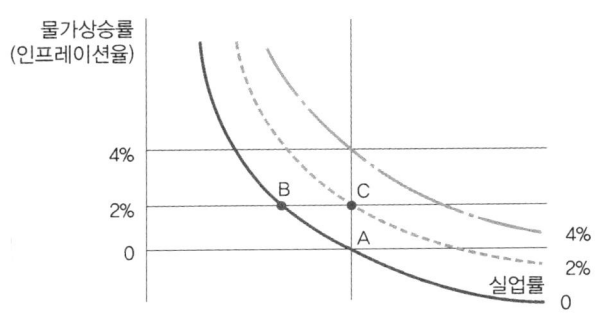

그림 3.11 장기필립스곡선

있기 때문에 실업률이 높아지면 인플레이션율은 낮아진다(그 반대도 있음)고 보았다. 그때그때 경기의 동향을 보면서, 받아들여질 수 있다고 허용되는 인플레이션율과 실업률을 달성하기 위한 정책을 운영해 왔다(그것이 유효하게 작용했는지 않았는지 여기서는 묻지 않겠다). 그러나 1970년대의 오일쇼크 이후, 선진국에서는 인플레이션과 실업이 동시에 존재하는 이른바 '스태그플레이션'(stagflation)이 지속되었고, 또 인플레이션 정책을 도입해도 실업은 일시적으로 개선될 뿐, 중·장기적으로는 원래의 상태로 되돌아가는(프리드만의 지적) 등, 단순 필립스곡선에 대한 의문이 제기되었다. 프리드만(Milton Friedman)은 〈그림 3.11〉에서 보이듯이, 물가상승률이 2% 상승하면 일시적으로 실업률은 A에서 B로 낮아져도(왼쪽 방향으로 이동) 사람들은 높은 물가 수준에 익숙해져서 예전의 실업률(이것을 자연실업률이라고도 한다)에 가까운 수준으로 돌아가는 경향이 있으므로 경기유인책(인플레이션 정책)은 유효하지 않다고 주장하였다.

최근, 실업은 실업자와 구직자(공석)가 직종이나 직장(지역)에서의 불일치가 그 요인이라는 견해도 있다(이것은 '베버리지곡선'이라고 불린다). 직종의 불일치는, 구직 욕구가 높아지고 있는 IT 관련, 복지, 환경 등의 분야에서 기능자나 지식을 습득한 사람들이 부족한 경향이 있는 것에 기인한다. 또 직장의 불일치는 어떤 지역(예를 들어 도카이, 간토오 지역)에서는 구인비율이 비교적 높은데 비해 다른 지역(예를 들어 큐슈, 홋카이도)에서는 낮다는 것이다.

마지막으로, 이것들을 참고로 실업을 개선하는 정책에 대해서 생각해보자.

- 일과 임금 쌍방을 쉐어링(sharing, 부분에서 일치하는 것)하는 것으로 고용흡수력을 높이는 방법이 있다. 일은 쉐어링이 가능하도록 정형화하거나 일상(routine)화하는 연구가 필요하다. 또, 풀타임 근로자의 동의를 얻어 임금의 쉐어링을 권장하면서, 순차적으로 풀타임과 파트타임의 종합적인 노동체제, 거기에 실업의 정도나 직종을 토대로 파트타임을 기본으로 하는 근무형태로 이동하는 것도 검토할 필요가 있다.
- 일본에 있어서 구직·구인의 불일치를 해소하려면, 노동수요와 공급에 관한 다양한 정보를 수집하고 또한 그것들을 신속히 갱신하고, 시대 흐름에 따라 고용흡수력이 큰 생산활동을 육성해야 하며, 이를 위한 자금, 세금제도, 경영, 수주, 인재의 확보와 육성 등을 지원할 필요가 있다. 한편, 장기불황에 따른 구조조정과 전업 등을 진행시키고 있는 기업에서 퇴출된 전업희망자에 대해서는 안정된 취업기회를 얻을 때까지 생활을 안정시켜 주고, 이에 더하여 사회적으로 필요한 비즈니스·가능성이 있는 분야에 있어서 직종에 대한 지식·기능의 취득과 재학습이 가능하도록 지원해 줄 필요가 있다.

이와 같은 정책과 아울러 기업은, 미래에 대한 불안이 적은 종신고용(일본 기업의 강점이라고 이야기되는 것)을 유지하고, 이익 확보를 위한 정보기술의 활용을 통한 유통·재고원가의 감소, 기술의 고부가가치화(특허에 의해 보장된 개발력의 지속성)를 달성하도록 해야 한다.[2]

5. 경제성장·발전과 관광

(1) 경제성장·발전의 기본요인

일정기간 동안 한 국가의 국민소득이 증가하는 것을 일반적으로 '경제성장'
이라 하는데, 이것은 다음과 같이 나타낼 수 있다. 어느 연도의 GNP를 Y_1이
라 하고, 그 전년도의 GNP를 Y_0라고 하면, 경제성장률은 다음과 같이 표시
할 수 있다.

$$경제성장률 = \Delta Y/Y = (Y_1 - Y_0)/Y_0 = (Y_1/Y_0) - 1$$

이와 같이 경제성장은 자연조건(기후, 천연자원 등), 기업가의 경영감각, 기
술진보, 자본 축적, 노동력(인구)의 증가 등의 요인에 의해 이루어진다. 전국
적으로 혹은 일반적으로 경제성장의 기본이 되는 것은 후자의 세 가지 경우
이다. 참고로 일본의 경제성장 원동력에는 기술, 자본, 노동력의 기본 요인
이외에 높은 저축률, 근면한 국민성, 높은 교육수준, 양호한 국제무역환경
등이 있었으며, 하나의 요인만으로 경제성장을 설명하는 것은 불가능하다.

(2) 기술진보와 경제성장

일본 등 선진국에 있어서는, 인구가 증가하지 않고 가까운 장래에 감소한다
고 예측되고 있고, 또한 자본축적이 진행됨에 따라 생산효율이 저하하는 경
향이 있다. 따라서 경제성장은 기술진보에 의존하게 된다. 1980년대까지 기
술진보는 경제 외부(경제와 관계없는 곳)에서 이루어진다고 생각되었다. 그러나
폴 로마 교수에 의해 기술진보는 의식적인 연구개발의 결과이며, 이 연구개

발의 성과(아이디어)는 지식의 확산을 통해 사회 전체에 이익을 가져오는 외부효과라는 주장이 제기되었다. 따라서 기술진보에 기여한 연구개발은 그 비용이 회수되지 않으면 머지않아 연구개발에의 투자는 감퇴하게 되고, 그 결과 기술혁신이 정체되면서 경제성장도 쇠퇴할 수밖에 없다.

그러므로 연구성과와 아이디어에 대해 지적 소유권을 인정, 일정기간에 걸친 독점적인 이용을 허용하면 연구개발 비용을 회수할 수 있게 되어 연구개발이 활발해지고 기술도 진보하게 된다. 따라서 지적소유권에 대한 제도화와 규제 등의 정비는 지속적인 경제성장을 가능하게 해주는 조건이 될 수 있다. 여기에서는, 성장과 발전을 구분하고 있지 않지만, 인구 증가나 자본 증대 등에 의한 경제의 양적 확대를 경제의 '성장', 또 기술혁신이나 수요구조 등에 의한 경제의 질적 변화를 경제의 '발전'으로 간주하고 있다. 넓은 의미에 있어서는 양자를 포함하여 성장이라고 한다.

(3) 자본 증가와 경제성장 : 해러드−도마 이론

기업은 자본과 노동을 결합하여 생산활동을 하고, 그 결과의 대부분을 소득, 세금 등의 부가가치를 통한 소비에 투입하고, 나머지는 은행 예금이나 증권 등의 형식으로 저축한다. 저축된 자금은 금융기관에서 기업 부문에 대출되어 투자에 활용된다. 그러므로 총생산의 결과는 소비와 투자에 투입되며(그 나머지는 저축이 된다), 투자는 자본의 증가가 되어 생산에 충당된다.

이와 같은 국민소득 성장 메커니즘을 최초로 경제모형화한 것이 해러드−도마(Harrod-Domar) 이론이다. 이 모형에 의하면 경제 전체의 저축은 소득에서 일정비율을 차지하고 있고, 또 생산과 자본 스톡 간에는 기술관계가 있어, 생산에 일정비율의 자본이 필요하게 된다. 이를테면 저축, 자본, 기술 사이에는 다음과 같은 관계가 있다.[3]

해러드-도마 기본식

$$평균저축성향 = \frac{저축}{GDP}$$

$$자본계수 = \frac{자본스톡}{GDP}$$

$$\rightarrow 경제성장률 = 평균저축성향/자본계수$$

즉, 경제성장률은 ① 저축성향이 높을수록(투자), ② 자본계수(생산당 자본스톡의 투입량)가 작을수록 높아지는 것을 의미하고 있다.

저축이 클수록 투자가 증가하게 되고, 그만큼 자본이 축적되어 GDP의 확대로 연결된다. 자본계수가 클수록 일정 생산활동에 보다 더 많은 자본스톡을 투입해야 하며, 따라서 투자의 증가가 생산의 증가로 연결되는 정도가 낮아지게 되어 경제성장을 억제하게 된다. 이 경제성장 모형은 경제성장의 기본 구조를 이해하는 데 있어서 중요한 의미를 가지고 있다.

(4) 자본·노동 증가와 경제성장

자본축적에 의해 자본량이 증가할수록 생산과 소득이 증가하지만, 곧 자본력이 장애가 되어, 경제성장률은 저하해 0에 가까워진다(수확체감이 작용하기 때문에). 인구감소, 고령화 등도 잠재적으로 경제성장을 저하시키는 원인이 되지만 그로 인해 성장이 멈추지는 않는다. 앞에서 언급한 바와 같이, 경제성장은 자본축적이나 기술진보에 의해서도 영향을 받기 때문이다. 더욱이, 인구가 감소해도 그 인구가 내재하고 있는 능력이나 지식이 물리적인 노동자 수나 노동시간 수와 마찬가지로 큰 의미를 갖는 경우가 있다. 노동력을 단순히 인구 수뿐만 아니라 노동자의 능력(교육수준, 경제내용 등)으로 보면, 인구가 증가하지 않는다 하더라도 생산량을 증대시킬 수 있다.[4] 이를테면, 생산구조가 고도화하여, 정보화·하이테크화가 진행될수록 노동의 질이 중요하게 된다.

이제 자본과 노동력만으로 생산이 이루어지는 신고전파의 경제성장 모형을 생각해 보자. 이 모형에 의하면 노동인구 증가율과 기술진보율(노동생산성의 증가율이 되는 것)에 의해서 실현되는 성장률(이것을 '자연성장률'이라고도 한다)을 현실 경제성장률이 상회하는 것은 불가능하다. 왜냐하면 시간의 경과에 따라 곧 자본이 과잉되어, 자본의 생산성이 체감하고 성장률이 둔화되기 때문이다. 이것을 이토 모토시게(伊藤元雄, 2001, 『입문 경제학』 제2판)에 따라 설명하고자 한다. [5]

〈그림 3.12〉의 y = f(K)는 자본노동비율로, 노동자 1단위당 자본량(K)과 노동자 1단위당의 생산량(y)과의 관계를 나타낸 것이다. 노동자 1단위당의 자본량 K가 증가하면, 1단위당 생산량도 증가한다. 그러나 자본생산성이 체감하게 되면, K가 증가하는 만큼 생산성(y)이 증가하지 않는다. 즉, K가 커짐에 따라 자본생산성이 체감하기 때문에 y의 증가율도 체감한다.

다음으로 평균저축성향 s가 일정하다고 가정하면, 노동자 1단위당의 저축은 sy가 된다. 저축과 투자는 같기 때문에 sy는 노동자 1단위당의 투자

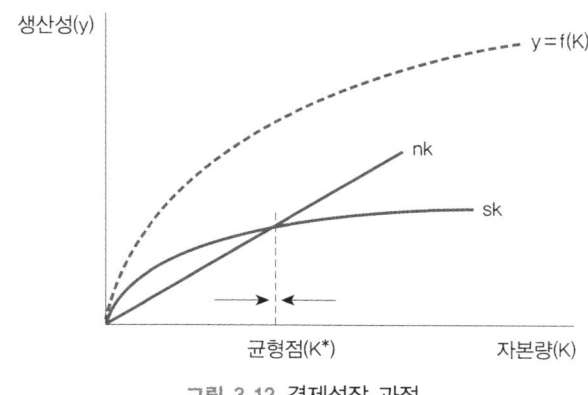

그림 3.12 경제성장 과정

액이기도 하다.

nk는 노동자가 증가할 때, 자본노동비율을 일정하게 유지하기 위해 필요한 자본량을 나타낸다. 경제 전체의 자본노동비율 k를 늘리기 위해서 노동자 1단위당의 투자(자본축적)는 nk보다 크지 않으면 안 된다.

이렇게 하여, 노동자 1단위당의 투자(자본 축적) sy가 nk보다도 클 때(K*까지)에는 노동자 1단위당의 자본량은 증가하고, 반대로 sy가 nk보다도 작을 때에는 노동자 1단위당의 자본량은 감소한다. 〈그림 3.12〉에서, K*보다 자본량이 작을 때 K는 증가하고, 그 오른쪽에서는 감소한다. 즉, 시간과 함께 자본노동비율은 K*의 수준에 수렴하게 된다.

이상의 설명을 시간 축에 있어서 경제성장, 자본노동비율, 노동자 단위당의 생산으로 나타내면 〈그림 3.13〉과 같다.

(A) 초기에는 자본량이 작으므로, 자본노동비율도 작아진다. 제1단계에서, 자본의 증가는 노동의 증가에 비하여 속도가 빠르다. 즉, 자본노동비율 K는 증가한다. 초기의 자본노동비율 K가 K*보다 작기 때문에 sy가 ny보다 크다.

노동량은 n율로 증가하지만 자본은 그 이상으로 증가하여, 경제성장률(생산량의 증가율)은 n 이상의 비율이 된다.

시간이 지남에 따라, 자본노동비율(단위시간당의 자본량)은 증가해, 점차 K*의 수준에 가까워진다. 그 과정에서 sy는 nk와 같아지고, 단위시간당의 생산량 y도 일정한 값에 수렴한다.

(B) 초기자본량이 많은 경우의 성장경로를 나타낸다. 처음에는 자본노동비율이 K*보다 높기 때문에, 자본노동비율은 점차 작아진다. 자본량은 n 이하의 비율로 증가할 수밖에 없다. 시간이 지남에 따라 자본노동비율이 K*에 수렴하면, 그 점에서는 자본과 생산량이 노동량과 같이 n율로

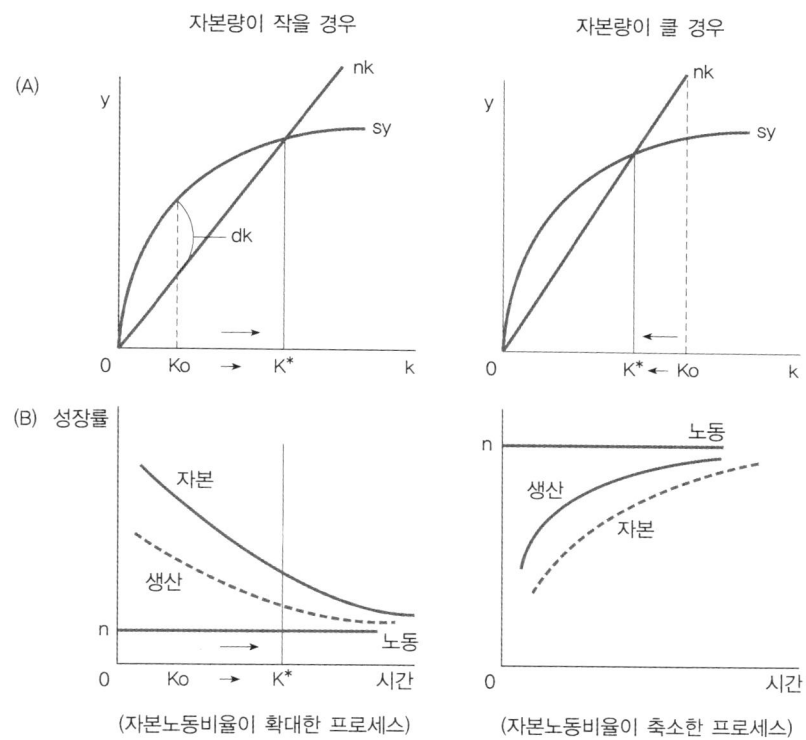

그림 3.13 자본노동비율의 확대(A) · 축소(B) 과정

자료 : 이토 모토시게(2001). 『입문 경제학』 제2판. 일본평론사, pp. 188-189를 일부 수정.

성장해간다.

　　이와 같은 신고전파 성장이론은 자본과 노동을 생산요소로 하는 모형이고, 노동은 외생적(外生的)으로 일정비율(n)로 성장하며, 자본은 저축을 통해 축적된다. 말하자면, 시간이 지남에 따라 경제성장은 노동의 성장률(n)에 수렴한다는 것이다.

　　경제성장률에는 실질경제성장률과 명목경제성장률이 있다. 실제에 있어서 경제성장률은 가격의 상승분을 제외한 실질적인 경제활동상태를 나타내므로, 경기동향이나 고용의 증감과 관계가 있다. 또, 명목경제성장률은 기업이나 가계가 현실에서 명목소득으로 경제·소비활동을 하므로 일상적인 생활지표이고, 소득신장률과 관계가 깊다.

이해를 위한 예

한계소비성향 60%(저축성향은 0.4), 국민소득이 1년 전에는 250억 엔원, 2년 전에는 200억 엔일 때, 유발투자 120억 엔에 의한 경제성장률(Gw)은 얼마가 될까?

해설 : 해러드의 경제성장률 Gw = 저축률(S) / Cr(가속도계수의 역수)
저축률은 $1-0.6 = 0.4$
가속도계수는 $120 = v(250 - 200)$ $\therefore v = 2.4$
이것에 수치를 대입하면,
$\therefore Gw = (S)Cr = 0.4/2.4 = 16.7\%$[6]

---

(5) 경제성장과 관광 : 국민소득과 관광의 이용·소비

관광은 일상을 떠나, 1년 이내에 거주지로 돌아오는 것을 전제로 하며, 자유롭게 사용할 수 있는 시간과 소득을 가지고 여가활동(비생산활동이며, 구체적으로는 즐거움을 목적으로 하는 활동)을 하는 사회적 현상이다.

관광에 있어서, 자택을 떠나 멀리 떨어진 곳으로 가기 위해서는 도보로 이동하는 경우를 제외하면 교통 서비스가 필요하고, 또 목적지와 그곳에서의 활동 내용에 따라서 달라지지만 음식, 숙박, 기념품 구입, 각종 스포츠나 견학 등의 서비스를 받을 경우 거기에 상응하는 지출이 따르게 된다.

국민이 관광을 생활의 일부로서 누릴 수 있게 된 것은 역사적으로는 산업혁명이 계기가 되었다. 영국에서 전개된 산업혁명은 결과적으로 인구를

도시에 집중시켰으며 도시주민은 자유를 향유할 수 있는 개방된 장소나 청
정한 공기를 찾는 의식이 강해졌다. 한편, 농촌노동에서 공장노동으로 이행
됨에 따라, 종래 생활과 노동이 장소적 · 시간적으로 한데 뒤섞여 이루어지
던 생활패턴에서 노동과 생활이 장소적 · 시간적으로 명확하게 분리되는 패
턴으로 바뀌게 되었다. 이런 배경에서 선박, 철도 등의 대량 이동수단이 출
현한 다음부터 도시주민들이 대거 해변 등으로 여가활동에 나서게 되었으
며, 그 결과 매스 투어리즘(mass tourism)이 탄생하게 되었다. 그러나 국민의 광
범위한 계층(공장 노동자뿐만 아니라, 1차 산업이나 3차 산업의 종사자를 포함해)이 여가생
활을 누릴 수 있게 된 것은 영국, 프랑스, 미국, 일본 등 모두에 있어서 2차 세
계대전 이후의 일이었다. 이것은 전후 부흥이라는 경제 · 사회정책, 전쟁 중
에 종군하다 알게 된 여행지 정보입수 또는 여행이나 음식을 제공하는 서비
스 산업의 신흥산업으로의 등장 등의 요인에 의해서 이루어졌다.

  여가 중에서도 여행을 동반하는 관광여행은 사회적 제약으로부터의

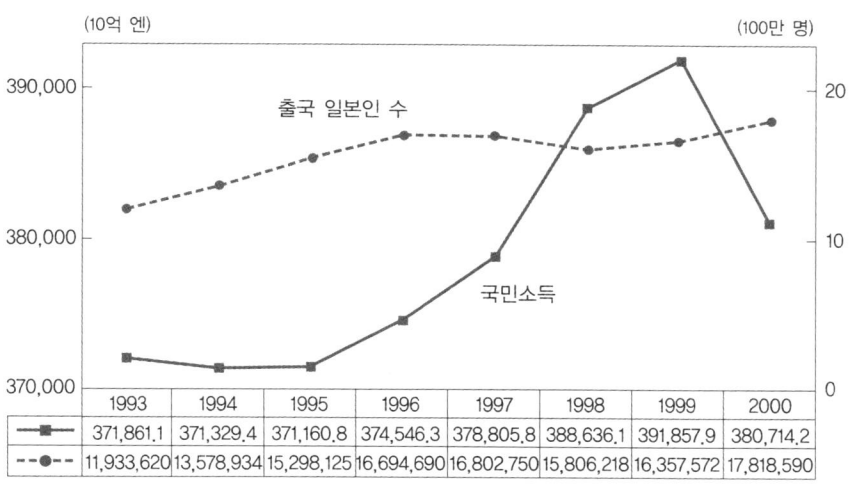

그림 3.14 거품경제 후의 국민경제와 해외여행

자료 : 각 연도의 국민경제계산, 관광백서.

해방, 자유시간이나 소득 등의 수요 측면의 조건과 대량이동을 가능하게 하
는 교통기관이나 여행산업 등의 공급 측면의 조건을 동시에 만족시켜야 가
능한데, 관광에 사용되는 시간이나 소득에 있어서 여유가 적은 계층에서는
당일치기 관광(행락지나 여가시설)이 주류를 이루었다.

점차 시간과 소득 등에 여유가 생겨 관광수요가 확대되면서(그 후의 휴가
제도 확충도 촉진요인이 되었지만), 숙박을 하는 관광여행이 늘어나게 되었다. 비로
소 매스 투어리즘(mass tourism)이 본격화되었다고 할 수 있다.

더욱이 1990년대부터 국제화와 정보화가 진전되면서 해외여행이 관광
여행에 더해지게 되었다. 그 후, 무역흑자의 해소와 국제협력의 일환으로
일본에서는 텐밀리언(ten-million) 계획이 전개되었고, 한편에서는 지역의 과
소화(過疎化)에 따른 고령화 및 산업공동화(기업의 해외진출, 국내입지의 감소)에 대처
하기 위해 관광 · 리조트 개발이 전국적으로 전개되었다. 텐밀리언 계획은
당초의 전망을 초과하여 해외여행자가 급증하여, 1995년에는 약 1,600만 명
(총 인구의 약 12.1%)에 이르렀다.

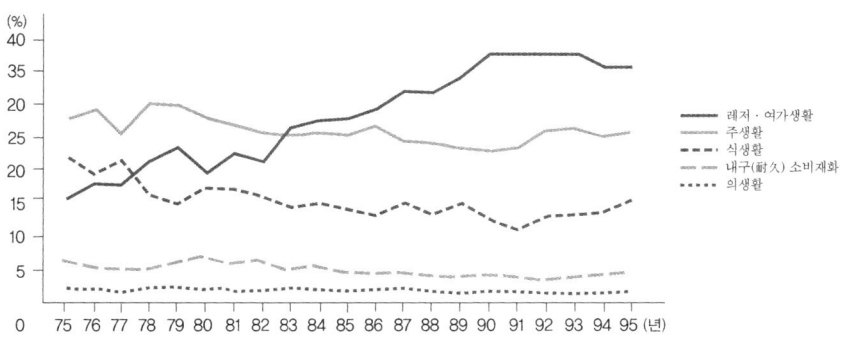

그림 3.15 이후의 생활의 역점
자료 : 총리부, "국민생활에 관한 여론조사".

　이와 같이 제2차 세계대전 이후의 경제성장, 국민소득과 자유시간 증가, 거기에 일상을 벗어난 해방감 추구 의식 제고 등을 반영하여, 국민의 관광여행에 대한 수요는 증가하는 추세를 이루었다. 그런 중에, 1980년대의 오일쇼크와 거품경제[7]의 붕괴 등에 따라, 관광여행은 불급(不急)한 비용지출 행위로 간주되어 처음으로 제동이 걸리게 되었고 자제가 요구되었다. 그렇다 하더라도, 국민소득이 증가하는 정도의 수준을 유지하면서 관광여행 수요는 때로는 증가하기도 하고 때로는 감소하기도 하였으나, 증가기조를 유지하고 있다. 이것은 국민생활 역점 추이(그림 3.15)에서도 알 수 있다.

02 지역경제와 관광

1. 관광활동과 경제와의 관계

관광지[8]는 결코 영구불멸의 상태에 머무는 것이 아니라, 형성된 이후 우여곡절을 거듭하면서 성장하다가 이윽고 쇠퇴 또는 변화하는 유동적인 성격을 내포하고 있다. 이와 같이 관광지(범위를 확정하는 데는 불확정한 요소가 남아 있지만 여기서는 단순히 관광자원과 관광객이 비교적 많은 행정지역을 상정하고 있다)는 그때그때의 사회경제환경(소득, 자유로운 시간, 교통수단과 정보 등 기반에 관련된 환경조건) 아래에서 관광수요자(수요 환경)와 그 수요에 대응하는 관광 관련 재화, 서비스 제공자(공급 환경)에 의해서 영향을 받는다. 이것을 경제적 측면에서 보면, 관광객이 아직 적은 단계에서는, 관광재와 서비스 제공에 필요한 비용과 관광객이 지불하는 금액이 거의 균형을 이루고 있어, 관광활동이 사회와 환경에 큰 비용 부담을 주지 않으므로 그다지 문제가 되지 않는다.

그러나 특히 제2차 세계대전 이후에 국민소득과 자유시간 및 교통 편리성이 향상되어 많은 관광객이 1년 내내 관광지를 찾아다니게 됨에 따라, 그것을 유지하는 도로, 상하수도, 방재 등의 인프라(infra) 정비가 필요하게 되었다. 그 반면에 혼잡, 오수, 쓰레기, 지역주민의 생활환경에 대한 침해(소음, 떠들썩함, 불안 등)와 식생 · 생물에 대한 영향 등 사회환경적인 문제도 발생하게 되었다. 이런 문제에 대처하기 위한 예방책 내지 완화책이 필요하게 되었으며, 동시에 이 문제에 대처하기 위해 필요한 비용부담이 커지게 되어, 경제적인 측면에서 관광수요나 그 방법(활동형태나 계절변동 등)으로 관심이 바뀌고 있다. 이처럼 관광활동과 사회 및 환경에 관한 비용과 관련하여 관광지의 발전단계를 개념적으로 고찰해 보고자 한다.

2. 관광지 개발단계와 경제적 환경

관광지 발전과 변천모습을 살펴보면, 역사적으로 관광활동이 어떤 모습으로 변화해 왔으며 그 요인이 무엇인가를 명확히 알 수 있을 뿐만 아니라, 신규 관광개발, 기존 관광지의 재검토 및 신규사업에 대한 단서를 얻을 수 있다. 관광지 발전과 변천에 대한 고찰범위는 공간, 토지이용, 자본, 시설정비, 고용 및 산업과의 관계뿐만 아니라, 최근 몇 년 사이에는 그 이외에 방재(지세, 수계 등의 영향)와 더불어 생태, 경관 등 환경과의 관계까지 그 범위가 광범위하게 확산되었다. 이런 측면을 고찰하기 전에, 관광지가 중 · 장기적인 관점에서 전체적으로 어떻게 전개될 것인가를 알고자 할 때 기본적인 발전 패턴을 인식하고 있으면 편리하리라 생각된다. 이와 같은 중 · 장기적인 발전 패턴을 논한 것이 버틀러(R. W. Butler)의 관광지 사이클(그림 3.16) 이론이다.[9] 이것은 관광지가 형성되어서 성장 · 발전하면서 성숙해지다가, 이윽고 쇠퇴하는 추이를 역 S자형의 패턴으로 모형화한 것으로, 관광객의 기질과 행동특성, 관광지 수용방식과 대응내용 등과 관련해 고려한 것이다. 관광지 발

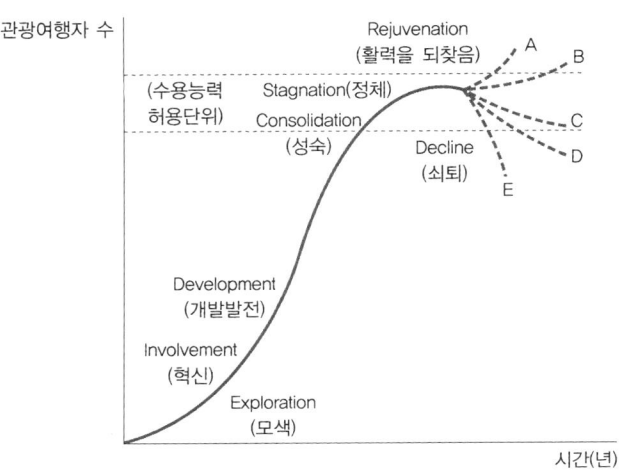

그림 3.16 버틀러가 가설한 관광지 사이클

자료 : Butler(1980).

전 추이와 관련하여 주된 이용자나 활동형태, 관광의 대상이나 시설, 환경
등의 관점에서 총괄하면 〈표 3.1〉과 같다.[10]

　이와 같은 관광지의 성장과 발전 양상은 경제와 어떤 관계를 가지고 있
는 것일까에 대해서, 이하에서 니시오카 히사오(西岡久雄, 1998)의 논문[11]을 기
초로 하여 관광지 발전단계를 형성, 성숙 및 환경 고려의 세 단계로 나누어
각각의 단계에 있어서 관광과 관련된 재화와 서비스의 수급관계와 그에 수
반된 '사회적 잉여'와 '외부경제' 등의 상황을 〈그림 3.17〉을 토대로 명확히
설명하고자 한다.

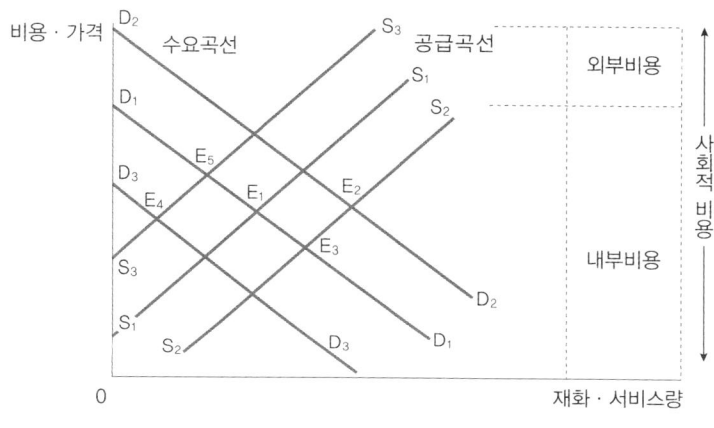

그림 3.17 관광지의 발전과 수요관계의 변화

(1) 관광지 출현·형성 단계

지역에서 관광이 시작될 때는 관광 관련 재화와 서비스에 대한 수요는 아직 적고, 환경 등을 손상하거나 그 복원을 위한 비용부담도 거의 없기 때문에, 관광 수요(D_1D_1)와 그들에게 제공되는 재화와 서비스 공급(S_1S_1)은 E_1에서 균형을 이루고 있다. 이때 관광객의 잉여와 관광 관련 재화와 서비스를 제공하는 사람들(관광을 받아들이는 지역)의 잉여 —— 이 양자의 합을 '사회적 잉여'라고 한다 —— 는 $\Delta D_1S_1E_1$이 된다.

한편, 유입되는 관광객이 증가하면서 안정적인 추이를 보이게 되면 관광 관련시설과 서비스도 확충되고 지역의 관광은 형성단계에 이르게 된다. 이 단계에서는, 앞서의 관광에 관한 수요와 함께 공급도 증가하여 균형점은 E_2가 되고, 사회적 잉여도 $\Delta D_2S_2E_2$로 확대된다.

표 3.1 버틀러에 의한 관광지 사이클 특성 일람표

구 분	이용동향	여행의 활동형태
모색 단계	• 여행자 수가 적은 것이 특징이다.	• 탐험가형의 여행자가 들어오게 된다. • 스스로 여행을 준비하고, 불규칙적인 여행행동 패턴이 특징이다.
관여 단계	• 여행자 수가 증가한다. • 규칙적인 경향이 보인다. • 관광시장에 따른 인수체제 형성이 시작된다.	• 수동적인 여행자가 많아진다.
개발· 발전 단계	• 지역에 있어서 관광시장이 형성된다.	
	• 여행자 수는 정점을 이루고 정주인구를 웃돈다. • 광범위한 관광시장이 형성된다.	• 관광객 형태가 변화한다. • 규격형 관광객이 증가한다.
성숙 단계	• 관광객 총 수가 증가해, 정주자 수를 웃돈다. • 관광객의 총 수는 증가하지만, 증가율은 저하한다.	• 조직적인 대중적 관광객이 증가한다.
정체 단계	• 여행자 수는 최대가 된다. • 그 최대 수는 지역 환경을 웃돈다.	• 확립된 관광지의 이미지는 과거의 것이된다.
쇠퇴 단계	• 장기체재 관광객이 감퇴한다. • 주말이나 당일치기 관광객이 주류가 된다.	

자료 : • 이 표의 이용동향, 관광여행의 활동형태 등은 편의적으로 구분한 것이다.
    • Sheela Agrwal: The resort cycle and seaside tourism: an assessment of its applicability and validity, *Tourism Management*, Vol. 18, No. 2 Table 1 Stages of resort development and associated features p.66. 에 의해 작성

관광대상 · 시설	환경 특성	비 고
• 특이한 자연적 · 문화적 특징에 유인된다. • 여행자용 시설은 없고, 그 고장 기존시설을 활용한다.	• 그 고장 주민과의 교류(만남)에 의의가 있다. • 지역의 자연 · 문화, 경제환경이나 생활환경에의 영향은 없거나 같다.	• 소수의 관광객 • 공공시설이 없는 관광 리조트 지역 • 관광 리조트 지역의 자연적 매력에 유인 • 모험을 좋아하는 사람들
• 여행자 전용 시설이 제공 된다. • 홍보활동이 전개 된다. • 관광시장이 형성되고, 관광시즌도 발생한다.	• 그 고장 주민 중에서 관광계획 참여 희망자가 출현한다(식사 제공 등에 종사하는 사람 등). • 그 고장 주민과 여행자의 접촉기회가 확대된다. • 관광객을 조직적으로 받아들이기 때문에 교통 · 시설 정비를 행정에 요청한다.	• 그 고장 정주자와 관광산업이 기본적인 서비스를 제공 • 광고의 증대에 따른 관광 리조트의 계절변동이 확대화 • 관광 리조트 시장의 명확화
• 단체여행용 대규모 여행자 전용 시설이 도입된다. • 자연 · 문화적인 관광대상물 개발과 상품화가 진전 된다. • 이것을 보완하는 인공적 시설이 도입된다.	• 지역주민이 관광에 관여해 자본/인재 등에 제약이 있다. • 관광시설 전부가 반드시 주민에게 환영받는다고는 할 수 없다.	• 관광 리조트 시설의 추가적 정비 • 그 고장 이외의 사람이나 기업에 의한 관광 리조트 산업의 통제
• 시설계획이나 제공에 지방행정이나 국가와의 관계가 확대된다. • 관광산업의 발전에 따라 관련 시설이 확충된다.	• 외부로부터의 노동력 도입(세탁소 등)이 나타난다.	• 그 고장 정주자 중 여행자나 관광 기업 등에 대한 반목
• 지역경제의 주요 부분이 관광산업과 깊은 관계를 가진다. • 마케팅 · 홍보에 의한 관광시장과 관광시즌이 확대된다.	• 관광에 관계없는 지역주민의 관광에 대한 반발 · 불만을 분출한다. • 관광활동 내용에 대한 규제가 제기된다.	• 관광 리조트가 지역경제의 주력화 • 계획적인 관광 개발 지도를 구체화 • 관광시즌의 연간화에 노력
• 다시 방문하는 사람이나 교통이용자를 대상으로 관광시설을 활용한다. • 과거 개발지역의 주위에 관광산업이 전개된다. • 기존 관광지의 소유자가 바뀐다.	• 자연 · 문화자원은 인공적 대상으로 대체된다(지역의 환경특성과 무관한 것으로). 	• 관광객 수는 피크를 맞아, 관광 리조트 지역의 허용수준에 도달 • 좋은 관광 리조트 지역의 이미지가 있지만, 시대에 뒤쳐짐
• 관광산업이 쇠퇴하고 소유지의 전매율이 높아진다. • 관광시설은 비관광시설(호텔에서 요양원, 노인 홈 등)로 전환한다.	• 새로운 관광지와 경합하게 된다. • 관광객은 감소해 관광사업의 범위도 축소된다. • 관광지의 슬럼화가 나타난다.	[침체 단계 이후] • 숙박시설은 쇠퇴해 전매율이 높아진다. post-stagnation • 5개의 방향성 (그림 3.16의 A~E) • 극단적인 경우 예전으로 돌아가는 대책을 세우거나, 소멸이 될 수 있다.

(2) 성장 · 성숙 단계

관광객이 증가함에 따라 관광 관련 시설이 많아지고 다양한 서비스가 제공되면, 그 수용지역에 있는 자연생태 또는 사회문화적 환경은 대규모 관광객들과 그들의 다양한 관광활동을 수용하는 것이 불가능해진다. 수요와 공급의 불균형(unbalance)은 혼잡, 시끄러움, 쓰레기, 오수, 관광자원의 훼손, 커뮤니티 활동의 변질 등 —— 이것들은 공해 또는 외부비경제라고 불린다 —— 이 발생한다. 그 결과, 관광수용지역의 명성은 저하되고 관광객도 체감하게 된다. 한편, 관광과 직접 관련이 없는 지역주민은 관광객을 무턱대고 받아들이는 것을 거부해 관광을 억제하게 만든다. 이렇게 되면, 관광객의 수요곡선은 D_2D_2에서 D_1D_1으로 아래로 이동하게 된다.

이때, 재화와 서비스 공급을 그 제공자가 생산에 소요한 비용(내부비용)으로 그 범위를 한정할 경우, 수급균형점은 E_3이 된다. 이때의 사회적 잉여($\Delta D_1S_2E_3$)는 관광지의 출현단계와 형성단계의 중간 정도가 된다. 그러나 이 단계에서 재화나 서비스의 제공자는 관광객을 중심으로 관광활동의 증대에 따라 생겨나는 외부비용을 전부 재화와 서비스의 가격에 반영시켜 경제적으로 감당하는 것이 불가능하기 때문에 이로 인해 환경파괴, 관광자원 파손, 지역주민 불만 등이 증폭된다.

(3) 환경고려 단계

이 단계에 이르면 관광수용지의 이미지는 더욱 추락하여 지역주민은 관광활동에 대해서 강한 부정적인 인식을 갖거나 비협조적인 태도를 보이게 되고 관광객 수는 크게 감소하여, 수요곡선은 D_3D_3로 이동한다. 관광 관련 산업과 지역 행정기관은 위기감을 느끼게 되어, 재화와 서비스 제공자들(관광사

업자)은 단독으로, 또는 행정 · 관계기관(환경 · 공해 등의 보전활동 등)과 함께 지역
이미지 향상, 환경 · 자원 · 주민 등에 관한 장애요인 제거, 도로 · 화장실 ·
쓰레기 처리 등의 비용부담에 전력을 기울이게 된다. 그 결과, 공급곡선은
왼쪽 위로 이동하여 S_3S_3가 되고, 사회적 잉여는 $\triangle D_3S_3E_3$로 축소되며, 균형
점은 E_4가 된다. 이 상황은, 생태 · 자연환경과 지역주민의 생활 · 생산환경
을 고려한 결과이며, 이와 같은 과제가 해소되는 단계는 관광지에 있어서 환
경의 지속가능성을 고려한 '사회적으로 적정한 균형점'이 된다.

이것으로부터, 관광지에는 자연 · 사회 · 문화 등 환경을 고려한 적정
활동형태와 총 인원 수를 상정해[이것을 '적정 수용력'(carring-capacity)이라고 한다], 그
것에 따라 관광개발에 관한 개념, 들어오는 사람 수, 활동형태와 기간 및 그
것들에 대한 확고한 대응방식 등에 대해서 고찰하는 것이 바람직하다.

그러나 현실에 있어서 관광지 상황은, 그때그때의 사회경제 변동의 영
향을 받고, 또 관광동향과 관광객을 받아들이는 지역주민의 가치관과 인식
변화에 의해서 좌우되는 경향이 있다. 더욱이 이 '적정 수용력'에 도달하기
이전에 사회적 · 경제적 환경변화에 의해서 내방객 수가 감소하는 경우도
있다. 이와 같은 사태가 초래되는 요인으로는 ① 새로운 경쟁 관광지의 등
장, ② 유망한 관광시장과의 불충분한 교통조건(적정 수용력을 확보하지 못했을 경
우), ③ 그곳까지의 경로를 포함한 지역에 대한 이미지(공해, 재해, 질병 등의 위험성
이 있는 경우)가 있으며 이로 인해 관광객들은 방문하는 것을 주저하게 된다.

그 외에, 사회적 비용부담에 빠르게 대처하여 관광지로서의 이미지를 확
보하거나, 더 나아가 지역주민의 관광활동(관광산업과 관광객 수용)에 대한 이해와
협력을 얻는 경우에는 관광 수요의 대폭적인 감소를 막을 수 있다. 이 경우에는
사회적 잉여가 커지게 되고, 균형점은 예를 들어 E_5가 될 수 있다.

이제까지 살펴본 바와 같이, 관광지가 관광 관련 재화와 서비스를 생

산 · 제공하고 고용, 소득, 세수 등을 유지 · 확대해, 안정된 지역사회를 형성하기 위해서는 끊임없이 ① 관광지의 환경보전, ② 관광 동향과 관광객 욕구의 특성, ③ 수용지역주민의 관광에 대한 의식 · 이해의 정도, ④ 광역 범위에 있어서의 경쟁적인 성격을 가진 사업전개와 입지동향, ⑤ 주요 관광 시장 동향 등(국내외, 여행의 형태, 비용지출 특성 등)에 유의할 필요가 있다. 그것에 더하여 관광지는 지역 이미지 유지와 향상, 관광자원 보전 또는 관광활동으로 인한 쓰레기 처리와 교통정체 등에 대처하는 일이 중요하고, 이에 필요한 경비부담(하드웨어적인 측면과 소프트웨어적인 측면)에 대한 신속한 대응이 매우 중요하다.

따라서 이와 같은 상황에 있는 관광지에서는, 경쟁자 진출 시 우위를 점하기 위한 새로운 기능개발과 도입, 다른 산업 · 생활 분야와의 제휴와 심화(예를 들어, 농림수산업의 관광화, 복지의 일환으로서의 관광의 자리매김) 또는 지식개발 교육이나 건강 돌보기와 관련된 체험 · 교류 이벤트의 도입 등 다각적인 대처가 필요하다. 특히, 교통이 불편한 지역이 도시로부터 관광객을 유치하고자 할 경우에는, 그 지역에 살고 있는 사람들 각자가 즐거움을 창출하고 자식이나 손자를 위한 쾌적한 생활과 자연 생태환경에 대한 재학습이 필요하다.

3. 지역경제와 관광

(1) 지역경제와 산업

대도시에 있어서, 예전에 비해 또한 지방도시에 비해, 훨씬 먼저 잡화상이 대부분 편의점으로, 대중식당이 패밀리 레스토랑으로, 공중목욕탕이 쿠어하우스로 바뀐 것처럼, 사람들은 다양하고 보다 양질의 서비스를 지향하게 되었다. 이에 대응하여 지역에서도 차원 높은 재화와 서비스를 생산하여 제공하려 힘쓰고 있다.

예를 들어, 해외여행을 포함한 관광여행을 통해서 사람들은 국내외에 걸쳐 많은 체험과 견문을 넓히고 있고, 그만큼 상당히 질적으로 우수한 재화와 서비스를 지향하고 있다. 그 때문에, 호텔이나 리조트가 있는 지역은 끊임없이 높은 수준의 서비스 제공과 아울러 그것을 유지하는 운영 시스템 구축과 이와 관련된 인재의 확보 · 육성 등에 힘쓰고 있으며, 그에 따라 많은 자본이 필요하게 되었다. 이러한 큰 규모의 그리고 중 · 장기간에 걸쳐 이루어지는 투자가 과연 채산성을 맞출 수 있을까, 그리고 그것이 그 지역의 다른 산업에 어느 정도 파급효과를 초래할 것인가 등이 관광 · 리조트 지역에 있어서 큰 테마의 하나가 되고 있다.

이와 같은 일을 판단할 때 사용되는 방법 중 하나가 케인즈(Keynes)의 승수효과 사고를 도입한 '지역승수'라는 개념이다.

관광객이 관광지에서 관광소비활동(숙박비, 식비, 기념품비, 입장료, 교통비 등)을 하면 이것은, 우선 관광산업(여기서는 여관, 호텔, 음식점, 기념품 가게를 관광산업이라 하자)의 수입이 된다. 각 관광산업 수입에서 이윤, 임금, 세금 등의 부가가치를 뺀 나머지 금액이 원료와 서비스 구입에 충당된다. 원료와 서비스 구입은, 이것을 제공하는 관광 관련 산업(앞서의 관광산업과는 또다른 원료와 서비스 생산 · 가공 등에 관한 산업. 예를 들어 농산물의 생산농가, 간판, 전단지, 팸플릿 제작 등의 기업을 포함)의 판매액이 된다. 이 판매액은 해당지역 내에서의 구입과 지역 밖에서의 구입으로 크게 나눌 수 있다. 실제로 지역 내 구입분 중 일부도 —— 예를 들어, 그 지역의 산업이 생산에 필요로 하는 높은 수준의 기계나 소프트웨어 등 —— 지역 외에서 구입한 것이다. 그러나 그 비율과 금액이 모두 작다고 가정함으로써 이 지역 내에서의 구입은 모두 지역 내 산업에서 구입한다고 간주하고 논의하고자 한다.

이제, 지역 내에 있는 산업에서 재화와 서비스를 구입하면, 그것은 이 산업의 수요(판매액이기도 하다)가 된다. 이후에도 이 수요가 예상된다고 하면, 이 산업은 이들 재화와 서비스 생산에 필요한 생산요소(원자재, 인재, 자금 등 모든 것 또는 재고가 있다면 일부)를 다른 산업에서 구입해 생산할 것이다. 이 과정은 재화와 서비스 구입(개인에게는 비용) 관계를 통해 많은 다른 산업으로 파급된다. 이 파급의 범위와 규모는, 그 재화와 서비스의 특성(질적 수준 등)을 반영하여 그것들이 생산에 필요한 원재료나 서비스를 얼마나 지역 내에서 조달할 수 있을지, 또 각 산업의 생산활동 중에서 종업원에게 지불되는 임금(그 일부는 통상, 저축에 충당된다)이 어느 정도 지역 내에서 비용지출이 되는가에 따라 다르다. 즉, 종업원은 임금에서 음식, 광열, 집세, 여가나 문화활동 등에 비용을 지출하지만, 지출 총액 및 비용지출 장소가 지역 내인가 아니면 다른 지역인가에 따라서도 달라지게 된다.

다음에서는, 특히 서비스와 소프트웨어를 중시하는 관광산업을 택해, 그 경제효과에 대하여 고찰하고자 한다. 먼저 관광산업에 있어서 일정 투자 규모가 그 금액 이상으로 파급효과를 발생시키는 원리(지역 승수)와 그 특징을 밝히고자 한다. 이어서, 그 원리를 현실 관광지에 적용한 사례를 근거로 경제파급효과를 파악하고 적용할 수 있는 방안에 대해 고찰하고자 한다.

(2) 지역승수와 그 특징

① 지역승수의 개념

사회가 아직 빈곤한 단계에 있을 때에는, 의·식·주와 관련된 산업, 특히 식료품 생산·수송·가공 등에 관련된 산업이 우선 발생한다. 하지만 경제

발전과 국민소득 증가에 따라 자유롭게 사용할 수 있는 시간이 증가하면, 1차 산업의 생산효율을 제고시키는 2차 산업 및 이것을 기반으로 한 3차 산업, 서비스 · 관광 등의 소프트 산업이 파생된다.

한 나라 경제 전체가 단순히 두 개 부문, 즉 재화 부문(앞서의 1차, 2차 산업으로 간주한다)과 서비스 부문(주로 3차 산업으로 간주한다)으로 구성되어 있다고 할 때, 관광(서비스 · 소프트 부문) 산업을 발전시키는 요인에 대하여 생각해 보자.

여기서, 재화 부문과 서비스 · 소프트 부문이 각각 창출하는 소득을 Y_1, Y_2이라고 하면, 국민 전체의 소득(Y)은 다음과 같다.

$$Y = Y_1 + Y_2 \cdots\cdots ①$$

(국민 전체의 소득)　　(재화 부문)　(서비스 · 소프트 부문)

또, 국민 전체의 소득 중, 서비스 · 소프트 부문이 지출에 포함하는 비율(배분율)을 p라고 한다.

$$Y_2 = p \cdot Y \cdots\cdots ②$$

이를 Y에 대해서 정리하여 ①식에 대입하면 다음과 같다.

$$\therefore Y_2 = p(Y_1 + Y_2), \quad Y_2 = \frac{p \cdot Y_1}{1-p} \cdots\cdots ③$$

이 식은 배분율이 일정하다고 할 때 서비스 · 소프트 부문 소득(Y_2)이, 재화 부문 소득(Y_1) 크기에 의존하는 것을 나타낸다.[12]

② 지역승수의 기본적인 특성 : 개발투자의 지역승수 분석

미야자와 켄이치(宮沢健一, 1960)는, '개발투자의 지역승수분석'에서, 지역경제가 국민경제처럼 자기완결형의 순환형태일 수 없다는 점과, 지역경제 활성화를 위해서는 지역의 주요 산업과 그 관련 산업과의 관계에 주목할 필요가 있다는 점 등을 염두에 두고 지역승수를 정식화하여, 홋카이도 경제에 적용해 승수가 가지는 의미를 고찰하였다. 그의 연구에 따라 지역승수의 구조와 그 적용방안에 대해서 생각해 보고자 한다.[13]

㉠ 지역승수의 개요

투자에 의한 소득창출효과의 일부는(지역의 산업 · 소비구조에 따라 다르지만) 그 지역에서 유출되기 때문에, 이 파급효과에서 누출(leakage) 부분을 어떻게 파악할지가 과제이다. 단순히 지출 면에서의 누출만으로는 불충분하고, 생산면과 분배 면에서의 누출도 고려할 필요가 있다.[14]

투자 증가를 ΔI, 소득 증가를 ΔY, 소비 증가를 ΔC, 저축 증가분을 ΔS라 하면 투자의 파급은 다음과 같이 나타난다.

$$\Delta I \to \Delta Y_1 \to \Delta C_1 \to \Delta Y_2 \to \Delta C_2 \to \Delta Y_3$$
$$\quad\quad\quad \searrow \Delta S_1 \quad\quad \searrow \Delta S_2 \quad\quad \searrow \Delta S_3$$

→은 파급의 흐름을 나타낸다. 아래 첨자는 시간의 경과를 나타낸다.

이것에 의한 소득 증가는, 다음과 같이 나타난다.

$$\Delta Y = \Delta I_1 + c_1 \Delta I + c_2 \Delta I + \cdots\cdots = \frac{1}{1-c}\Delta I$$

이것은 생산 면에서의 파급효과를 나타낸 것이며, 각 단계에서 시간의 경과에 따른 수요의 크기가 그것과 같은 크기의 소득을 창출하고 있는데, 이 것은 파급이 봉쇄경제(closed economy)를 전제로 하고 있기 때문이다.

현실에 있어서는 투자된 금액 중 일부는, 그 지역 밖에서 도입한 고도의 노하우, 기술, 특별한 비품과 기구 등에 지불되기 때문에 지역 밖으로 누출 된다. 예를 들어, 낙도에서 숙박시설로 민박을 제공할 경우와 리조트 호텔 을 정비하는 경우를 비교하면, 후자의 경우가 누출이 크게 되며, 거기에 소 요되는 내용·비목은 손쉽게 상정(想定)될 수 있다. 또, 투자에 따른 재화와 서비스 생산에 필요한 자재 등이 설령 그 지역에 있는 그 고장 산업(중소기업) 에 발주되더라도, 그 일부는 지역 외의 산업(특히 자재, 고도의 기능이나 시스템 등의 구입)에 의존하는 경우가 있다.

여기서, 만약 부가가치율(α)을 1/3, 지역 내 소득화율(β)을 2/3, 지역 내 자급률(γ)을 2/3이라고 하면, 1단위의 투자는, 그것과 같은 1단위의 소득(1차) 을 증가시키는 것이 아니라, 2/5 정도가 된다.[15]

이 비율을 $\dfrac{\alpha\beta}{1-(1-\alpha)\gamma}$ = x라고 하면,

1 − x는 '생산 파급 과정에 있어서 누출(leakage) 계수'라고 한다.

이렇게 하여, 승수파급이 전체로는, P를 지역의 재화·서비스에 대한 소비성향이라고 하면, 다음과 같다.

$$\frac{x}{1-Px} = \frac{\alpha\beta}{1-P\alpha\beta-(1-\alpha)\gamma}$$

C를 통상의 소비성향, m을 지역 외에서의 소비재 입수성향이라고 하 면, P = c − m이 되므로 지역승수는 다음이 된다.

$$지역승수 = \frac{\alpha\beta}{1-(c-m)\alpha\beta-(1-\alpha)\gamma}$$

이것으로, 소득의 지출 면에서 계산한 누출은 저축성향의 $1-c$ 외에 m을 더한 값이며, 생산 면의 누출은 $1-\gamma$(다른 지역 자재의존율)이 되어, 이 값은 분배 면의 누출이 된다.

그러면, 다른 지역 주민이 이 지역에서 지출한 금액과 이 지역 주민이 다른 지역에서 지불한 비용지출이 같은 경우, 관광에 의한 사람들의 유입 유도나 이벤트 개최 등은 무의미한 것일까? 이것을 요케노 노부미치(除野信道, 1998)[16]는 "외부관광객이 방문하여 소득을 증가시킨 부분과 지역주민이 타 지역에서 재화·서비스를 구입함으로써 누출된 부분이 대략 균형을 이루는 경우 지역에는 아무런 이익도 없는 것처럼 보인다. 그러나 재화와 서비스의 생산(제공)과 그것들에 대한 비용지출은 승수효과에 의해 그 지역의 생산, 고용 그리고 소비수준을 상승시키는 역할을 한다. 그러므로 이것이 각 지역과 국가가 관광개발과 국제 간의 관광교류에 힘쓰는 이유이다."라고 주장하고 있다.

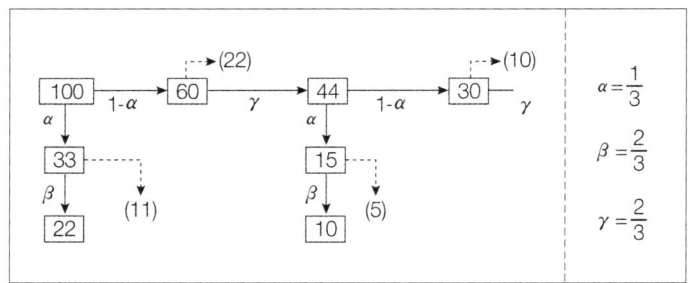

그림 3.18 생산 파급의 가설 예

주 : ( )는 지역 외로의 누출을 나타낸다.
자료 : 미야자와 켄이치, 『개발투자의 지역승수분석』, p. 52.

ⓛ 지역승수의 특성

이와 같은 지역승수에는 다음과 같은 특성이 있다.

- 개발투자는 그것이 어떤 부문에 투자되는가에 따라 승수효과가 달라진
  다. 그것은 생산요소의 결합 상태, 예를 들어 농업 부문과 서비스 부문에
  서는 대체로 노동과 자본의 결합 또는 부가가치에 차이가 있으므로, 승수

승수이론의 핵심

① 승수효과와 승수

새로운 자본 ΔI가 소득수준을 ΔY를 증가시킨다고 하자. 이 투자의 증가가 얼마만큼의 소득 증대를 초래할까. 그 크기를 승수(k)라고 하면 k = $\Delta Y/\Delta I$ 가 되어 (Y = C + I의 소득결정모형에서는 k= $\dfrac{1}{1-C}$ 이 된다) 투자의 k배 만큼 소득을 증가시킨다.

② 승수의 과정과 소득증가

승수 k가 $\dfrac{1}{1-c}$ 이 되는 것은 다음과 같다. 투자 I의 증가가 소득의 증가 ΔY_1을 초래한다. 소득의 증가는 소비를 증가시키며, (이것은 소득의 증가에 한 계소비성향을 곱해 얻는다) 소비의 증가는 새롭게 소득 ΔY_2를 증가시킨다.

이렇게 반복되는 과정에 의해 투자증가 ΔI는 $\dfrac{1}{1-C}$ 배의 소득증가를 가져 오기 때문이다.

$$\begin{aligned}
\Delta Y &= \Delta Y_1 + \Delta Y_2 + \Delta Y_3 + \cdots \\
&= \Delta I + C\Delta I + C^2 \Delta I \\
&= (1 + C + C^2 + \cdots)\Delta I \\
&= \frac{1}{1-C}\Delta I
\end{aligned}$$

값이 달라진다.[17]

특히, 봉쇄경제 경우에는 승수값이 '1/1 – c'으로 일정하다. 왜냐하면 지역 밖으로의 이윤과 소득의 누출이 없고, 또 지역 밖에서 자재나 고도의 기능 등을 의존하는 경우가 없다는 것을 의미하기 때문이다. 따라서 소비재 지출이 없다($\beta=0, \gamma=0, m=0$)고 하면 α의 값이 어떻든 간에 지역승수는 1/1 – c가 되어 통상의 승수와 일치한다. 또 개방경제 경우에는 투자 부문의 움직임에 의해서 크게 영향을 받는다.

• 지역승수는 지역의 소득률이 높을수록, 또 지역 내 재화와 서비스 자급률이 높을수록, 그리고 부가가치율(α)의 가치가 높을수록 커진다. 또, 소비재의 출입 성향이 낮은 경우에도 커진다.

③ 지역승수의 관광 분야 적용사례

지역승수라는 개념은 관광 동향이나 관광 관련 시책 등을 평가할 때에, 관광지나 그 관광지를 관할하는 행정기관 등에서 도입하고 있다. 더욱이, 향후 진흥정책의 단서를 얻기 위한 적정성, 실태조사 등과 함께 도입되고 있다.

특히, 최근 산업구조의 변화, 경제의 서비스화 등을 배경으로 시·군·면에서도 관광산업(신규 개발이나 과거 관광지의 활성화 등)에 본격적으로 심혈을 기울이고 있으므로, 그에 따르는 고용이나 소득의 확보, 지속가능한 관광에도 관심을 쏟고 있다. 그 구체적인 목표는 관광소비 현황 파악과 경제적인 파급효과(그 외 사회문화적 효과도 있지만, 여기에서는 경제적인 면만 다룬다)를 추계하며 동시에 지역에서 자원(인재, 자금, 입지 등)을 유효하게 활용하는 방안을 찾고자 한다.

이와 같은 것을 고찰하기 위하여, 주로 개별 관광과 관련된 시설 등의 대부분을 실태 조사하여 파악하는 기법(이것은 엄청난 시간과 비용이 들기 때문에 본 절에서는 아쉽지만 생략함), 관광소비의 파급효과의 파악을 주안점으로 하여 승수이론을 적용한 기법 및 관광지의 특성(입지, 자원 등에 의한 숙박형이나 당일치기형 등)

이나 산업의 특성을 반영한 산업연관 분석을 적용한 기법이 있다.

이 절에서는, 최초로 지역승수를 관광 분야에 적용한 선구적인 쇼우도 (小豆島) 섬의 사례를 고찰한 다음, 산업연관표를 활용하여 홋카이도의 관광 경제효과(도민과 도외여행자를 구분해)를 살펴보고자 한다. 또 관광과 관련이 깊은 마을에 대해서 관광소비액의 추계와 산업연관표의 작성에 대해서도 서술하고자 한다.

⑦ 선구적 관광지에 대한 지역승수의 적용 : 쇼우도 섬

1967년 쇼우도 섬에서는 관광경제성과를 조사하기 위해 102개의 호텔 · 여관을 중심으로 산업별 지역승수를 추계하여 다음과 같은 결과를 얻었다.[18]

- 1차 산업 : 농업 0.739, 임업 1.086, 수산업 1.022
- 2차 산업 : 광업 1.010, 건설업 0.473, 제조업 0.370
- 3차 산업 : 운수업 1.024, 토산품 판매업 0.796, 호텔 · 여관 0.817

이 관광경제 자료에서 승수가 가지는 의미는, 당시의 지역경제 특성을 반영해 임업, 수산업 및 광업 분야에서 승수효과가 크지만 이런 분야에 있어서의 투자규모가 크지 않기 때문에, 쇼우도 섬 지역 전체의 소득창출효과도 적었다. 그중에서 투자규모가 비교적 크고, 특히 승수효과가 큰 분야는 호텔, 여관과 기념품 판매업이었다.

쇼우도 섬의 지역승수는, 미야자와 켄이치(宮沢健一, 1960)의 '개발투자의 지역승수 분석'을 관광산업에 처음으로 적용한 것으로, 그 후의 관광 분야 승수 연구에 있어서 선구적 위치를 차지하고 있다고 간주된다.[19] 다만, 쇼우도 섬에서 행해진 설문조사의 내용이 불충분해, 승수의 설정에 필요한 자료가 추

측된 점, 부가가치율이나 한계소비성향 등과 같이 확실한 측정이 어려운 자료가 충분한 검토 없이 사용되었다는 문제점이 지적되고 있다.

㉡ 나나오 시, 닛코 시의 파급효과 특성과 배경

1966년에 일본의 대표적인 관광지인 나나오 시(七尾市)와 닛코 시(日光市)에서도 관광의 소비효과에 대한 조사가 이루어졌다. 온천관광과 사적(史跡)·자연감상적 관광이라는 두드러지게 차이가 나는 두 관광지에 대하여 산업 부문별 지역승수를 추계하였다.[20]

- 숙박 관련 : 나나오 시 0.624, 닛코 시 0.658
- 음식 관련 : 나나오 시 0.695, 닛코 시 0.512
- 토산 관련 : 나나오 시 0.397, 닛코 시 0.362
- 합계 : 나나오 시 0.601, 닛코 시 0.532

두 지역에서 얻은 결과를 보면, 나나오 시는 음식 관련 승수가치가 큰데, 이는 온천지에서는 여흥이나 보양·체류적인 성격이 강하기 때문이라 생각된다. 닛코는 이 당시, 수학여행이나 일반 단체를 중심으로 한 역사적 견학이 주를 이루었다. 또, 두 지역 모두 관광기념품의 승수값이 작은 것은 지출의 60%가 원료비이며 또한 그 대부분이 이입된(즉, 외부에서의 구입, 수출(leakage)이 크대 것이기 때문이라 간주된다.

더욱이 산업 부문별 파급효과를 보면, 지역 내에서의 조달률이 높은 산업은 상업 서비스업(나나오 시 3.638, 닛코 시 2.646), 어업(나나오 시 2.045, 닛코 시 0.691), 농업(나나오 시 1.122, 닛코 시 1.541), 임업(나나오 시 -, 닛코 시 1.242)의 순이며, 이 산업들에 있어서 승수효과가 크다.

표 3.2 나나오 시, 닛코 시의 부문별 파급효과

구 분	농업	임업	어업	식품	제재	가구	종이 등	인쇄	금속	건설	상업	전 산업
나나오 시	1.122	—	2.045	0.635	0.246	0.494	0.267	0.507	0.457	0.404	3.638	0.601
닛코 시	1.541	1.242	0.691	0.564	0.317	0.545	0.251	0.488	0.372	0.378	2.646	0.507

자료 : 일본관광협회(1968). "관광의 지역경제에 미치는 경제효과". 『관광』 제19호., p. 70.

또, 관광소비의 파급효과는 제1단계에서 가장 크며 점차 작아진다. 그것은 노동자의 소득 일부가 저축으로 충당되기 때문에 다음 단계의 소비액이 그만큼 감소하게 되고, 이런 과정이 순차적으로 계속되기 때문이다. 지역 내에서 파급효과가 작아지는 정도는 자재나 서비스를 지역 내에서 얼마나 조달하고 있는가에 달렸으며, 자체조달률이 높을수록 파급효과도 커지게 된다.[21]

④ 지역승수의 관광지에의 적용에 있어서의 과제
지역승수를 관광의 중요도가 큰 지역에 적용한 다음 결과를 평가할 때 주의해야 할 점은 다음과 같다.

㉠ 부문별 승수효과 파악
전 산업 분야에 평균적으로 파급되는 경우의 승수효과와 더불어 특정 분야에 대한 직접적인 개발투자의 승수효과 또는 관광소비에 의한 승수효과를 측정하려면 레온티에프(Wassily Leontief)의 '지역 투입 · 산출표'를 활용할 필요가 있다. 예를 들어, 타카하시 고로오(高橋五郎, 1994)는 미야자키 현(宮崎県) 리조트 개발의 상징적인 거점(시가이야)의 효과(1994년 당시 출입 인구 수 115만 명, 판매액 66억 9,000만 엔, 미야자키 시내 20개 호텔 · 여관의 숙박 인수 99만 명 등)가 농업 부문에 주는 효과에 대해 고찰하였다.[22]

ⓛ 간접효과 고려

관광소비 또는 관광개발에 의한 투자는 파급효과를 생성하고 일부는 지역 밖으로 누출되지만, 그중의 일부는 그 지역의 미래를 예상하여 건물 신축이나 인재 파견 등을 위해 다른 지역에 투입된 투자가 지역으로 환원되는 경우도 있다[이것을 리퍼커션(repercussion)이라 한다]. [23] 따라서 지역의 파급효과를 정확히 계산하려면 앞서의 파급효과에 간접효과 부분을 추가할 필요가 있다. 이것은 지역 밖에서의 유발효과가 기대되는 경우에만 의미를 가진다는 것은 말할 필요도 없다.

ⓒ 개발효과의 기간

지역승수의 효과는 비교적 단기적인 것이다. 파급효과의 추계 결과를 당면한 정책판단에 참고자료로 사용하고자 할 때, 또는 파급의 실태파악에 제약이 있는 상황(거래 관련 산업 분야, 그 금액 등을 잇달아 파악하고자 하는 경우 시간, 비용, 사생활 보호 등에 의한 제약이 뒤따른다)에서 주된 지역범위에 있는 관광 관련 산업의 결합에 관한 실태 자료를 근거로 파급효과를 추계하게 된다. 따라서 추계된 파급효과는 단기적인 것이다.

그러나 관광 관련 산업의 결합 크기나 상호 지위관계 등에 따라 효과는 단기적인 것뿐만 아니라, 장기간에 걸쳐 재화와 서비스 생산능력을 신장시키는 지속적인 경제발전을 기대할 수도 있다. 다만, 그 경우에는 생산능력의 향상에 걸맞은 수요가 존재하는 것이 전제조건이 된다.

ⓡ 지역경제 자립화 과제와 방향성

지역경제의 자립 발전에 있어서의 과제는, 재화와 서비스 생산능력이 확대되면 그것을 지탱할 수 있도록 지역 내 수요를 창출·확대하여, 이 양자의 불균형(unbalance)을 해소하는 것이다. 여기에는 두 가지 방법이 있다. 첫째 는, 개발투자를 가능한 한 소득과 고용의 창출효과가 큰 산업 부문에 집중하 여 지역의 수요를 증대시키는 것이다. 이것은 소극적인 방법이며, 어떤 산 업 부문을 선택할 것인가는 승수효과만으로 결정할 수 있는 것이 아니다.

　　　다른 하나의 방법은, 개발투자를 복지, 환경, 역사문화를 고려한 시설 이나 공간[예를 들어, 무장애(barrier free)의 교통이나 세대 간 교류 · 공동작업시설 등 사회의 생 활자본]에 집중시킴으로써 지역 내의 수요를 유발시킴과 동시에 외부경제효 과(사회자본의 정비에 의한 편리성의 향상 등)를 크게 하여 간접적으로 기업수익성(더 욱이 지역 외에 있는 기업에 대한, 투자처로서의 유리한 조건을 정비하는 것임)을 높이는 방법 이다. 이것은 일견 쓸모없는 방법 같지만, 단기와 장기의 이중적인 측면 · 효과가 있다.[24]

　　　개발투자는 새로이 관광, 리조트 개발 및 관련 인프라 정비에 투입하는 것이 바람직하며, 종래의 재정지출 외에 최근에는 PFI 등 기획 · 건설 · 운영 관리 전 공정에 걸쳐서 효율성을 높이고, 이전보다 높은 서비스를 제공하는 시스템[25]이 전개되고 있다. 파급효과를 안정적으로 지속시키기 위한 개발 투자는 관광수요 창출과 확대 · 안정화를 위하여 끊임없이 혁신적으로 대응 할 필요성이 높아지고 있다.

4. 산업연관 분석과 지역경제 파악

지역의 활성화, 특히 관광에 의한 경제효과를 파악하는 기법에는 앞에서 설 명한 관광승수나 파급효과 외에, 산업연관표(분석)가 있다. 이것은 지역의 관 광에 관련된 산업(업종)구조, 산업 간 결합(관광소비를 매개로 소재, 중간재, 제품을 구매·판매하는 것)을 분명히 함으로써, 구체적인 산업진흥 방안을 검토하는 경우에 있어서 유익한 판단자료가 된다. 또, 관광승수의 파악에 필요한 추적조사 등의 수고(노력)에 비하면 과거의 산업연관표를 활용할 수 있다는 이점도 있다. 그러므로 산업연관표의 활용은 국제관광(관광의 경제효과 추정)이나 국내관광(happy monday, 국제박람회 등에 의해서 발생하는 경제효과의 추정 등)뿐만 아니라, 최근 시·군·면 수준에서 관광의 경제효과 파악과 지역활성화의 방향 결정을 위한 검토자료로서 도입이 시도되고 있다.

여기에서 광역 수준과 시·군·면 두 수준에서 가능한 한 구체적인 자료를 근거로 산업연관 분석에 의한 경제효과, 산업 상호의 관련성 대한 추계 방법과 평가를 하고자 한다. 광역 수준에서는 모두 산업연관표가 있어, 산업 상호의 연계범위에 있어서 특징이 있는 도도부현(都道府縣, 여기서는 홋카이도)의 경제효과 사례를 소개하고자 한다. 시·군·면 수준에서는 신뢰할 수 있는 관광소비액에 관한 자료가 부족하고, 대부분의 경우 산업연관표가 존재하지 않는다. 이 두 가지의 과제를 해결하는 방안과 그것에 의한 경제효과와 산업연관을 사례로 소개하면서 고찰을 더 진전시켜 보고자 한다.

(1) 광역 관광지(홋카이도)의 경제적 파급효과

① 홋카이도 경제파급효과 고찰의 의미와 방법

홋카이도를 관광여행하는 사람들에 의한 경제효과를 『홋카이도의 관광경제: 소비와 경제효과』[26]를 근거로 관광경제의 규모를 추계하는 기법을 중심으로 하여 고찰하겠다. 아래의 도표는 주로 이 자료에서 인용하였다.

관광의 경제적 효과를 추계하려면 먼저 관광객의 비용지출 내용을 파악할 필요가 있다.

- 관광객(도민 이외 사람과 도민)의 관광소비활동에 관한 관광행동, 여행형태(숙박, 당일치기 등)별 비용지출 항목(교통비, 여행사의 마진, 숙박, 식비 등)
- 관광객(도민 이외 사람과 도민)의 방문횟수

이들의 비용지출 내용을 토대로 도민과 도민 이외 사람의 관광소비와 홋카이도의 관광소비총액을 추계한다. 도민의 관광행동에 따른 관광소비액 추계는 다음과 같이 이루어진다.

도민의 관광소비액 추계 = 도민 총 세대 수 (219만 세대)
× 관광행동 형태별 1회당 평균 관광소비액
× 1년간의 관광횟수

또, 도민 이외 관광객의 소비액 추계는 다음과 같이 이루어진다.

도민 이외 관광객의 관광소비액 추계 = 여행 목적별 평균 관광소비액
× 1년간의 관광객 수

② 홋카이도 관광소비 총액에 따른 경제파급효과 고찰 방향

㉠ '생산파급효과'는 '생산유발효과'와 '가계우회효과'로 구성

도민과 타지인에 의한 관광소비 총액(2000년 기준 1조 2,163억 엔)은, 관광소비가 직접 행해진 산업(호텔 등의 숙박산업, 기념품의 소매판매업 등)의 판매액과 그것에 따라 이루어진 이익 등이 있다. 그런데 관광소비는 호텔의 비품, 집기, 식재료 등을 수납하는 가구나 식기 생산자와 농림수산업 등에 대한 지불을 통하여 이익의 일부가 파급되며, 그것은 생산증가효과를 가져온다. 또 기념품에 있어서도 그 기념품의 판매는 기념품 재료나 용기 등의 제조에 필요한 생산을

증가시킨다. 이와 같이 산업 간 상호 거래를 통해 생산이 유발되는 것을 '생산유발효과'라 하며, 그 효과의 크기를 '생산유발액'이라 한다. 이처럼 한 산업에서 판매가 발생하면, 일부는 거기에서 일하는 노동자의 소득이 되고 노동자는 그 소득으로 음식, 취미, 여행 등의 비용을 지출한다. 이 비용지출은 해당 산업 및 관련 사업의 생산을 증대시키고, 이와 관련된 노동자들 소득의 일부를 형성한다. 이와 같이 관광소비가 가계소비(노동자의 소비생활)를 통해 산업 전체적으로 파급되는 것을 '가계우회효과'라고 한다.

따라서 관광소비에 의한 '생산파급효과'는 산업 간 거래에 의한 '생산유발효과'와 산업에 종사하는 노동자(산업과 가계 간)의 가계소비에 따른 '가계우회효과'에 의해 이루어진다.

ⓒ 관광소비에 의한 '생산파급효과'의 추계

관광소비는 관광객이 여행에서 비용을 지출하는 것인데, 그 대상이 교통, 음식, 숙박, 기념품, 여가시설, 정보 등 다양하기 때문에 그것과 관련된 산업도 광범위하다. 교통과 정보의 발전에 따라 산업은 상호연계할 수 있는 범위가 확대되었는데 이것들의 산업에 대한 종합적인 생산효과를 헤이세이 7년(1995)의 홋카이도 지역산업연관표(헤이세이 12년, 통산산업성)를 이용해 추계해 보기로 한다.

③ 홋카이도의 관광소비 총액에 따른 경제적 파급효과

도민과 타지인의 관광소비 총액(1조 2,163억 엔) 생산파급효과는 1조 8,773억 엔으로 추계된다. 산업 간 거래에 의한 생산유발액 1조 4,441억 엔과 가계소비를 통한 파급효과(가계우회효과) 4,332억 엔으로 이루어진 것이다. 또, 관광소비가 미친 생산파급효과를 산업별로 분석한 것이 〈표 3.3〉과 〈표 3.4〉이다.

표 3.3 홋카이도의 연간 관광소비액

(단위 : 억 엔)

소비항목	도민에 의한 관광소비액(a)	도외 관광객에 의한 관광소비액(b)	총 관광소비액 (a+b)
교통비	1,678	986	2,664
여행사 마진	34	–	34
숙박비	784	1,647	2,431
외식비	1,149	775	1,923
쇼핑·기념품비	1,852	1,494	3,345
잡비 운송비 등	1,086	678	1,764
총 계	6,583	5,580	12,163

주 : • 평균 소비액은 각 관광 패턴의 연간 횟수로 중요도를 환산한 값
　　 • 홋카이도. 『홋카이도의 관광소비와 경제효과』. 2000을 일부 수정.
　　 • '–'는 해당값이 없음

표 3.4 홋카이도의 관광소비가 미친 생산 파급효과

(단위 : 억 엔, %)

생 산	도 민		도외객		계		참 고	
	소비	구성비	소비	구성비	소비	구성비	전회조사	구성비
농 업	254	2.6	227	2.5	481	2.6	475	2.9
임 업	10	0.1	14	0.2	24	0.1	22	0.1
수산업	91	0.9	162	1.8	252	1.3	267	1.7
광 업	4	0.0	3	0.0	7	0.0	12	0.1
제조업	1,431	14.8	1,142	12.6	2,574	13.7	2,467	15.3
건설업	84	0.9	65	0.7	149	0.8	105	0.6
전기·가스·수도업	304	3.1	282	3.1	586	3.1	448	2.8
도매업	374	3.9	313	3.4	686	3.7	636	3.9
소매업	910	9.4	672	7.4	1,582	8.4	1,072	6.6
금융·보험업	414	4.3	416	4.6	830	4.4	522	3.2
부동산업	528	5.4	502	5.5	1,030	5.5	849	5.3
운수업	1,092	11.3	1,102	12.1	2,195	11.7	1,895	11.7
통신업	137	1.4	168	1.8	305	1.6	286	1.8
서비스업	4,051	41.8	4,000	44.1	8,051	42.9	7,071	43.8
공 무	11	0.0	10	0.1	21	0.1	14	0.1
합 계	9,696	100.0	9,077	100.0	18,773	100.0	16,140	100.0

주 : 반올림하였기 때문에 내역과 총액이 반드시 일치하지 않는다.

이 표에 의하면 관광과 밀접한 관련을 가진 서비스업이 8,051억 엔(파급총액의 42.9%)으로 가장 크고, 그 밖에 제조업 2,574억 엔(동 13.7%), 운수업 2,195억 엔(동 11.7%), 소매업 1,582억 엔(동 8.4%) 등이다. 더욱이, 서비스업을 세부적으로 보면 숙박업 2,462억 엔, 음식업 2,151억 엔, 오락서비스업 1,237억 엔의 순이며, 이 세 부문이 서비스업 분야의 72.3%를 차지하고 있다.

④ 홋카이도의 관광소비 총액에 따른 취업자 수 추계

홋카이도의 관광소비에 의한 생산파급효과는, 1조 8,773억 엔으로 추계되었고 이것을 근거로 창출된 취업자를 추계해 보자. 1조 8,773억 엔에서 순생산을 구하면, 7,926억 엔(도내 총생산의 개념에 의해, 생산액에서 소득액을 구한 다음, 이 값에서 고정자본 감소분을 뺀 값)으로, 이것을 토대로 관광재와 서비스업에 종사하는 사람 수를 환산하면 13만 9,000명이 된다. 이것을 업종별로 보면, 서비스업이 6만 3,000명, 상업 2만 4,000명, 운수·통신업 2만 명, 농림수산업 1만 2,000명이 된다(표 3.5). 다만, 이것은 계산상의 취업자 수이고 실제 사람 수와는 다른 것에 유의할 필요가 있다.

⑤ 총 괄

홋카이도의 관광소비액을 근거로 한 생산파급효과와 계산상의 취업자 수의 추계 결과를 도민과 다른 지역 여행자를 대비시켜 고찰해 보자.

도민과 다른 지역 여행자가 관광에 소비한 총액(1조 2,163억 엔) 중, 도민 여행자의 소비 총액은 6,583억 엔으로 총액의 54.1%를 차지하고 있어, 다른 지역 여행자의 소비지출보다 크다. 순 생산액(4,092억 엔)도, 취업자 수(7만 1,789명)도 도내 여행자가 기여한 비율이 타지 여행자의 기여도보다 다소 더 높다(표 3.6).

표 3.5 홋카이도의 관광소비 총액에 의한 취업자 수

(단위 : 억 엔, 명)

산 업	순 생산(액)			취업자 수		
	계	도민 소비	도외객 소비	계	도민 소비	도외객 소비
농림수산업	300	138	162	12,217	5,616	6,601
광 업	3	8	1	57	30	27
제조업	515	277	238	10,276	5,535	4,741
건설업	55	31	24	934	527	407
전기 · 가스 · 수도업	186	75	91	1,415	725	690
상 업	1,371	776	595	24,391	13,807	10,584
금융 · 보험업	440	219	220	5,659	2,821	2,838
부동산업	509	261	249	870	445	425
운수 · 통신업	1,289	601	689	20,055	9,343	10,712
서비스업	3,243	1,685	1,558	63,180	32,831	30,349
공 무	14	7	7	211	109	102
합 계	7,926	4,092	3,833	139,265	71,789	67,476

표 3.6 홋카이도 관광소비액과 파급효과 총괄표

구 분	도민 여행자	도외 여행자	합 계
소비액(a) (억 엔)	6,583 (54.1%)	5,580 (45.9%)	12,163 (100.0%)
순 생산(b) (억 엔)	4,092 (51.6%)	3,833 (48.4%)	7,926 (100.0%)
취업자(c) (명)	71,789 (51.5%)	67,476 (48.5%)	139,265 (100.0%)
b/a (억 엔)	0.62	0.68	0.65
c/a (명/억 엔)	10.91	12.09	11.45

주 : 앞에 게재된 표에서 작성.

한편, 다른 지역 여행자의 관광소비 1억 엔당의 순 생산은 0.68억 엔, 취업자 수는 12.09명으로 두 가지 모두 도내 여행자로부터 얻은 값보다 큰데, 이는 도외 여행자가 홋카이도 경제와 고용에 크게 기여한다는 것을 시사하고 있다. 이는 기여요인인 교통비, 숙박비 및 기념품 등의 소비단가가 크기 때문이라 생각된다.

(2) 시·군·면(가상의 마을)에 있어서 관광의 경제적 효과 파악

① 관광진흥의 의의

일본은 경제발전에 따라 산업구조 고도화가 진행됨과 동시에, 국민 생활가치 중에서 국내외 여행과 그에 따르는 감상, 체험, 교류가 차지하는 비중이 높아지고 있다. 한편, 종래의 농림수산, 광공업에 더해 관광·문화·환경 등의 진흥과 정비에 관심을 기울이며, 관광객 유치 및 수용체제 형성(숙박시

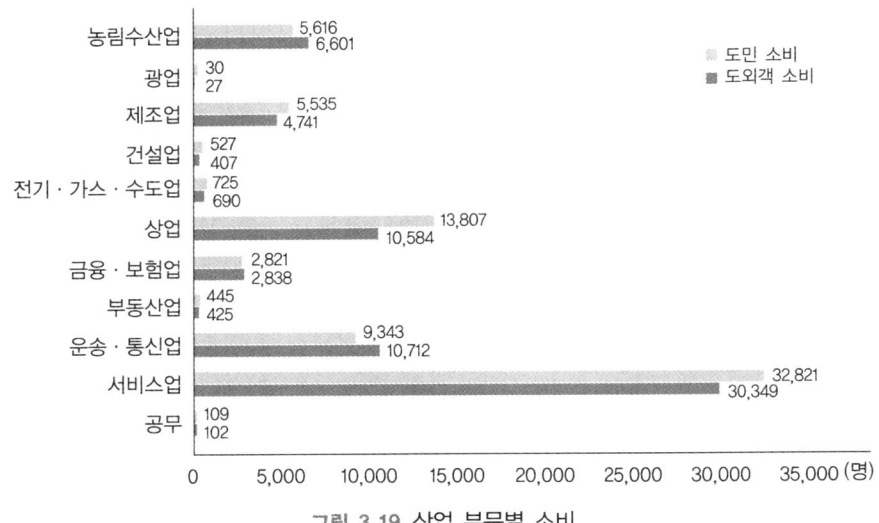

그림 3.19 산업 부문별 소비

설, 온천, 유희 · 체험, 또는 환경정비, 인재육성 등)이 진행되어 왔다.

당연한 일이지만, 이와 같은 사업에는 상당한 자본투자(초기 또는 계속적인)가 필요하기 때문에, 관광객 동향과 그에 따르는 관광소비가 이 투자에 걸맞은 것인지, 또는 그 지역이 기대한 효과에 부합되는지에 관심을 갖지 않을 수 없다.

관광효과의 내용과 규모를 생각한 다음, 관광의 성립조건(지역주민의 동의, 환경대책 등을 해결할 수 있다는 전제 위에서)을 개관할 필요가 있다. 관광은 단순히 관광시설을 건설하거나 이벤트를 기획하면 성립되는 것이 아니라, 산업으로서 존속하기 위해서는, 유객 · 체류 등을 위한 교통수단, 상하수도, 쓰레기 폐기물 처리, 도로변 조경과 주차장 정비, 안전 · 방재 · 유도(誘導) 등의 관련 시설 외에, 관광객의 감성에 호응하는 기념품과 음식 소재의 생산 · 가공, 이것들의 운영 · 관리에 관련된 인재의 확보 · 육성 등, 다양한 요소가 꼭 필요하다. 게다가 이것들의 내용과 규모는 ① 그 지역의 특성(지세나 기상조건, 보다 관광적으로 말하면 온천관광지, 스키나 해수욕 등 스포츠 거점지역, 교통 요소, 또는 명승지 · 역사 문화에 특징이 있는 지역 등), ② 그때그때의 사회경제 정세(관광객의 기호 변화, 가처분소득이나 자유시간의 신장 정도 등), ③ 이웃하고 있는 또는 경합하고 있는 관광지와의 차별화 · 개성의 정도 등에 따라 다르며 상황에 따라 변화한다. 물론 이들 관

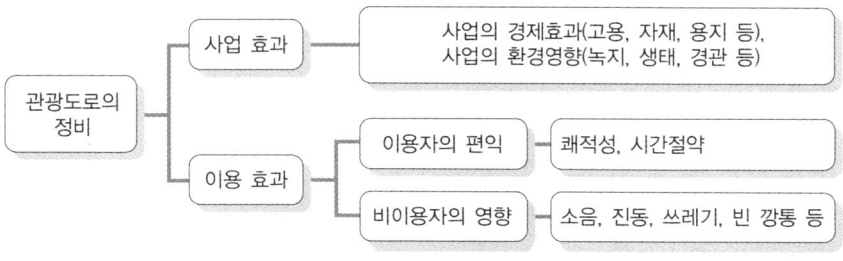

그림 3.20 관광도로의 정비효과

광의 내용과 규모는 사업자금 · 채산성에 대한 전망과 지역이 관광에 기대하는 효과 · 내용을 감안하여 구체화된 것이어야 한다.

관광에서 기대되는 효과는 관광의 개발 · 운영 등에 관한 요인마다 효과(또는 관점을 바꾸면 영향 · 불편함)를 발생하기 때문에, 그 내용은 광범위하고 다양하다. 예를 들어, 관광도로의 정비에 따른 효과(영향)는 〈그림 3.20〉과 같이 생각해 볼 수 있다.

② 관광과 경제적 효과

관광효과는 이와 같이 다양하다고 생각할 수 있는데, 관광사업 및 이용(운영)에 따른 주요 효과를 알아보고, 이어서 시 · 군 · 면 수준에서의 경제적 효과를 개관해 보고자 한다.

㉠ 경제적 효과

경제적 효과는 관광사업이 전개되면서 발생되는 성과로, 생산유발효과뿐만 아니라 투자 · 소비(이 이후의 논의에서는 주로 관광소비를 다룬다)에 따른 효과 및 고용효과가 있다.

생산유발효과, 소비파급효과 및 고용효과는 투자의 승수효과를 가지고도 얻을 수 있지만 최근 시 · 군 · 면에서도 산업연관표 작성도 검토되고 있다. 또 해당 관광지의 효과를 구체적으로 파악하기 위해 사업체에 대한 개별조사가 병행되는 경우도 많다. 전자가 투자 · 소비의 효과를 추상적 · 광역적으로 파악하기 위하여 승수이론을 적용하는 데 반하여, 후자는 실정에 비추어 효과를 파악하는 방법이다. 각각의 구체적인 사례에 대해서 경제효과를 파악 · 분석하는 귀납적 방법에다 적절하게 연역적인 방법을 더한 방법으로 경제적 효과의 특성과 메커니즘을 밝히는 것이 바람직하다.

또, 고용효과에 있어서는 그 총 인원 수가 구체적인 지표가 되지만, 고용형태나 고용자의 거주지에 대해서도, 지역의 활성화나 지속가능성이라는 관점에서 고찰할 필요가 있다.[27)]

○ 비경제적 효과

관광에 따라 나타나는 효과에는 경제적인 것 이외에 비경제적인 것도 있다. 비경제효과는 사회 가치관의 변동에 좌우되는 성향이 있으므로, 복지, 환경, 문화가 연관되어 있다. 이 효과는 다양한 요인이나 시간과 관계가 있기 때문에 측정방법이나 경제효과와의 비교 및 연관관계를 규명하기란 쉽지 않다.

예를 들어 관광에서 본 복지효과는 장애를 가진 사람들의 이입이나 행동의 특성에서, 문화효과는 문화시설의 이용상황이나 체재시간 등에서, 또 환경에 대해서는 명승지에 오는 인원 수, 재방문(repeat) 비율, 체재시간 등에서 편의적으로 파악할 수 있을 수도 있다. 이들 지표는 현상평가 측면에서 이용할 수도 있지만, 지속적인 관광 전개라는 관점에서는 동시에 경제적인 투자(유지관리)에 걸맞은 이용 동향과 사회적인 평가가 중요하다.

③ 시 · 군 · 면의 관광소비에 기초한 경제적 효과의 추계

최근 재정의 어려움이나 관광을 둘러싼 치열한 경쟁(국내외 관광지와 여가의 다양화 등)을 배경으로, 관광과의 연계를 강화하고자 하는 시 · 군 · 면이 증가하고 있으며 시 · 군 · 면은 보다 효율적인 관광 방향 · 진흥책을 모색하는 자세를 강화하고 있다.

그 일환으로써 기초자치단체는 관광사업을 추진함으로써 얻는 경제적 효과, 특히 지역의 다른 산업에 대한 파급효과를 명확히 규명하여 향후 산업 진흥의 단서를 찾기 위해 노력하고 있다. 물론 환경이나 생활 면에서의 영향도 고려하고 있으나 이하에서는 경제효과를 중심으로 고찰해 보기로 한다.

이 기법 —— 지역 산업에 대한 경제규명효과의 파급 —— 을 기초자치단체(관광지)에 적용할 경우 현시점에서는 전제가 되는 관광소비에 의한 경제파급효과를 추정하여 계산한 후 불가결한 두 개의 요소 —— 즉, 믿을 만한 관광소비액에 관한 자료가 부족하다는 점과 기초자치단체 수준의 산업연관표가 대부분의 경우 존재하지 않는다는 점 —— 에 주의를 기울일 필요가 있다. 그런 다음 기초자치단체에 대한 관광소비에 대한 경제적 효과를 파악하는 방법을 고찰해 보고자 한다.

㉠ 관광소비에 의한 경제적 효과의 구성

관광객은 주로 관광지에서 가처분소득으로 음식, 교통, 숙박, 선물 구입 등의 비용을 지불한다. 이것은 재화와 서비스를 제공한 레스토랑, 호텔, 선물가게 등의 매출이 되며, '직접효과'(direct effect)라고 한다. 다음으로 이런 레스토랑, 호텔, 선물가게 등은 새롭게 재화와 서비스를 입수할 필요가 있는데, 이것을 생산·가공하는 다른 산업(예를 들어 식재료를 생산하는 농림수산업, 선물을 제조하는 목공가공, 식기를 제조하는 도예 등)으로부터 구매하게 되는데 이것이 다른 산업의 매출로 연결된다. 이 매출효과를 '간접효과'(in-direct effect)라고 한다. 또 레스토랑, 호텔, 선물가게 등에서 발생하는 간접효과 및 농림수산업, 목공가공, 도예 등에서 파생하는 간접효과는 그곳에서 일하고 있는 종업원에게 지급되는 급여를 통해 다른 산업의 매출을 증가시킨다. 이것을 '유발효과'(induced effect)라고 한다. 후자의 유발효과는 직접효과나 간접효과를 가져오는 산업에 종사하는 종업원에 의해 발생하게 된다. 그들이 받는 임금(소득)으로 일상의 음식, 오락, 교양문화 등에 소비함으로써 이와 관련된 산업의 매출에 기여하는 것을 의미하고 있다. 또한 이 직접효과에 간접효과를 더한

총 효과에 관광승수를 곱해서 경제효과를 파악하는 방법이 '관광승수모형'
이다. 관광승수는 '1 - 소비성향'의 역수이다.

⟂ 경제적 효과의 기초 자료 : 관광소비액 추정

관광의 경제적 효과를 계산할 때 기초 자료가 되는 것이 관광소비액이며, 이
것은 관광객 수에 관광객의 소비단가를 곱한 것이다. 대부분의 경우 관광객
수나 소비단가와 관련된 자료는 행정기관이나 관광협회 등에서 입수할 수
있지만 측정방법, 정밀도 등의 요인에 의해 아직 신뢰도가 낮기 때문에 개선
이 필요하다.

관광소비에 따른 경제적 효과, 특히 지역산업의 파급효과를 추정하기
위해서는 적정한 관광객 수 및 지역산업과의 상호 연계상황을 고려하여 관
광 목적별, 또는 여행형태별 등에 따른 관광객 수를 파악할 필요가 있다. 목
적별 관광으로는 이벤트, 스키, 온천, 테마 체험 등이 있으며, 여행 형태별로
는 당일치기, 숙박, 통과 또는 숙박시설과 연관지어 여관 · 호텔 숙박형, 민
박 숙박형, 캠핑형, 당일치기형 등 관광의 특성에 따라서 나누어 검토할 필
요가 있다.

관련 자료는 가능한 한 행정기관 등이 작성한 자료를 사용하지만, 적절
하게 주요 시설별로 자료를 파악하여 보충할 필요가 있다. 또 소비단가는 여
행 형태별로 공시되어 있지 않기 때문에 설문조사나 청취조사로 파악 · 보
충할 필요가 있다. 가능하면 관광지의 특성이나 계절에 따른 소비항목을 수
정해 가며, 소비단가의 변동, 관광객의 속성(연령대, 출신지, 방문횟수 등)별로 소
비단가를 검토하는 것이 바람직하다.

$$관광소비액\ 추정 = 관광객\ 수 \left(\begin{matrix} 관광\ 목적 \\ 여행\ 형태\ 등 \end{matrix} \right) \times 관광소비단가 \left(\begin{matrix} 비용의\ 명목 \\ 변동,\ 속성\ 등 \end{matrix} \right)$$

ⓒ 시 · 군 수준의 산업연관표 작성

국가, 도도부현(都道府縣) 일부 시에서는 산업연관표가 이미 작성되어 있지만 대다수의 시 · 군 · 면에는 아직 없다. 산업의 상호 매매를 연계하여 상호 결합을 나타내는 산업연관표는, 위의 관광소비액과 연관되어 관광의 경제적 효과나 산업에 대한 파급 정도를 파악할 수 있는 유효한 기법이다. 시 · 군에서는 향후 관광 등의 경제적 효과나 산업 관련 파급효과 등을 파악 · 검토할 필요성이 높아지고 있음에도 불구하고 많은 노력과 비용을 투입하지 않으려 한다. 하지만 시 · 군 · 면의 산업특성을 반영하고 있는 산업연관표의 작성은 매우 필요한 일이다.

기본적으로 시 · 군 수준의 산업연관표를 작성하려면 관광지의 특성, 특히 산업이나 관광자원의 이용 동향 등의 성격에 따라서 새롭게 고안하거나 수정할 필요가 있다.

산업연관표를 작성하는 데 기본이 되는 주요한 내용 · 항목의 추계(推計) 방법은 다음과 같다.

- 기본적으로 도도부현의 산업연관표를 시 · 군 · 면에서 입수 가능한 자료 (지역의 주요산업, 특히 관광산업 등)로 수정하여 시 · 군 수준의 산업연관표를 작성한다. 산업의 지역적 특성이나 분류기준을 반영하기 위해 시 · 군 · 면에서 관련된 기업체의 실태조사와 청취조사를 병행할 필요가 있다.
- 시 · 군의 생산액은 추계가 가능한 산업 부문으로 한정하고, 이것을 도도부현의 투입 부문에 비춰 각 산업 부문에 배분하고 나서 기초자치단체의 관광 관련 거래관계나 지역산업의 실태 및 특성을 고려해서 연관이 있는 부문을 선정하거나 혹은 통합한다. 그런 다음 산업연관표의 중간수요와 최종수요 부문을 추계한다.

◈ 관광과 관련된 산업 부문은, 지역의 관광특성에 따라서 선정된다. 선정에는 도도부현의 산업연관표 기본분류에 계상(計上)되어 있는 것, 시 · 군 · 면 수준에서 생산액을 추계할 수 있는 것을 기본으로 하여 현지조사를 통하여 수정하는 것이 바람직하다.[28]

◈ 시 · 군 · 면의 투입계수는 시 · 군 · 면 경제가 도도부현보다 대체로 산업의 다양성 · 경쟁력이 약하고 수 · 이입(輸 · 移入)의 의존도가 높기 때문에 도도부현의 계수보다 작아진다. 그러므로 생산액의 추계방법이나 부문수를 바꾸어 복수의 생산연관표를 작성하여 계수를 선정한다. 또 관광산

① 생산액의 추계 예

광역자치단체의 생산액(i 부문)

$$\times \frac{\text{기초자치단체의 어떤 한 산업부문의 종업자 수}(i\ \text{부문})}{\text{광역자치단체의 어떤 한 산업부문의 종업자 수}(i\ \text{부문})}$$

② 중간수요의 추계 : 중간투입액(i부문)

국내산업으로부터의 투입액 = 광역자치단체 산업연관표의 투입액

$$\times \left(\begin{array}{c} i\text{재화의 광역자치단체의 수요 총액(중간+최종수요)에서} \\ \text{차지하는 } i\text{재화의 수입 · 이입액의 비율} \end{array} \right)$$

③ 최종수요 등의 추계

- 가계소비지출의 총액은 부가가치 부문의 합계와 동일하다고 간주, 광역자치단체의 배분율에 준하여 각 부문에 배분한다.
- 민간소비지출의 총액은 소득에 비례한다고 간주, 광역자치단체와 기초자치단체의 비율을 이용해서 총액을 구한 다음, 광역자치단체의 분배율을 기준으로 각 부문에 배분한다.
- 일반 정부 소비지출, 정부 고정자본 형성, 민간 총 고정자본 형성, 재고 순증가는 광역자치단체와 기초자치단체의 생산액의 비율에 비례하는 것으로 한다.
- 이출입은 총생산액에서 중간수요와 최종수요를 공제한 것으로 간주한다.

업의 투입계수에 관해서는 현지의 관광에 관련된 사업체의 실태 조사를 통하여 보충할 필요가 있다.

㉣ 시·군 수준의 경제효과 추계와 과제

시·군 수준의 산업연관표는 기본적으로 국가·도도부현의 산업연관표를 바탕으로 작성하고, 지역관광이나 산업의 특성에 따라 상세히 분류할 필요가 있는 경우에는 중분류(中分類)를 채택한다. 또 시·군에서 관광과 관련된 산업과 소비액, 계수 등의 자료를 얻을 수 있는 경우에는 그것들을, 도도부현과 대비시켜 타당성을 확인할 필요가 있다.

이렇게 하여 산정된 시·군 수준의 관광소비액과 산업연관표로부터 경제적 파급효과를 추정할 수 있다. 향후에도 중요도가 큰 기초자치단체 수준의 지역성을 반영한 산업연관표는 신속하고도 저렴한 작성의 기법을 구축하여 이것을 바탕으로 관광의 경제적 효과를 파악하고, 그 효과에 영향을 미친 요인이나 정책에 대하여 지식과 정보를 계속 축적해야 할 것이다.

마지막으로 시·군 수준의 경제적 효과의 추계에 관련된 과제에 대해서 내륙에 있는 임업 중심의 마을에서 관광이 가져올 수 있는 사례(<표 3.7> 참조)를 정리하고자 한다.

- 관광소비액은 농림수산, 식료품 제조, 목제품 제조 등 마을 내의 산업으로 파급될 가능성이 있다. 하지만 관광산업은 마을 내 산업 규모가 작기 때문에 원료의 안정적인 확보를 위해 마을 밖에 의존하게 되므로 마을 내 자급률은 낮다. 그러나 생산액에 대한 소득비율은 높다.[29]
- 이 같은 상황에 있는 시군의 대응에는 두 가지 방향이 상정(想定)된다. 하나는 소규모 산업의 특산품을 활용해서 지역경영형 관광개발과 연결시키는 것이다. 다른 하나는 원료의 부가가치를 높이는 산업(식품·가공, 문화

전통과 연관 짓는 등) 및 자급률을 안정적으로 높이기 위해 원료의 생산(예를 들어, 농림 수산업)을 동시에 진흥시키는 것이다.[30] 관광 분야로 말하자면 우유에서 소프트크림 등을 제조하면서 원료를 생산하는 젖소(jersey) 종의 사육등 공동산업의 진흥(범위의 경제)도 하나의 방안이다.

이 방법은 마을 내의 경제적 효과를 확대 · 안정시킬 수 있으므로, 단순히 관광객 수나 관광소비액의 크기만을 노리는 것과는 다른 접근방법(approach)이다.

표 3.7 어떤 마을 산업연관표의 사업부문

(단위 : 백만 엔)

판로구성→ 비용구성↓	농림수산업	식료품 · 음료	제재 · 목제품	그 외 제조업	건축	공익사업	상업 · 금융 · 부동산	음식점	숙박소	그 외 서비스업	그 외	마을 내 가계소비	마을 내 그 외 최종수요	관광소비	그 외 이수출	마을 내 생산액
농림수산업																
식료품 · 음료																
제재 · 목제품																
그 외 제조업																
건축																
공익사업*																
상업 · 금융 · 부동산																
음식점																
숙박소																
그 외 서비스업																
그 외																
소득																
그 외 부가가치																
이입(마을 외)																
마을 내 생산액																

주 : 공익사업이란 전력, 열 공급, 수도, 폐기물 처리, 운수, 통신, 공무, 교육, 의료, 보험 등

◦ 이제까지는 역, 온천, 교류시설 등 행정이 중심이 되어 관광거점을 정
비·계획하였고, 관광객의 증가에 중요한 역할을 완수해 왔다. 그러나 향
후에는 고용·소득 창출이라는 점에서 농림수산업, 숙박업, 식료품이나
목공품 제조 등 민간활동의 참여 및 활성화가 과제이다. 그것을 위하여
민간의 자발적인 노력과 함께 행정의 지원이 필요하며, 그 필요성이나 의
의를 명확히 한 후에 관광에 따른 소득·고용의 효과를 명확히 하는 것이
합의형성이나 사업전개에 도움이 된다.

5. 개발계획과 투자·위험 평가

(1) 관광개발의 요건

관광개발은, 신규이든 지역과 시설의 재정비든지 간에, 관광객의 높은 소득
수준, 여가시간 신장 및 여가지향적으로의 의식 변화를 배경으로, 지역주민
에게는 고용과 소득 창출 기회를 확보하게 하고, 지방 산업에는 사업·기회
를 확대시키기 때문에 행정은 지역활성화 차원에서 관광개발에 대한 기대
가 크다. 특히 국민 대다수가 물질의 풍족함에서 마음의 풍족함을 지향하게
되고, 또 지역에서 관광 이외의 산업활성화 요인이 불충분할 경우에 관광개
발(또는 재개발)에 대한 기대는 더욱 강해진다.

관광개발도 이전에는 신규로 관광시설을 건설하거나 안내판을 설치하
는 등, 시설정비를 기본으로 하여 관광객 유입 및 활성화, 관광소비의 확대
를 추구해 왔다. 그러나 오일쇼크와 거품경제 붕괴 등을 계기로 관광개발은
하드웨어 중심에서 환경·생태를 배려하고 경관·역사문화와의 조화에 유
의하는 등 소프트웨어 중심으로 그 방향에 있어서 궤도수정이 이루어졌다.

그와 함께 개발에 대한 개념도 대량의 출입을 모토로 하는 매스 투어리즘 (mass tourism, 국민 대다수의 가치관이나 정보원이 거의 공통되어 있어서 비슷한 서비스 수준으로 만족했다는 점에 있어서 그 나름대로 의의는 있다)에서 가치관이나 경험의 차이에 따른 투어리즘[tourism, 대안관광(alternative tourism) : green-, agri-, heritage-, eco- 등 다양한 tourism]을 지향하게 되었다. 후자는 특히 종래의 매스 투어리즘을 상정했던 개발과 비교할 때 규모, 정비의 목적과 기법 등에서 차별화를 지향하고 있다.

하지만 후자의 대안관광은 최근 몇 년 동안 각 지역에서 경쟁적으로 시작된 단계에 있어, 현시점에서 그것에 대해 판단을 내리는 것은 적절하지 않다. 예를 들어 세계유산으로 지정된 관광지에서 생태관광(eco tourism)이 이루어지고 있지만 그 지역 주민이나 그 고장 산업이 관광에 기대했던 것과 반드시 일치하는 것은 아니며 단지 마니아층에 속한 일부의 사람들의 취미나 자기만족에 지나지 않는다는 비판도 들리고 있다. 그러므로 관광이 누구를 위해 무엇을 기대하여 이루어지는가를 재검토하여, 관광개발의 의의나 방향성 등을 확인할 필요가 있다.

한편에서는 많은 사람들이 관광과 여행에 대해 욕구를 가지고 있고, 다른 한편에서는 지역주민과 그 고장 산업 등에 파급되는 관광내용의 제공과 운용에 대한 큰 기대가 존재한다. 따라서 개발규모는 일반적으로 커지게 되고, 그 내용도 관광객의 욕구를 충족시키기 위해 다양하고 고차원적인 것이 될 수밖에 없다. 그러므로 건설이나 운영 등에 필요한 용지, 건설, 비품, 시스템 등에 대한 적절한 투자, 기획운영에 종사하는 인재 확보와 육성 등이 불가피한 기본 필요조건이 된다.

사회경제의 변동과 지역주민의 의향 등을 판단 근거로 삼아, 민간이나 행정기관은 관광개발 혹은 그 일환으로서 주요한 시설이나 이벤트, 교류활동을 포함하는 다양한 개발계획을 세우게 된다. 이와 같은 계획의 수립과 건설·운용에는 지역의 자연·생태환경, 문화역사 혹은 인문환경도 고려해야 한다. 또한 개발 필요성과 가능성을 다면적으로 고려하고 동시에 그 시점에서의 재검토까지를 포함한 개발계획을 작성하여 지속적으로 실행해 나아가는 것이 바람직하다.

개발계획은 개발내용과 사업규모의 크기에 있어서 위에서 제시한 사회경제·문화환경 등 다양한 측면과 관련되어 있다. 특히 다양화, 고차원화하는 관광객과 관광객을 받아들이는 지역에 대한 욕구에 따라, 보다 안전하고 안정된 운영방식에 대한 기대가 높아질수록 개발사업의 규모와 투자액도 커지게 된다. 따라서 이들의 채산성, 유지관리를 포함한 지속적인 존속 가능성에 대한 많은 검토가 필요하다. 신이 아닌 인간이 미래를 완전히 예측하는 것은 불가능하고 불확실하지만 받아들여질 수 있는 조건을 기반으로 하여 개발계획을 경제적으로 평가하고 채산성 여부를 판단하는 일도 중요하다.

이하에서는 이와 같은 개발 프로젝트를 경제 면에서 평가할 때의 기준을 명확하게 하면서 동시에 불확실 요소에 따른 위험성(불채산성)을 회피 혹은 경감하는 방법에 대해, 위험 관리를 통해 검토해 보고자 한다.[31]

(2) 관광개발 프로젝트의 평가기법과 개요

관광개발은 물론이고, 모든 개발계획은 그것을 실현하기 위해서 투자한 자금을 회수할 수 있어야 하며, 투자·운용에 있어서 이익의 극대화를 목표로 하여 검토된다. 이 같은 개발 프로젝트의 평가방법으로는 다음과 같은 것이 있다.

① 자본회수기간법

자본회수기간법(pay back period method)이란 투입된 자본의 회수기간의 길고 짧음으로 투자계획을 평가하는 방법이다. 예를 들어, 7,000만 엔의 세 가지 프로젝트가 있고, 여러 가지 현금유입액(cash flow, 기업에 있어서의 자금 흐름)이 〈표 3.8〉과 같이 설정되어 있을 때 회수기간을 산정해 보자.

표 3.8 자본회수기간법의 예

(단위 : 1만 엔)

프로젝트		연도별 연금유입액	연간	회수기간
투자안	프로젝트 A	2,000, 1,800, 1,500, 1,300, 1,000	5년간	4.605년
	프로젝트 B	2,500, 1,500, 1,500, 1,000, 1,000	5년간	4.667년
	프로젝트 C	1,800, 1,500, 1,200, 800	4년간	5.283년

회수기간의 추정은 투자 총액을 연평균의 현금유입액으로 나누어 구한다.

계산 예 : 7,000/(2,000＋1,800＋1,500＋1,300＋1,000)÷5 ＝ 4.605년

이 결과 프로젝트 A 〉 B 〉 C의 순서로 회수기간이 짧다. 이 프로젝트 평가방법은 회수기간에 대한 검토이고, 현재와 가까운 기간의 수입에 가중치를 둠으로써, 자본회수 이후의 이익을 전망하거나 그 크기에 대해서 고려할 필요도 있다.

② 자본수익률법

자본수익률법(rate of return method)은 이것은 각 개발 프로젝트에 대해서 각각의 수익을 투자금액(자본)으로 나누어 그 비율이 높은 것 ── 즉 투자이익이

큰 프로젝트 ── 를 우선하는 것이다.

이 자본(투자)이익은 자본이익률 식 양변에 판매액을 곱하거나, 판매액
이익률과 자본회전율의 곱으로도 나타낼 수 있다.

$$자본이익률 = \frac{이익}{투자(자본)} = \frac{이익 \times 판매액}{판매액 \times 투자(자본)}$$
$$= (판매액 \ 이익률) \times (자본회전율)$$

자본이익률법에서는 평균 자본이익률이 높은 순서대로 프로젝트가 선
택되며, 이익이 자본비용을 밑도는 프로젝트는 추진하지 않는다.

③ 실질현재가치법

실질현재가치법은 시간의 경과에 따라 화폐가치가 달라지는 것을 고려해서
각 개발프로젝트에 대해 그때그때 화폐가치를 추정하고 그 크기로 평가하
는 것이다.

예를 들어, 차입한 자본의 연이율을 5%라고 하면, 현재의 100만 엔은 2
년 후에는 100만 엔 × (1+0.05) = 105만 엔이 된다. 즉

$$현재가치 = \frac{N년 \ 후의 \ 가치(자금)}{할인율}$$

이 할인의 개념을 이용하면 이자나 배당 등의 자본비용에 의해 미래의
현금유입액을 현재의 가치로 나타낼 수 있게 된다. 현재가치가 큰 개발 프로
젝트가 타당하다고 간주되므로 실질현재가치는 다음이 된다.

$$실질현재가치 = \frac{E_1}{1+k} + \frac{E_2}{(1+k)^2} + \cdots \frac{E_n}{(1+k)^n} - I$$

예를 들어, 프로젝트 A의 현재가치는 자본비용(자본이익률)을 15%[원가율은 평균 별로 1년(0.870), 2년(0.757), 3년(0.657), 4년(0.571), 5년(0.496)]라 하면 다음과 같이 된다.

$$\begin{aligned} 실질현재가치 &= 2{,}000/0.870 + 1{,}800/0.757 + 1{,}500/0.657 \\ &\quad + 1{,}300/0.571 + 1{,}000/0.496 - 7{,}000 \\ &= 133.5만\ 엔 \end{aligned}$$

같은 방법으로 프로젝트 B는 3,905.5만 엔, 프로젝트 C는 277.9만 엔이 된다. 따라서 프로젝트 B가 타당성이 있는 것으로 평가된다.

이 방법은 투자의 시간가치를 반영한 것으로 장기적인 이익을 중시하는 경우(장기적인 프로젝트의 경우)에 유효하다. 그러나 이익의 총액 크기를 평가하므로 자금의 단위당 투자효율을 평가하는 것은 아니다. 따라서 이익의 총액은 작지만 투자의 수익성이 높은 프로젝트에 있어서는 과소평가될 염려가 있다.

(3) 관광개발 투자와 위험 : 손익분기점

손익분기점(break-even point)이란 숙박, 음식, 선물 구매 등 관광과 관련된 재화와 서비스의 종류별로 혹은 레스토랑, 호텔, 향토음식마다, 또는 그것과 관련된 부서마다 채산성을 얻을 수 있는 판매액이나 비용에 대한 기준을 알 수 있을 때 유용한 기법이다. 이 기법은 단적으로 말하면 판매액과 총비용이

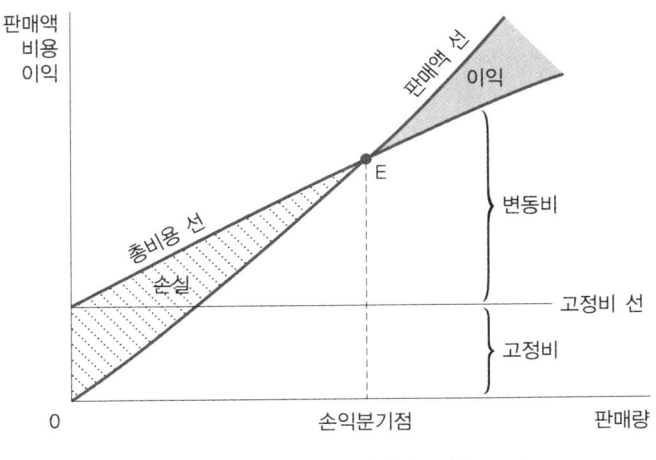

그림 3.21 손익분기점의 구성

같아져서(균형), 이익이 0이 되는 판매액을 찾아내는 것이다. 손익이 0이 되는 점을 상회하여 이익이 창출되는 판매액이나 그때의 비용을 고찰하여 단서를 얻는다는 점에서 그 특징과 의미가 있다.

수익(비용)액을 세로축에, 판매(제공)액을 가로축에 두면, 판매(제공)액곡선과 총비용곡선(이것은 변동비와 고정비로 이루어진다)이 교차하는 점(〈그림 3.21〉에서는 E)이 나타낸다. 이 교차점이 이익도 손실도 없는 '손익분기점'이 된다.

이것을 식으로 나타내면 다음과 같다.

$$\text{손익분기점} = \frac{\text{고정비}}{1-\text{변동비}/\text{판매액}} = \frac{\text{고정비}}{1-\text{변동비 비율}} = \frac{\text{고정비}}{\text{한계이익률}}$$

이 식은 수익을 올리기 위해서는 고정비 및 변동비를 모두 낮출 수 있는 방안이 강구되어야 한다는 것을 보여 주고 있다.

총비용(가변비용＋고정비용)에 대한 평균비용을 AC, 가변비용만의 평균가

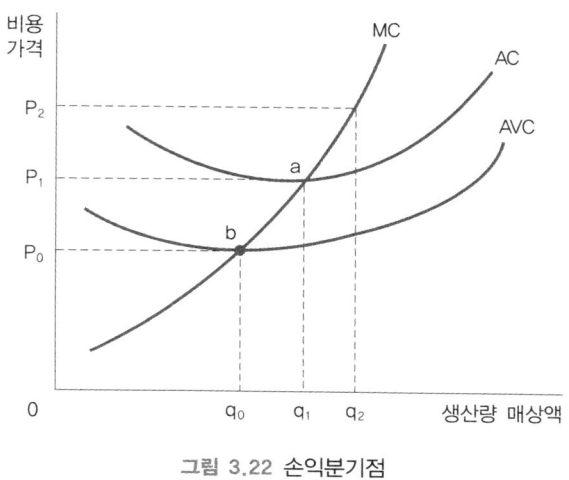

그림 3.22 손익분기점

변비용을 AVC라고 하면 가격이 AC의 최저의 수준에 있을 때 이윤을 얻을 수 있다. 이 시점이 손익분기점이 된다.

이 가격이 AC보다 작지만 평균가변비용(AVC)보다 크면(〈그림 3.22〉에서 판매액이 $q_1 \sim q_2$의 사이에 있는 한) 생산은 계속되어야 한다. 그러나 가격이 AVC의 최저점(b)보다 낮아지면 생산은 중지된다. 이 AVC와 가격 P_0의 접점 b를 '조업 중단점'이라고 한다.

(4) 개발투자와 리스크

개발(재개발)을 하면 얻으리라고 예상하는 미래에 대한 기대와 사회변동에 의한 현실과의 사이에는 괴리가 생길 수 있는데, 이것이 예상이 어긋나기 때문에 발생하는 차(gap)이다. 이 기대와 실제와의 괴리를 '리스크'라고도 한다.

특히 관광과 관련된 재화와 서비스에 대한 투자는 오락 · 사치재의 성격이 있어 가격탄력성이 크다. 그리고 국민경제(경기)의 동향, 소득 · 고용 전망, 여유시간 신장, 행정 지원 등에 의해서도 영향을 받기 때문에 일반 재화보다도 투자위험이 크다고 할 수 있다.

이 같은 특성을 가진 관광 · 리조트에 관련된 개발계획이 기업, 행정 혹은 두 가지가 복합된 제3섹터[최근 몇 년은 이것 이외에 민간투자사업(PFI : private finance initiative) 방식도 주목되고 있다] 등에 의해 인식되어 구체화된 것은 투자에 걸맞은 수익(사회적 공익을 포함해서)을 기대할 수 있기 때문이다. 이 이익을 '기대이익'이라고 하며 사회경제의 여러 상황에 따라서 예상되는 이익과 그 실현확률의 곱의 합으로 나타낸다.

기대이익 = Σ이익 × 이익실현확률

지금 어떤 온천지역의 활성화를 위해 리조트 호텔 혹은 쿠어하우스 건설계획을 입안하고, 경기 전망에 따른 수익액을 예상해 보자.

표 3.9 이익기대
(단위 : 백만 엔, %)

구 분	전망 I	전망 II	전망 III
리조트 호텔(A)	8,000	6,000	5,000
쿠어하우스(B)	12,000	6,000	500
전망 확률(C)	0.3	0.5	0.2

이 가상 예에서 기대이익을 추계해 보자.

㉠ 기대이익(E)의 추정
● 리조트 호텔의 기대이익
  = 8,000 × 0.3 + 6,000 × 0.5 + 5,000 × 0.2 = 6,400만 엔

◦ 쿠어하우스의 기대이익

= $12,000 \times 0.3 + 6,000 \times 0.5 + 500 \times 0.2 = 6,700$만 엔

이 결과에 의하면 호텔과 쿠어하우스의 기대이익에 있어서 큰 차이가 없다. 그 다음은 경기전망 차이에 의한 수익 차이가 (변동폭이 있다) 있는지 알아보기 위해 표준편차를 구해 보면 다음과 같다.

표준편차 $\sigma = \sqrt{\Sigma p_1 (x_i - E)^2}$

◦ 리조트 호텔의 표준편차

= $\sqrt{(8,000 - 6,400)^2 \times 0.3 + (6,000 - 6,400)^2 \times 0.5 + (5,000 - 6,400)^2 \times 0.2}$

= 1,114만 엔

◦ 쿠어하우스의 표준편차

= $\sqrt{(12,000 - 6,700)^2 \times 0.3 + (6,000 - 6,700)^2 \times 0.5 + (5,000 - 6,700)^2 \times 0.2}$

= 4,045만 엔

그 결과, 리조트 호텔의 표준편차는 쿠어하우스보다 작으므로 리스크도 작다. 현실에서는 특히 투자규모 차이에 의한 기대이익의 변동폭 크기로 판단할 필요가 있다. 따라서 위의 표준편차를 앞의 기대이익으로 나누면(이것을 표준편차율[32]이라고 한다),

◦ 리조트 호텔 표준편차율 = $1,114/6,400 \times 100\% = 17.4\%$
◦ 쿠어하우스 표준편차율 = $4,045/6,700 \times 100\% = 60.4\%$

확실히 리조트 호텔 쪽이 쿠어하우스보다 리스크가 작다고 판단할 수 있다.

ⓛ 리스크와 투자의 판단

투자를 결정하기에는 투자 자체의 기대이익 크기와 확실성도 판단요인이 되지만, 대규모 투자차입(혹은 자기자금의 경우는 기회비용) 경우에는 이자율을 고려해야 한다.

㉮ 리스크율

투자위험을 판단하는 지표로는 위에서 명시한 표준편차율에 위험 계수를 곱한 '리스크율'이 있다. 이자율에 리스크율을 합한 것보다도 투자수익률이 크면 투자가 가능하다. 예를 들어 리스크 계수를 25%라고 하면, 리스크율은 다음과 같다.

- 호텔 리스크율 : 17.4% × 25% = 4.4%
- 쿠어하우스 리스크율 : 60.4% × 25% = 15.1%

㉯ 투자이익률과 위험부담(리스크율 + 대부이자율)의 비교(투자액을 3억 엔이라 하면)

이 조건을 바탕으로 대부이자율을 15%로 하면 각각의 투자이익률은 다음과 같다.

- 호텔 투자이익률 : (6,400 ÷ 30,000) × 100 = 21.3%
- 쿠어하우스 투자이익률 : (6,700 ÷ 30,000) × 100 = 22.3%

이것을 각각의 리스크율과 대부이자율을 합한 위험부담과 비교하면 호텔의 경우는 4.4% + 15.1% = 19.5%로 투자이익률 쪽이 높다. 다른 한쪽인 쿠어하우스의 경우는 15.1% + 15% = 30.1%로 투자이익률보다 낮다.

(5) 관광개발 프로젝트의 질적 평가

관광과 관계된 프로젝트는 관광 관련 시설이나 공원조성 등 시설설비(hard-ware) 정비, 운영관리나 마케팅에 관련된 소프트웨어, 이 두 가지를 모두 포함하고 있는 것 등이 있으며 지역의 특성과 지역의 과제 · 기대의 차이를 반영하여 여러 가지로 추진되고 있다. 또 이 프로젝트에서 비교적 소규모인 것은 그 각각의 내용에 있어서 차이가 있다 하더라도 그것이 지역의 자연과 사회경제에 미치는 영향과 범위는 일반적으로 한정되어 있다. 따라서 이와 같은 소규모 프로젝트의 평가에는 앞에서 기술한 "(2) 관광개발 프로젝트의 평가기법과 개요"에서 설명한 양적 · 경제적 검토를 바탕으로 그 프로젝트에 대한 기본적인 평가를 하는 것이 타당하다.

하지만 규모가 큰 프로젝트의 경우(투자액이 1,000억 엔 이상 되는 개발 · 시설 등이 두 개 이상의 기초자치단체와 관련되는 경우 등)에는 소득과 고용 등 산업 · 경제적인 면에서 큰 효과를 가져올 뿐만 아니라 그 지역의 지형, 경관, 수계, 생태 등의 자연환경, 거기에다 지역 커뮤니티와 주민의식, 가치관에도 많은 영향을 끼치리라 예상된다. 따라서 이와 같은 프로젝트의 평가에는 경제산업적인 평가는 물론 사회환경에 미치는 영향에 대해서도 동일한 비중으로 고려할 필요가 있다. 특히 대규모 인프라를 필요로 하는 프로젝트 경우에는 ① 고정적인 투자액이 거대하다, ② 한 번 투자하면 중도에 중지하거나 축소하는 것이 무의미하게 된다, ③ 외부경제와 외부불경제가 다 같이 크다, ④ 공사 기간이 길기 때문에 완성 시의 사회경제 상황과 그 시점에서의 가치관 등을 예상하기 어렵다 등의 특징이 있다.

이와 같은 비교적 대규모 프로젝트는 리스크의 경제적(수량적) 평가와 함께 ① 프로젝트의 사회적인 의의와 필요성을 냉정하게 확인하고, ② 그 프로젝트가 수행 가능한가 혹은 그렇지 못한가에 대한 기술적 평가, 공간·환경적 평가, 지역사회의 수용성, 사회적 후생 등 다양한 측면에서의 평가가 필요하다. 그리고 이들 각 측면에서의 평가가 실시되기 전에 투명성과 객관성이 높은 조사·분석 자료와 그것들에 대한 정보공개가 중요하다. 그리고 프로젝트마다 그 최저한의 기준을 상회하고 사회적 가치 총량이 큰 프로젝트를 우선적으로 선택할 필요가 있다.[33]

이 같은 평가는 조사·고찰의 투명성, 정보의 공개, 평가 측면의 다양성과 각각의 최저 기준 설정 등이 평가이념에 있어서 타당한 방법으로 간주된다. 하지만 이 방법은 이 프로젝트를 수행하는 시기가 타당한가(그 수행 시기가 최적인 이유의 명확함), 또는 그 시기에 있어서 각 측면마다 합리적인 최소한의 기준을 설정할 수 있는가, 게다가 그 기준이 광범위한 동의를 얻을 수 있는가 등의 불확실한 점도 남아 있다.

FOOTNOTE

1) 최근 투자동기(제조업)는, 2000년(실적) 자본금 10억 엔 이상의 민간법인기업(3,539사)에 대한 설문조사(유효회답 : 3,096사)에 따르면, 능력증강 31.8%, 신제품 · 신제품 고도화 16.7%, 유지 · 보수 14.8%, 연구개발 8.3%의 순서이다. 일본정책투자은행 조사, 2001. 10. p. 30.

2) 미타라이 후지오. 『사업의 재편』. 일본경제신문사, 14. 2. 11.

3) 이토 모토시게(2001). 『입문 경제학』 제2판. 일본 평론사, p. 179.

4) 이노키 · 토키타 · 야부시타. 『입문 경제학』 제4판. 유비각, p. 79.

5) 이토 모토시게. 앞의 책. pp. 185-192.

6) 나카모토 후코우(1980). 『수치예에 따른 근대 경제학 기초연습』. 세무경리협회, p. 275.

7) 1987년 무렵 부동산담보 융자의 증가와 주식자산화를 배경으로 일본 경제는 자산과 부채를 증가시켰다. 1989년 무렵 일경평균주가(日經平均株價)는 39,965을 정점으로 지가는 1991년부터, 많은 금융기관은 1997년부터 파탄을 맞기 시작했다. 이것은 기술과 정치상황 이외에 과잉신용과 집단심리에 의해서 발생된 인간의 사회적 행동 결과이다.

8) 관광지는 관광지의 복합체를 나타내는 경우와 관광자원이 존재하는 장소를 가리키는 경우가 있다. 여기서는 후자의 경우를 상정하고 있다. 이와 같은 장소에 행정은 상하수도, 도로, 광장, 쓰레기 처리시설 등의 인프라를 정비하고, 관광객을 위한 재화와 서비스를 제공하는 관광산업이 이루어진다.

9) Butler, R. W. (1980). "The concept of tourist areas cycle of evolution: Implications for management of resources". Canadian Geographer, 14. pp. 5-12; 배주한 역(1998). "관광지의 발전과 쇠퇴: 버틀러(Butler)의 라이프사이클 모델의 소개". 『유통경제대학 사회학부 논문집』 제8권 제2호, pp. 97-111.

10) 나가사키 시게루(2000). "호비넨(Hovinen)에 의한 버틀러의 사이클(Cycle)론의 적용 가능성의 고찰". 『유통경제대학 사회학부 논문집』 제10권 제2호, pp. 85-86.

11) 니시오카 히사오(1998). "관광 · 레저의 마이크로적 경제학 입문(2)". 요케노 노부미치 편저. 『신 · 관광사회경제학』. 내외출판, pp. 82-85.

12) 요케노 노부미치(1985). 『관광사회경제학』. 고금서원, p. 80.

13) 미야자와 켄이치(1960). "개발투자의 지역승수분석". 나카야마 이치로. 『홋카이도 개발론: 국민경제적 시점에서 본 분석』. pp. 47-104.

14) 위의 글. p. 50.

15) 위의 글. p. 52.

16) 요케노 노부미치 편저(1998).『신·관광사회경제학』. 내외출판, p. 123.

17) 미야자와 켄이치. 앞의 글. p. 53.

18) 일본교통공사(1967). "관광산업의 경제효과". p. 89. 일본에서 최초로 지역승수를 관광지에 상용한 선구적 사례로서 주목하고 싶다.

19) 시오다 마사시(1985).『관광학연구 I』. 학술선서 5판, p. 90.

20) 일본관광협회(1968). "관광이 지역경제에 끼치는 경제효과".『월간관광』제4권 제1호.

21) 위의 글. p. 68.

22) 미야자와 켄이치. 앞의 글. p. 64.

23) 위의 글. p. 65-69.

24) 사회자본이 경제에 끼치는 효과는, 변하는 경제연표(소득수준)에 따라 저하한다고 일컬어진다. 예를 들어 일본에서는 1955년쯤에 0.5% 이상의 생산효과를 나타내 보였지만 1990년쯤에는 그 효과는 거의 보이지 않게 되었다. 사회자본은 생활복지, 환경 등 신변에 중요성이 높은 분야에 한정하는 것이 필요하게 되었다. 시오지 에츠로(2001). "경제성장의 원천으로서의 사회자본의 역할은 끝났는가".『사회과학연구』. 도쿄대학 사회학과 연구부 기요, 제52권 제4호, p. 66.

25) PFI의 배경·의의, 그 전개방책 등에 대해서 서술하는 주된 것. 고베시 PFI 추진회의(2001. 12). "고베시 PFI 추진회의보고서"; 하세가와 아츠시, 우에다 타카유키(1998). "PFI 사업에 있어서의 공적 지원에 대해서".『일본지역학회지역학연구』제29권 제3호, pp. 15-30; 일본판 PFI 연구회(1990).『"일본판 PFI의 가이드라인" 해설』. 대성출판회.

26) 홋카이도 관광산업경제효과조사위원회(2000). "홋카이도의 관광경제 소비와 경제효과". 앞으로의 그래프는 특별한 기록이 없는 한 이 자료에서 인용한 것이다.

27) 시모지마 야스시(2000). "관광지의 노동력에 관한 실증적 연구: 나가노현 히루가미온천"

28) 나가이 마모루 외(1987). "관광소비의 경제효과에 관한 추계방법".『관광연구』제1·2권 합병호, p. 4.

29) 후지모토 다카시(2000). "산촌 지역에 있어서의 관광 경제효과의 계측".『농림업문제연구』제140호, p. 29.

30) 카나다 노리카즈(2001). "농촌 지역 복합화의 경제효과: 홋카이도 지역 산업연관표에 의한 분석".『농촌연구』제92호, p. 19.

31) 카와무라 세이지(2000).『관광경제학의 기초』. 큐슈대학출판회, pp. 94-99.

32)   코바야시 요시히로(1989). 『현대를 아는 경제학』. 중앙경제사, p. 113.

33)   하시야마 레이지로우(2000). "공공적 프로젝트의 성공여부와 정책평가". 『운수정책연구』
       제3권 제3호, p. 38.

제4장

관광의 국제화,
환경, 교통과의 관계

관광의 개념을 '자유로운 시간, 가처분소득, 비일상성, 인간의 기본적인 생활욕구를 키워드로 하는 활동'이라고 정립하면, 관광과 관련된 활동은 관광객 본인뿐만 아니라 관광지에까지 영향을 준다. 그 영향의 내용과 평가는 그때그때의 사회경제 상황과 관광지의 특성에 따라 다양하고 유동적이다.[1]

관광에 의한 영향을 총체적으로 말하면 관광객 본인에 대해서는 통상적인 경우, 심신의 안정, 체험과 지식의 축적, 역사문화 · 생태환경 등에 대한 새로운 흥미 유발, 지역주민과의 교류 · 상호접촉 등, 이른바 '사회적 후생'을 얻거나 높이게 된다. 또한 나라의 관광객이 다른 역사문화나 주민과의 교류를 원해서 떠나는 '아웃바운드 투어리즘'(outbound tourism)과 다른 나라의 관광객을 받아들이는 '인바운드 투어리즘'(inbound tourism)에 의해 민간 차원에서 서로 다른 나라의 사정을 알게 되고, 이해가 깊어진다.[2]

동시에 국제관광은 관광여행을 떠나기 위한 준비나 여행 중의 소비활동을 통해서 자국과 여행하는 나라들의 관광여행산업 및 연관된 재화와 서비스를 생산 · 제공 · 수송하는 산업에도 큰 경제효과를 가져올 수 있다. 국제 간의 경제적 효과는 '외화획득'으로서 예전부터 기대되어 왔던 것으로, 오늘날까지 세계 많은 나라에서 국책사업으로 자리 잡고 있다. 해외에서의 관광객과 그 소비액은 관광객을 받아들인 나라의 산업, 고용, 세수 등을 높여 경제발전에 이바지함과 동시에, 역사문화의 계승이나 보전 혹은 귀중한 자원과 생태 등의 보호, 증식 등을 위한 경제적인 지원수단으로써 중요한 역할을 하고 있다.

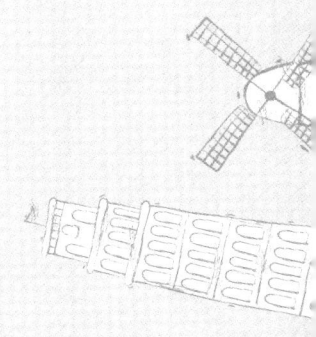

01 관광의 국제화

1. 관광산업의 경제적 규모 파악

(1) 관광산업의 광범위함과 복합성

일반적으로 관광산업이 서비스와 재화에 대한 지출을 통하여 관련 산업과 그 소재지역(숙박과 오락시설이 있는 지역이나 음식·식재료의 생산지 등)의 소득, 고용 혹은 그것과 관련된 조세수입의 증가 등에 기여한다는 것은 쉽게 이해될 것이다.

하지만 관광산업이 가져오는 이와 같은 경제적인 크기를 명확하게 밝히는 데에는 몇 가지 곤란한 점이 있다. 그 하나는 관광산업이[특히 제2차 세계대전 후에 매스 투어리즘(mass tourism)이 본격화[3] 된 이후 매우 광범위하게 형성되어 발전해 왔다] 비교적 새로운 산업이기 때문에 관광산업으로서 분류되는 서비스와 재화의 범위가 반드시 명확하게 구분되어 있지 않다는 것이다. 두 번째는 관광산업이 비교적 소수의 재화를 생산하는 제조업과 달리, 여러 종류의 재화와 서비스를 필요로 한다는 점이다.

관광은 일상에서 벗어나 자유로운 의사, 시간, 소득에 따른 소비(비생산적인) 활동을 기본 요건으로 하고 있기 때문에 운수, 숙박, 음식, 오락, 스포츠, 체험, 학습, 교류 등 많은 산업에서 생산하는 재화 및 서비스와 관련되어 있다. 게다가 간접적으로 관광활동을 지원하는 은행이나 보험, 상하수도나 고속도로 등의 건설, 안전관리 등과 관련된 의료, 소방과도 관련이 있다. 이와 같이 관광산업은 재화와 서비스가 처음부터 복합적으로 관광객의 욕구나 기대에 응하고 있다는 특징을 가지고 있다.

(2) 관광산업의 통계적 파악 움직임 : 투어리즘, 위성계정

이와 같은 어려움이 있기 때문에 관광산업은 경제통계에서 사용되는 표준산업분류(SIC)에 명시되어 있지 않으며(도서 등의 분류도 표준산업분류를 기준으로 삼고 있다), 이 때문에 관광산업을 문헌으로 파악하고자 할 때 불편함이 있다. 또한 나라의 경제를 포괄적으로 제시하는 국민경제계산시스템(SNA : System of National Acounts)도 직접적으로 관광사업을 파악하지 못하고 있다.

하지만 1980년대 이후 국제적으로 관광산업이 세계무역 증가보다 빠른 속도로 발전하게 되자, 소득·부가가치 창출, 민간과 정부투자 확대, 외화 획득, 고용 증대 등의 측면에서 관광산업의 중요성이 주목을 받기 시작했다. 이러한 상황에 부응하기 위해서 국제적으로 관광산업 규모를 파악하기 위해서 현재 '관광(tourism) 위성(satellit)계정(TAS)'의 확립을 위한 집중적인 노력이 경주되고 있다.[4]

관광 위성계정이란 종래와 같이 산업을 생산량 베이스(base)로 파악하는 것이 아니라 관광객의 재화와 서비스 구입(수요)을 업종(예를 들어 숙박시설, 항공)별 제공(공급)과 대비시키는 방법이다. 이 방법은 관광을 특징적으로 나타

내는 재화·서비스를 정의한 다음 수요 또는 생산액에서 관광 이외의 것을
제외해야 하지만 현실적으로 관광과 관련된 재화와 서비스를 정의하고 개
별 산업에서 관광에 포함되는 비율을 설정해야 하는 등 과제가 남아 있다.

(3) 세계 관광산업의 규모 : 1997년과 예측

와튼경제연구소(WFFA : Wharton Econimics Forecasting Associates)에 의하면, 최근 세
계 관광산업 규모는(관련 산업, 관련 투자, 세수입 등을 포함해서) 1997년에 3조 4,610
억 달러(이것은 세계의 GDP의 11.6%를 차지하고 있다), 취업자 수는 2억 3,700만 명(전
세계 취업자 수의 10% 비율)이라고 추계하였다.[5]

또 2010년에는 세계 GDP의 12.5%(8조 80억 달러), 9,700만 명의 고용기회
창출을 예측하고 있다. 여기에서의 고용에는 숙박, 음식, 항공, 도로, 수상교

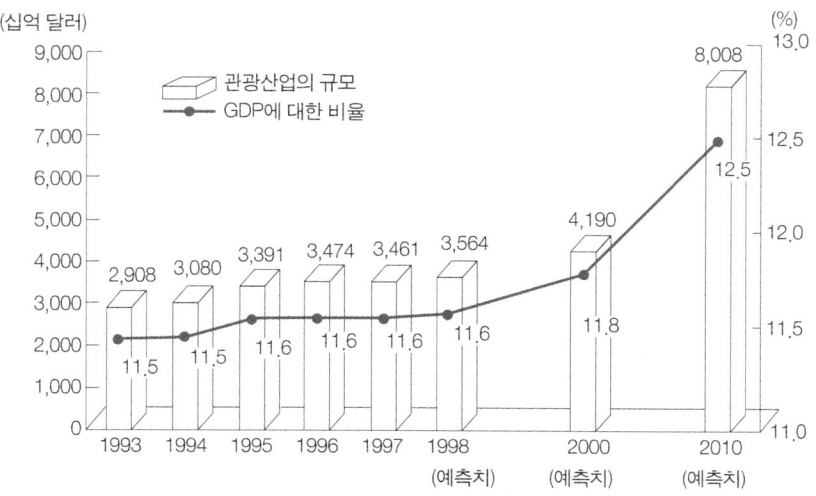

그림 4.1 전 세계 관광산업의 규모와 GDP에 대한 비율

자료 : 국제관광진흥회(1993). 『세계와 일본의 국제관광교류 동향』. p. 9.

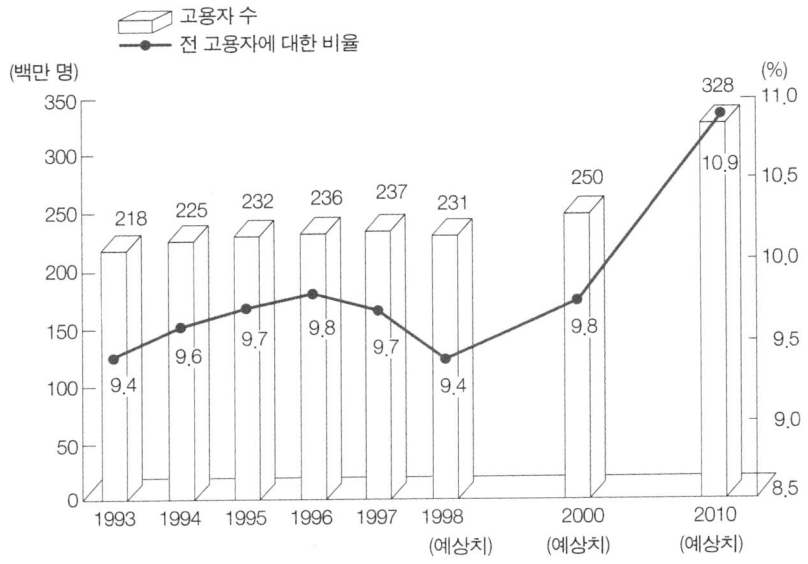

그림 4.2 전 세계 관광산업의 고용자 수와 전 고용자 수에 대한 비율

자료 : 국제관광진흥회(1993). 『세계와 일본의 국제관광교류의 동향』. p. 10.

통, 여행회사 등 직접적 고용뿐만 아니라 관광객과 관련된 소매점, 여가산업, 오락, 금융보험 등의 간접적 고용도 일정비율 포함되어 있다.

2. 국제관광 동향

인류가 개인적 동기에 의해 세계적인 규모로 이동하게 된 것은 20세기 후반, 특히 제2차 세계대전 이후부터이다. 세계관광기구(WTO) 추계에 의하면 국제관광객 수는 1960년에 6,932만 명, 1980년에 28억 5,328만 명, 1990년에 45억 7,647만 명, 그리고 1997년에는 61억 2,835만 명으로 증가 추세에 있다

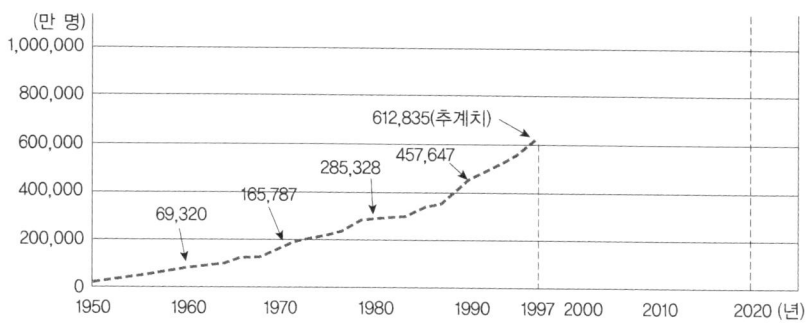

그림 4.3 세계 국제관광객 실적과 예측
자료 : 국제관광진흥회(1993). 『세계와 일본의 국제관광교류의 동향』. p. 23.

(그림 4.3).[6] 물론 제2차 세계대전 후의 중동전쟁, 석유위기, 걸프 전쟁, 또는 체르노빌 원자력 발전소 사고, 2001년 9월의 세계 동시 테러 사건 등은 세계 관광 동향의 제약요인이 되었다. 그러나 다른 한편으로는 4년마다 개최되는 올림픽, 제트기 취항, 여행 자유화와 촉진, 베를린 장벽 붕괴, 유럽연합(EU) 발족 등은 사람들의 이동을 빈번하게 함으로써 관광에 대한 촉진요인으로 작용하였다. 세계관광은 이와 같은 제약요인과 촉진요인의 균형 가운데 등락을 나타내 보이면서도 대채로 증가하는 추세를 보이고 있다(그림 4.3).

2001년 9월의 세계 동시 테러 사건은 정치문제와도 관계되었으므로, 뉴욕에 그치지 않고 세계적인 규모로 해외, 장거리 관광여행에 강한 제약을 가하였다.

한편, 관광의 경제적 효과와 지역 이미지와의 연결을 중시하는 나라들은 이전보다도 더욱 관광 캠페인에 의한 고객 유치에 힘을 쏟고 있다. 그러므로 세계관광 기조가 상승세가 될지 혹은 하락세가 될지에 대해서는 속단할 수가 없다.

표 4.1 1999년, 국제관광객 수, 관광수입 비교

○ 국제관광객 수 : 상위 20개국

(단위 : 천 명, /%)

순위	국가명	인원 수	증가율	구성비
1	프랑스	73,042	4.3	11.0
2	스페인	51,772	9.2	7.8
3	미 국	48,491	4.5	7.3
4	이탈리아	36,097	3.3	5.4
5	중 국	27,047	7.9	4.1
6	영 국	25,740	0.0	3.9
7	캐나다	19,557	3.7	2.9
8	멕시코	19,236	△2.9	2.9
9	러시아	18,496	17.0	2.8
10	폴란드	17,950	△4.4	2.7
11	오스트리아	17,467	0.7	2.6
12	독 일	17,116	3.7	2.6
13	체 코	16,031	△1.8	2.4
14	헝가리	12,930	△13.8	1.9
15	그리스	12,000	9.9	1.8
16	포르투갈	11,600	2.7	1.7
17	홍 콩	11,328	18.3	1.7
18	스위스	10,800	△0.9	1.6
19	네덜란드	9,844	5.6	1.5
20	태 국	8,651	10.3	1.3
36	일 본	4,438	8.1	0.7
세계 합계		664,437	4.4	100.0

○ 국제관광수입 : 상위 20개국

(단위 : 백만 달러, /%)

순위	국가명	수입액	증가율	구성비
1	미 국	74,448	4.5	16.4
2	스페인	32,913	10.7	7.2
3	프랑스	31,669	5.9	7.0
4	이탈리아	28,357	△5.1	6.2
5	영 국	20,972	0.0	4.6
6	독 일	16,828	2.4	3.7
7	중 국	14,098	11.9	3.1
8	오스트리아	11,088	△0.9	2.4
9	캐나다	10,025	6.7	2.2
10	그리스	8,765	41.6	1.9
11	러시아	7,771	19.4	1.7
12	멕시코	7,587	△3.9	1.7
13	오스트레일리아	7,525	2.6	1.7
14	스위스	7,355	△5.9	1.6
15	홍 콩	7,210	1.8	1.6
16	네덜란드	7,092	4.5	1.6
17	태 국	7,000	18.0	1.5
18	폴란드	6,100	△23.2	1.3
19	싱가포르	5,788	12.1	1.3
20	한 국	5,623	△4.5	1.2
28	일 본	3,428	△8.4	0.8
세계 합계		454,553		100.0

자료 : JTB 2000 여행연간보고서. p. 31.

(1) 국제관광객의 상황과 특징

1999년 세계관광기구의 추계에 의하면 〈표 4.1〉에서 나타난 바와 같이 전 세계 관광객 수는 한정된 국가에 집중되어 있다. 프랑스, 미국, 스페인, 이탈리아, 영국, 중국 등 상위 10개국에 전체 관광객 수의 50.8%(1997년은 52%)가 집중되어 있고, 20개국까지 확대되면 69.9%(1997년은 72%)에 이르고 있다. 1990년부터의 추이를 보면 최근 몇 년동안 폴란드, 체코, 그리스 등이 약진하고 있으며, 여행자가 선택하는 나라도 다양해지고 있다. 한편 일본은 약 443만 명으로 36위(1997년은 약 384만 명으로 32위)를 차지하고 있다.[7]

(2) 국제관광수입의 상황과 특징

1999년 세계관광기구의 추계에 의하면 국제관광수지는 〈표 4.2〉에서 나타내는 것처럼 전 세계 관광객 수의 집중화 경향을 반영하고 있어 상위 10개국에서 전 세계 54.7%(1997년은 54%), 상위 20개국에서 69.9%(1997년은 73%)를 차지하고 있다. 1990년부터의 추이를 보면 중국, 오스트레일리아, 폴란드, 멕시코 등의 관광수입이 증대되고 있다. 또한 일본은 약 34억 달러로 28위(1997년은 41억 달러로 25위)이다.[8]

표 4.2 국제관광수입 상위 20위

순 위				국가명	국제관광수입 (단위 : 백만 달러)			신장률 (%)	점유율(%)	
1990	1995	1996	1997		1990	1996	1997	97/96	1990	1997
1	1	1	1	미국	43,007	69,908	75,056	7.4	16.0	16.1
3	2	2	2	이탈리아	20,016	30,018	30,000	-0.1	7.5	6.9
2	3	3	3	프랑스	20,184	28,357	27,947	-1.4	7.5	6.5
4	4	4	4	스페인	18,593	27,654	27,190	-1.7	6.9	6.4
5	5	5	5	영국	14,940	19,296	20,569	6.6	5.6	4.4
6	6	6	6	독일	14,288	17,567	16,418	-6.5	5.3	4.0
7	7	7	7	오스트리아	13,417	13,990	12,393	-11.4	5.0	3.2
25	10	9	8	중국	2,218	10,200	12,074	18.4	0.8	2.4
14	14	12	9	오스트레일리아	4,088	8,811	9,324	5.8	1.5	2.0
11	8	8	10	홍콩	5,032	10,836	9,242	-14.7	1.9	2.5
9	12	11	11	캐나다	6,339	8,868	8,928	0.7	2.4	2.0
13	13	13	12	타이	4,326	8,664	8,700	0.4	1.6	2.0
65	15	14	12	폴란드	358	8,400	8,700	3.6	0.1	1.9
12	11	15	14	싱가포르	4,904	7,961	7,993	0.4	1.8	1.8
8	9	10	15	스위스	7,411	8,891	7,960	-10.5	2.8	2.0
10	16	16	16	멕시코	5,467	6,934	7,530	8.6	2.0	1.6
-	23	17	17	러시아	-	6,875	7,318	6.4	-	1.6
21	21	20	18	터키	3,225	5,962	7,000	17.4	1.2	1.4
16	17	18	19	네덜란드	3,636	6,256	6,597	5.5	1.4	1.4
26	20	19	20	인도네시아	2,105	6,087	6,589	8.2	0.8	1.4
1~20위 합계					193,554	311,535	317,528	1.9	72.1	71.8
세계 합계					268,310	433,863	443,770	2.3	100.0	100.0

자료 : JNTO국제관광백서(1990). 『세계와 일본의 국제관광교류의 동향』. pp. 20-21.

3. 일본의 국제관광과 경제적 측면(국제수지)

(1) 일본의 국제관광

① 일본을 방문한 여행자의 동향과 특성

1999년에 일본을 방문한 여행자 수는 443.8만 명으로 최고 수치를 기록하였으며, 1997년 이후 400만 명대의 추세를 보이고 있다. 이것은 엔화가 상대적으로 저렴한 가격으로 안정되고, 유럽, 미국과 아시아 경제의 회복 기조를 반영한 것으로 보인다. 국적별로는 한국 94만 3,000명(1997년은 101만 명), 타이완 93만 1,000명(1997년은 82만 명), 북아메리카 68만 9,000명(1997년은 73만 명), 유럽 56만 7,000명(1997년은 53만 명), 중국 29만 5,000명(1997년은 26만 명)이 상위를 차지하고 있다.[9]

일본을 방문한 여행자 443만 명의 내역은, 업무와 관광을 겸하고 있는 관광객이 57%로 가장 많고, 상업적 용무의 관광객이 26.7%로 이 두 부문의 방문객이 주류를 이루고 있다. 또 관광객들은 도쿄, 오사카, 교토, 나고야 및 도쿄 디즈니랜드를 주로 방문하였으며, 이것은 관광객들이 업무와 관광을 겸하고 있으며, 아시아에서 온 여행객들은 디즈니랜드를 많이 찾는다는 것을 보여 주고 있다.

표 4.3 주요 국적별 일본 방문객 수

(단위 : 천 명, %)

구 분		순위와 실수			구성비		
		1997	1998	1999	1997	1998	1999
아시아	한국	① 1,011	② 724	① 943	24.0	17.6	21.2
	타이완	② 820	① 843	② 931	19.4	20.5	21.0
중근동	중국	⑤ 261	⑤ 267	④ 295	6.2	6.5	6.6
	홍콩	④ 266	④ 357	⑤ 253	6.3	8.7	5.7
	필리핀	⑩ 82	⑩ 82	⑨ 93	1.9	2.0	2.1
	타이	60	45	55	1.4	1.1	1.2
	말레이시아	54	41	52	1.3	1.0	1.2
	싱가포르	61	59	68	1.5	1.4	1.5
	계	2,754	2,539	2,832	65.3	61.8	63.8
유럽	영국	⑥ 165	⑥ 182	⑥ 183	3.9	4.4	4.1
	독일	⑨ 83	⑨ 86	⑩ 87	2.0	2.1	2.0
	프랑스	62	67	70	1.5	1.6	1.6
	계	533	564	567	12.6	13.7	12.8
아프리카	계	14	15	16	0.3	0.4	0.4
북아메리카	미국	③ 622	③ 667	③ 698	14.7	16.2	15.7
	캐나다	⑧ 94	⑧ 107	⑧ 107	2.2	2.6	2.4
	계	731	789	821	17.3	19.2	18.5
남아메리카	계	50	39	32	1.2	1.0	0.7
오세아니아	오스트레일리아	⑦ 101	⑦ 124	⑦ 135	2.4	3.0	3.0
	계	132	154	167	3.1	3.8	3.8
무국적 그 외		4	5	3	0.1	0.1	0.1
총 계		4,218	4,106	4,438	100.0	100.0	100.0

주 : • 1990년에 5만 명 이상의 일본 방문자 실적이 있던 국가만 표기.
　　• 영국 국적의 홍콩 사람은 영국이 아닌 홍콩에 포함.
　　• ○ 안의 번호는 그 연도의 순위를 가리킨다(1~10위까지).

② 일본인의 해외여행

일본인 해외여행자는 1964년에는 10만 명대에 지나지 않았다. 그러나 약 30년 후인 1996년에는 1,600만 명대(1669만 명)를 기록하고 있으며, 그 후에도 계속 증가추세를 보이고 있다.

　　지역별로는 아시아가 45.6%(1999)으로 가장 많았고, 이하 미국(32.3%), 유럽(13.4%)의 순서를 보이고 있다. 나라별로는 한국(218만 4,000명), 미국(20만 1,000명), 중국(185만 5,000명), 하와이(185만 5,000명)가 상위를 차지하고 있고 이하 타이, 프랑스, 홍콩, 괌, 싱가포르, 타이완이 뒤를 잇고 있다.[10]

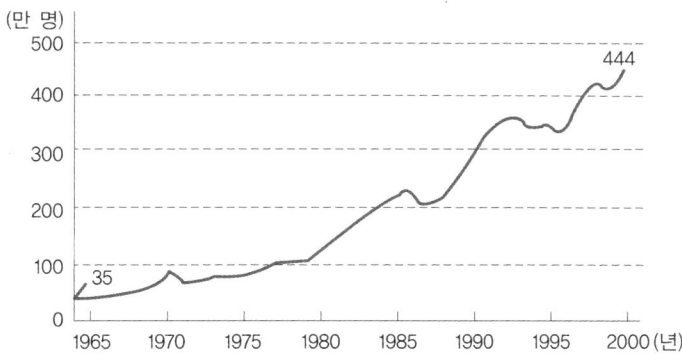

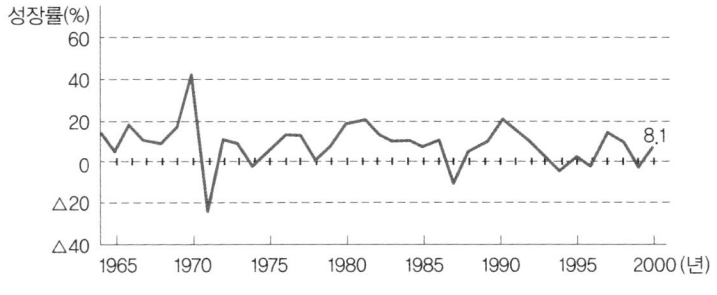

그림 4.4 일본 방문객 수의 추이

자료 : 국제관광진흥회(JNTO).

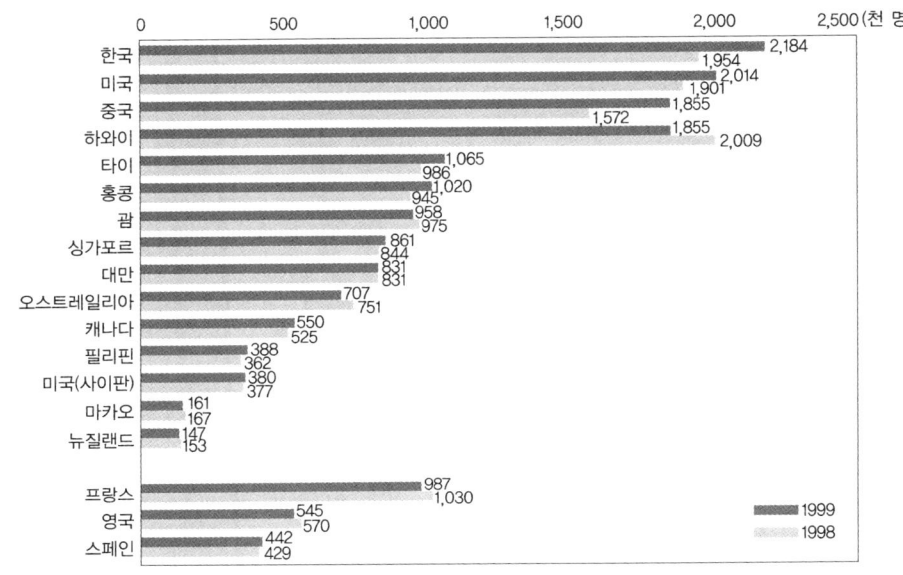

그림 4.5 행선지별 일본인 해외 여행자 수

주 : 미국은 하와이 및 괌을 제한 수치.
자료 : 국제관광진흥회(JNTO), 각국 정부 관광국; JTB 여행연간 보고서 2000, p. 25.

일본인의 해외여행은 1964년에 자유화되었으며, 그 후 제트여객기 취항에 의해 노선 확대와 이동시간 단축, 1971년부터 엔화 가치 상승기조에 따른 무역수지 불균형을 시정하기 위한 정책의 일환으로 도입된 1987년의 해외여행 배증계획(텐밀리언 계획)에 의해 가속화되었다. 한편 1973년, 1979년의 두 번에 걸친 오일쇼크와 그에 따른 경제불황, 1991년의 걸프 전쟁 등에 의해 해외여행은 억제되기도 했지만, 촉진과 억제를 반복하면서 해외여행자 증가율은 등락을 보이고 있다. 하지만 총체적으로 보면 그래프의 오른쪽 선이 올라가는 기조를 보이고 있으며, 바야흐로 국민생활의 첫째 요소로서 정착해 가고 있다는 것을 보여 주고 있다(그림 4.6).

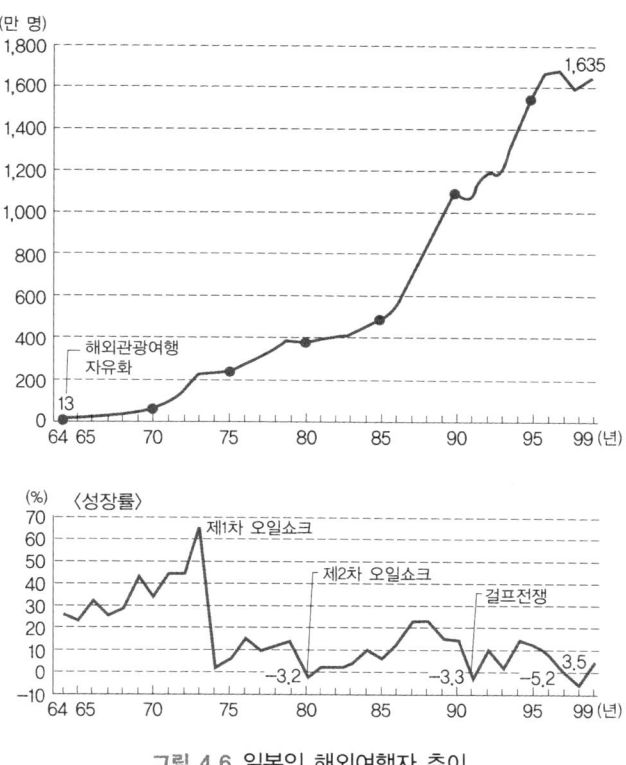

그림 4.6 일본인 해외여행자 추이

자료 : 법무성. "출입국관리통계".

③ 국제수지의 상황

일본의 국제수지는 특히 해외여행이 자유화된 1964년 이후 거의 일본 방문 여행자 수와 일본인 해외여행자 수의 동향을 반영하는 추이를 보여왔다. 1997년의 국제수지는 3조 4,651억 엔(287억 1,500만 달러) 적자였다. 이 적자는 1970년대의 스미소니언(Smithsonian) 체제와 변동환율제로의 이행 등에 의한 일본인 해외여행자 수 증가에 따른 여행수지 적자에 기인한 것이다.[11]

일본의 국제수지는 인원 수 기준(일본 방문 외국인 수와 해외여행 일본인 수)과 수지 기준(국제수지의 수취금액과 지불금액)에 있어서 그 차이가 매우 크다는 특징이 있다. 또 인원 수 기준보다 수지 기준에 있어서의 차이가 더 크다. 예를 들어 1999년에 있어서 일본인 해외여행자 수가 일본 방문 여행자보다 약 3.7배 (1997년에는 4.0배)가 많은 데 비해, 해외수지 지출액은 수입액의 약 7.6배나 되었다. [12] 이것은 일본을 방문하는 외국 여행자가 선물 구입과 음식 등에 대한 지출과 체류일 수를 줄이는 경향이 있는데 비해, 일본인 해외여행자는 선물, 호화로운 일류 요리나 고급 호텔 등에 대한 지출이 큰 경향이 있기 때문이라 생각된다(이것을 'short stay, much spend' 하는 국민이라고도 한다, 〈표 4.5〉).

(2) 국제관광과 경제(국제수지)

① 관광(국내, 국제)의 경제적 관계

관광은 국내관광과 국제관광으로 크게 구별된다. 자유롭게 쓸 수 있는 시간과 소득이 증가하는 경향이 있고, 더욱이 교통, 정보 혹은 정치사회 환경이 관광여행에 긍정적인 경우 국내관광과 국제관광이 모두 활성화되고 이용자가 증가하면서 많은 이점을 누릴 수 있게 된다.

관광여행의 경제적인 의의는 다양하지만 주요한 특징은 다음과 같다.

㉠ 국내관광과 경제적 관계

국제관광을 주로 하던 여행자가 해외가 아니라 국내관광을 선택하여 관광 관련 소비지출을 하는 경우 해외에서의 비용지출은 그만큼 감소된다. 다른 한편으로는 국내관광지의 관광소비를 증가시키고 관광과 관련된 재화와 서비스의 생산과 투자를 촉진시켜 간접적으로 국민소득 향상에 기여하게 된다. 또 관광지와 다른 도시 사이에 있어서 소득과 고용 측면에서 재분배 효

표 4.4 연차별 여행자 수와 여행수지

구 분		여행자 수				여행수지***		
		일본을 방문하는 외국인 수*	성장률	출국 일본인 수**	성장률	수령	지불	수지
1965	쇼와40년	366,649	3.9%	158,827	24.3%	71.3	87.8	△16.5
1970	쇼와45년	854,419	40.4%	663,467	34.6%	232.0	315.0	△83.0
1975	쇼와50년	811,672	6.2%	2,466,326	5.6%	252.0	1,367.0	△1,115.0
1980	쇼와55년	1,316,632	18.3%	3,909,333	-3.2%	644.0	4,593.0	△3,949.0
1985	쇼와60년	2,327,047	10.3%	4,948,366	6.2%	1,137.0	4,814.0	△3,677.0
1990	헤이세이2년	3,235,860	14.1%	10,997,431	13.8%	3,578.0	24,928.0	△21,350.0
1995	헤이세이7년	3,345,274	-3.5%	15,298,125	12.7%	3,226.0	36,792.0	△33,566.0
1997	헤이세이9년	4,218,208	9.9%	16,802,750	0.6%	4,326.0	33,041.0	△28,715.0

주 : * 법무성 자료를 토대로 하여 외국인 정규입국자부터 일본에 영속적으로 거주하는 외국인 등을 제함. 거기에 일시 상륙객 등을 더해서 총계했다.
　　** 법무성 자료에 의함.
　　*** 일본은행 "국제수지 통계 월 보고서"에 의함. △는 적자를 나타낸다. 여행수지의 단위는 백만 달러이다. 1995년 이후의 국제여행수지는 억엔 단위표시에 의해 일본은행 "국제수지 통계 월간 보고서"의 수치를 JNTO가 독자적으로 미국 달러로 환산했다.
역자 주 : 쇼와(昭和), 헤이세이(平成)는 일본 천황의 연호로, 탄생부터 죽음에 이르는 시기까지 그 연호를 사용한다. 일본의 연호는 새로운 천황이 등극하면 시작된다.
자료 : JNTO 1999, p. 326.

표 4.5 해외여행자, 일본을 방문한 외국인의 경제일람

구 분	해외여행자 수와 소비액			일본을 방문한 외국인 수와 소비액		
	여행자 수 (만 명)	총 소비액 (백만 엔)	1인 1회 (만 엔)	여행자 수 (만 명)	총 소비액 (백만 엔)	1인 1회 (만 엔)
1995	1,530	4,995,601	32.7	334.5	3,048	9.11
1997	1,680	5,645,087	33.6	421.8	5,240	12.42
1999	1,636	5,184,027	31.7	443.8	3,909	8.81

주 : 엔 · 달러 교환비율 : 1995년 93.97엔, 1997 120.92엔, 1999 113.94엔
자료 : "JTB여행연간보고서". pp. 25-26.

과를 가져오게 된다.

　더욱이 한 지역 주민이 여행에 쓰려고 예상한 가처분소득으로 바로 그 지역 내의 재화와 서비스(음식, 숙박, 오락시설 등)를 구입할 때, 그 소비액이 소득과 조세세수입의 파급효과에 따라 그 지역에 집중적으로 투입된다.

○ 국제관광과 경제적 관계

외국인 방문객(관광객 또는 비즈니스 방문객)에 의한 그 나라 재화와 서비스에 대해서 이루어지는 비용지출은 화폐의 유입이며, 외국으로부터의 국내 수요증가이기도 하다. 즉 이것은 수출과 같은 기능을 가지고 있다. 게다가 국제관광은 특히 전시(demonstration)효과[13]에 의해, 해외로부터 관광객을 받아들이는 나라 거주자는 외국 여행객의 라이프스타일이나 소비패턴을 모방하게 되었다.

　이 전시효과는 미국 경제학자 듀젠베리(James S. Dusenberry)에 의해서 제시된 개념으로, 사람들의 구매행동은 자기의 소득수준이나 재화가격뿐만 아니라 타인의 소비행태에 의해서도 영향을 받는다는 것이다. 그 결과 관광객을 받아들인 나라(국내 관광지에서도 유사한 양상이 존재하지만)의 소비패턴이 변화하게 되며, 특히 고급화하는 경향이 커지게 되어 수입성향이 높아진다. 예를 들어 카리브 해 제도나 피지 섬 등에서 이와 같은 전시효과를 볼 수 있다. 또한 소득수준과 물가수준이 비교적 높은 나라(선진국)의 관광객이 많이 들어오게 되면, 이는 관광을 받아들인 나라(개발도상국 등)의 물가수준을 높이는 결과를 초래하게 된다.

　더욱이 전시효과와 재화와 서비스에 대해 수요가 과도하게 큰 경우, 예를 들어 외국에서 온 사람들이 체류하는 리조트 지역이나 세컨드하우스 등의 소재지에서 인테리어, 식재료, 생활용품, 스포츠 도구 등을 수입할 경우

수입 인플레이션[14]이 발생하기도 한다.

② 국제수지와 관광

해외여행을 하는 사람은 여행할 나라들의 환율 동향에 관심을 갖게 된다. 환율은 통화와 통화 간의 교환비율로 정치·경제·사회 상황을 반영하고 매일매일 변화한다.

환율변화는 국외로부터 관광객을 받아들이는 나라의 경제에 큰 영향을 미치게 된다. 예를 들어 해외여행을 떠나는 국민이 500만 명, 1,000만 명을 넘게 되었다면, 환율 동향에 따라 개인의 자금 사용 패턴이 영향을 받을 뿐만 아니라, 국가 경제의 국제수지(뒤에 서술)에도 큰 영향을 받게 된다. 또 국내 관광지와 테마파크 등에서도 그때그때의 화젯거리, 혹은 국내에 없는 호화로운 디자인과 소재가 되는 것 —— 대체로 고가 —— 을 수입해 관광객 유치를 촉진하고자 할 때에도 환율에 관심을 기울이게 된다.

이하에서는 국제수지의 기본 개념을 관광과 연결시켜 보고자 한다.

㉠ 일본의 국제수지 작성원칙

일본은 1996년부터 IMF(International Monetary Fund : 국제통화기금)의 국제수지 매뉴얼을 기초로 하여 국제수지 통계를 공표하고 있다. 〈표 4.6〉은 2000년 12월 일본은행 "국제수지 통계 월간 보고서"에서 발췌한 것이다.

국제수지는 어떤 일정 기간 동안 거주자와 비거주자(이 구분은 반드시 국적과 일치하는 것은 아니다)와의 사이에 행해진 모든 경제 거래를 발생주의와 복식부기 원칙에 따라 기록한 것이다.

표 4.6 1999~2000 일본 국제수지 추이

(단위 : 억 엔)

구 분	경상수지	무역 · 서비스수지	무역수지	서비스수지
1991	112,997	82,724	141,232	△58,506
1992	150,329	106,894	160,305	△53,411
1993	142,216	105,647	152,690	△47,043
1994	124,284	90,594	141,031	△50,434
1995	94,817	58,773	115,242	△56,469
1996	71,716	19,208	97,829	△68,621
1997	129,491	72,769	136,340	△63,572
1998	151,696	95,630	159,819	△64,189

자료 : 일본은행. "국제수지 누계월보".

- 거주자는 1년 이상 그 나라에 거주하며 경제활동을 하고 있는 경제 주체이다.
- 일본에 있는 외국기업이나 자회사는 일본 거주자에 포함되며 외국에 있는 일본 기업과 지점은 비주거자로 구분된다. 여행자나 단기체류자는 비거주자로 취급되기 때문에, 해외 호텔 등에서 지급한 숙박료 등은 국제수지 통계에 포함된다.
- 발생주의에서는 개개의 거래 결제가 마무리된 단계가 아닌 거래, 즉 세관을 통과한 단계에서 국제수지에 계상하는 방법이 있다.
- 어느 기업이 외국에서 100만 엔의 가구를 구매하고 대금을 수표로 지불했을 경우 가구 값 100만 엔은 '무역수지'의 차변에, 수표 수출금은 '투자수지' 대변에 기입되어, 차변과 대변의 합계는 항상 같게 된다(복식부기).

ⓒ 일본의 국제수지 항목

국제수지는 경상수지와 투자수지로 크게 나뉘어 있다. 경상수지는 무역 · 서비스수지, 소득수지, 경상이전수지로 구성된다.

- 무역수지 : 재화 수출입의 차액으로 수출입 모두 FOB(Free On Board : 본선인 도조건)로 계상하고, 운임과 보험료는 서비스수지의 항목에 계상한다. 수출이 수입보다 크면 무역수지는 흑자가 된다(반대의 경우는 적자가 된다).

- 서비스수지 : 수송, 여행, 그 외의 항목에 의한 수출입의 차액을 가리킨다. 기타 항목의 서비스는 다음과 같다. 통신, 건설, 보험, 금융(은행, 증권수수료), 정보(컴퓨터 데이터베이스 서비스, 소프트웨어 개발설계 제공), 특허 등의 사용료 (상표권, 제작권, 특허권 등) 그 외 영리업무(무역 관련 서비스, 법무·경리·광고·연구개발 등의 서비스), 문화·흥행(영화제작, 레코딩에 따른 출연료·수수료, 스포츠·오락활동에 따른 흥행비용), 공무 외의 서비스(대사관·영사관의 현지경비수지, 외교관·군인의 개인 수지) 등

- 소득수지 : 소득수지는 일본인이 해외에서 일하고 얻은 소득(고용자 보수)과 일본인이 해외에 투자하고 얻은 수익과 외국인이 일본에 투자하여 얻은 수익의 밸런스를 표시하는 것이다. 투자수익은 특히 직접투자수익, 증권투자수익, 기타투자수익(이자의 수납과 지불)으로 구분된다. 직접투자는 해외의 기업에 대한 권익을 취득할 목적으로 행해지는 투자이며, 주식의 10% 이상을 소유하여야 한다. 또 해외의 부동산을 취득하는 경우도 직접투자에 포함된다.

  증권투자는 주식과 채권으로 나누어진다. 채권에는 만기가 1년 미만인 단기채권, 1년 이상의 중장기채권 및 워런트(warrant), 스왑(swap) 등 금융파생상품이 있다. 그 외의 투자에는 거래의 대부·차입, 현·예금 등이 있다.

- 경상이전수지 : 무상자금 원조(식료품, 의료품 등), 국제기관에의 출연금, 노동자의 송금 등으로 구성된다.

ⓒ 일본 국제수지의 특징

일본의 경상수지는 1977년 이래 1979년과 1980년을 제외하고 흑자이다. 또 무역수지는 1977년 이래 일관하여 흑자이며, 특히 경상수지의 흑자를

상회하고 있다. 1988년 무역수지 흑자가 절정에 달하게 된 원인은 수출이 주춤해진(1998년에 전년비 1.3%) 반면 수입은 대폭 감소(1998년에 11.6%)하였기 때문이다.

㉣ 일본을 포함한 주요국의 GDP와 관광의 기여(추정)

국가에 따라 국민소득(GNP) 수준은 천차만별이지만 GDP에서 차지하고 있는 관광 분야의 기여는 대부분 2~7%의 수준이다. 일본은 1987년 리조트 법을 제정할 무렵부터, 노동기준법 제정에 따른 휴가제도의 확충으로 근무시간이 단축되었고 휴가일을 모아 사용할 수 있게 되었다. 이후 경기상황이나 엔·달러 교환비율의 변화 등에 의한 변동은 있었지만 해외여행은 급속하게 성장하였고 지금도 성장 기조에 있다. 하지만 서구와 언어와 문화의 차이가 큰 일본인의 성향에 따라 많은 지역을 바쁘게 다녀가는 여행객이 되는 경향이 있다.

한편, 해외(특히 유럽이나 미국)에서 일본을 방문하는 관광객은 일본이 동양의 변방에 위치해 있으며 여행시간과 비용, 게다가 체류비용이 많이 드는 것에 대한 거부감을 가지고 있다. 더욱이 독특한 언어나 문화적 차이에 대한 매력은 있지만 중국이나 동남아시아 이상의 설득력이 없다는 이유로 관광객이 크게 증가하고 있지 않다. 또 아시아 여러 나라에서 일본을 방문하는 여행자도 아직 낮은 수준에 머물러 있다. 따라서 관광에 의한 국제수지는 여러 선진국 중에서 벨기에보다 조금 나은 수준이며, 금액(1922)도 40억 달러에 불과하다. 반면에 스페인, 프랑스, 스위스, 미국 등은 세계적인 국제관광지로 관광수입이 각국 국민경제에 크게 기여하고 있다(표 4.7).

표 4.7 국제·국내여행과 수지관계(1992)

(단위 : 10억 달러, %)

구 분	국제수지	국내수지	합 계	GDP	합계/GDP
오스트레일리아	4.4	14.0	18.4	325	5.7
벨기에	3.7	1.0	4.7	230	2.0
캐나다	5.8	20.0	25.8	605	4.3
프랑스	23.6	65.0	88.6	1,400	6.3
독일	12.0	35.0	47.0	1,950	2.4
이탈리아	22.0	35.0	57.0	1,330	4.3
일본	4.0	19.0	23.0	3,600	0.6
네덜란드	4.5	2.0	6.5	325	2.0
스페인	21.7	18.0	39.7	620	6.4
스위스	7.7	7.0	14.7	270	5.4
영국	13.5	20.0	33.5	1,200	2.8
미국	53.9	360.0	413.9	6,050	6.8

자료 : WTP, IMF 자료.

4. 제품무역이론과 국제관광(관광여행산업)

(1) 국제관광과 무역

국제관광은 국제 간의 관광 이동이다. 이것은 제품무역을 기본으로 하는 국제무역에 비해 관광객이라는 사람의 왕래를 기본으로 한다. 이는 경제적 합리성에 기초하여 이동(무역)하는 제품과는 다르다. 사람의 이동은 일찍이 일부 사람들에 의한 탐험·탐색으로부터 대중에 의한 종교, 교류, 혹은 관광·문화교류 등으로 다양해졌으며, 제품 이동과는 달리 직접적이든 간접적이든 사람의 의사를 강력하게 반영하고 있다.

그럼에도 불구하고 인간의 이동은 제품과 마찬가지로 당시의 사회경제환경(여가시간과 가처분소득, 정보, 교통기반 등)의 영향을 받으며, 범세계적이고 중

장기적인 규모로 이루어지고 있다. 특히 인간의 이동(특히 관광이동)과 제품의 이동, 즉 무역과는 상당한 공통점이 있다. 관광은 상당부분 개개인의 판단에 의해서 이루어지고 있지만 역사적으로 살펴보면 특정 개인이나 그룹의 지원[일본 이세신궁의 신직, 영국의 토마스 쿡(Thomas Cook)으로 대표된다]에 의해서, 즉 관광객 이동을 촉진시키고 지원하는 산업(숙박, 교통, 음식의 정보 등)에 의해서 이루어지기도 했다. 더욱이 사회경제 발전과 정보, 교통환경 정비의 상호작용에 의한 관광객의 이동이 관광여행산업을 발전시키고 관광의 대중화와 국제이동을 촉진하였다. 즉 관광이 대중화되고 국제적 이동이 확대되면서(일부 개인의 취향이나 선택에 의해 국제적 이동이 있다고 해도) 다수의 국제관광이 사업·경제활동으로서 여행의식 함양, 관광의 이동촉진 등과 밀접한 관계를 맺고 있으므로, 경제적인 측면에서 제품의 국제거래인 무역과 상당한 유사성이 있다고 할 수 있다.

　　국제 간의 관광이동은 대부분의 국가들이 외화획득의 수단으로써, 또한 관광객의 소비활동에 의한 경제(파급)효과를 기대하고 정책적으로 지원하고 있기 때문에 이동상황과 그 특징에 대해서 설명하고자 한다. 이하에서는 관광객의 국제적 이동 원리에 대해 무역이론을 근거로 고찰해 보고자 한다.

(2) 제품무역 이론 : 리카르도의 비교생산비이론과 그 후의 전개

① 리카르도의 비교생산비이론

세계적으로 제품의 거래가 이루어지는 원인, 특히 경제적 이유를 고찰할 때 기초이론이 된 것이 리카르도(Ricardo)의 비교생산비이론(theory of comparative costs)이다(자세한 것은 국제경제나 무역 관련 서적을 참고). 이 이론의 핵심은, 두 국가(A, B) 간에 두 개의 제품(밀과 의류)을 생산되고 있다는 단순한 모형을 설정하고,

두 개의 제품 중에서 절대우위에 있는 제품이 아닌 비교우위에 있는 제품을 서로 수출함으로써 국제무역이 성장하고, 각 국가가 경제적으로 서로 이익을 얻는다는 것이다.

② 헥셔-올린 정리

리카르도의 무역이론은 생산요소로서 노동력만을 다루고 있지만 거기에 자본이라는 생산요소를 추가하여 두 나라, 두 제품, 두 생산요소 가지고 무역을 설명하는 것이 헥셔-올린 정리(Heckscher-Ohlin theorem)이다. 이것은 '상대적으로 풍부한 생산요소를 집약적으로 이용해 생산한 제품이 비교우위가 있으며, 이들 제품을 수출함으로써 상호이익을 얻을 수 있다'는 것이다.[22]

〈그림 4.7〉에서 자본이 풍족한 자국의 공급곡선(S)은 노동력이 풍부한 외국의 공급곡선(S')보다도 우측에 위치한다. 이것은 다른 생산요소는 동일하며 자본과 노동의 생산요소 가격비율이 일정하다는 것을 전제로 하고 있다. 다른 한편 양국에서 두 제품에 대한 수요가 같다고 가정하면, 수요곡선(D)은 양국에 있어서 공통적이 된다.

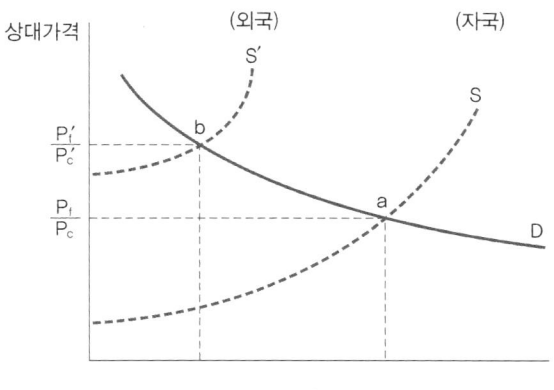

그림 4.7 헥셔-올린 정리

우선 무역 개시 전(즉 폐쇄경제 단계)에서 각 국가의 균형점은 a와 b이다. 이때의 각각의 제품가격은 다음과 같이 성립된다.

$$\frac{P_f}{P_c}, \ \frac{P_f{}'}{P_c{}'} \text{는 } \frac{P_f}{P_c} \leq \frac{P_f{}'}{P_c{}'} \text{이 된다.}$$

즉 자본이 풍부한 나라(자국)에서는 자본집약적 재화(식재료)가, 또 노동이 풍부한 나라(외국)에서는 노동집약적 재화(의류)가 상대적으로 싸다. 이 상황에서 무역이 개시되면 상대적으로 싼 가격에 재화를 수출하는 것이다.

③ 레온티에프의 역설

만일 헥셔-올린 정리가 성립한다면 상대적으로 풍족한 생산요소(예를 들어 자본)를 집약적으로 이용한 제품을 외국에 수출하게 될 것이다. 하지만 레온티에프(Wassily Leontief)가 미국의 경우를 실증분석하여, 수입재화 쪽이 명확히 자본집약적이라는 결과를 얻게 되었다. 이것을 레온티에프의 역설이라고 한다. 다른 나라의 연구사례에서도 헥셔-올린 정리의 타당성보다는 이 역설을 뒷받침하는 결과가 많이 산출되었다.

이 정리와 현실의 괴리가 발생한 이유로 통계처리의 방법, 사용 자료, 이론전개상의 가정(2재화 2생산요소의 가정, 생산기술의 가정 등)이 지적되고 있다.

(3) 새로운 무역이론의 시도

1960년대 이후, 헥셔-올린 정리와는 다른 새로운 관점에서 여러 이론이 제시되었다. 각각의 개요는 다음과 같다.

① 새로운 비교우위이론의 개요

    ㉠ 기술격차이론

포스너(Michael V. Posner)가 주장한 이 이론은 나라 간에 존재하는 기술격차로부터 무역이 발생한다는 것이다. 기술이 진보하여 신제품이 개발되고 이것이 제품화에 성공하면, 그 신제품은 외국으로 전파되고 모방이 이루어진다. 그러나 시간차가 있기 때문에 그 기간 동안 기술을 개발한 나라가 해당 산업 분야에 있어서 비교우위를 유지할 수 있다. 이 이론은 시간 개념을 도입하고 무역의 원천을 기술진보에서 찾고 있다.

    ㉡ 연구개발이론

이 이론은 버논연구팀(W. Gruber, D. Mehta, R. Vernon)이 주장한 것이다. 미국에서 비교적 우위를 점유하고 있는 산업은 연구개발이 집약적으로 이루어지고 있는 분야이며 연구개발에 투자한 결과 신제품이나 기술이 창출된 산업 분야가 무역을 유발한다고 주장한다. 이것은 포스너의 기술격차이론과 유사하다.

    ㉢ 제품 수명주기 이론

이 이론은 버논이 주장하였다. 연구개발에 의해 창출되는 신제품은 도입기, 성장발전기, 성숙기라는 제품 수명주기가 있어서 각각의 국면에서 비교우위를 창출하는 요인도 변화하기 때문에 그 국면마다 생산이나 무역의 패턴이 다르다.

    즉, ① 신제품을 개발하고 생산하는 초기 단계에서는 연구개발의 투자가 중요한 비교우위의 요인이 된다. ② 성장발전의 시기에는 제품의 표준화가 진행되어 자본집약적인 생산방법이 도입되므로 생산이 확대되고 수출이 이루어진다. ③ 성숙단계로 이행하여 대량생산이 본격화되면 경쟁이 격화되고 국내에서의 우위성이 상실된다. 따라서 기업은 비교적 생산비가 저렴한 외국에서 해외생산을 하게 된다. 이 단계에 이르면 수출에서 해외 직접투자로 전환하게 된다. 그리고 ④ 기술이 세계로 널리 전파되어 표준화가 진행되면 곧이어 미숙련 노동자도 생산에 참여할 수 있게 된다. 이렇게 되면 미국의 우위성은 약해지고 거꾸로 개발도상국이 생산이나 수출에서 유리하게 된다.[23] 최근 정보화, 복잡한 부분의 컴퓨터화나 로봇트화 등에 의해 제품 수명주기는 차츰 짧아지는 경향에 있다.

② 규모의 경제에 의한 무역촉진

리카르도, 헥셔-올린 등에 의한 전통적 무역이론에서는 '무역은 비교우위에 의해 이루어지며 자유로운 무역은 양국에(보다 일반적으로는 무역이 이루어지는 나라 모두에) 이익을 가져온다'라 하고 있다.

하지만 실제로는 생산요소와 기술이 유사한 나라 사이에서도 무역이 이루어지고 있으며, 비교우위이론은 설득력이 약화되었다 할 수 있다. 특히 지금까지의 무역은 산업 간의 무역이 기본이 되어 왔으나 최근에는 수요의 다양화나 품질의 선택에 관심이 높아졌고, 교역 국가마다 제품을 생산하는 회사가 여러 개 있으며, 자유로운 경제활동이 인정되고 있으므로 유사한 제품이 '산업 내에서' 무역이 이루어지고 있다(예를 들면 일본과 한국 간에 컴퓨터와 자동차 등의 무역이 이루어지고 있다). 산업 범위를 파악하는 방법에 있어서 다소 차이는 있다 하더라도 '산업 내 무역'으로 간주할 수 있으며 점차 비중이 높아지고 있다.

1980년대가 되자, 이제까지 완전경쟁과 규모에 관한 수확은 일정하다고 하는 전제하던 무역이론을 수정하여 '불완전경쟁'과 '규모의 경제'를 기본으로 한 새로운 이론이 헬프만(Elhanan Helpman), 그로스만(Gene M. Grossman), 딕시(Avinash K. Dixit) 등에 의해 전개되었다.

㉠ 규모의 경제

헥셔-올린 이론에서는 규모에 대한 보수불변을 가정하여 노동력이든 자본이든 생산요소가 변화한 것만큼 생산량도 변화한다고 하였다.

현실에서는 생산규모를 확대하면 평균비용(생산 1단위당 비용)은 저하하고 생산효율이 높아지며 수확이 점차 증가한다(이것을 '규모의 경제'라고 한다). 이와 반대의 상황도 있을 수 있다. 규모의 경제는 ① 어떤 기업이 대규모 생산으로 생산비용을 줄이는 경우(내부적 규모의 경제, 마샬의 내부경제라고도 한다)와, ② 어떤 기업 전체가 생산규모를 확대하여 그 기업 내의 생산비용을 감소시키는 경우(이것을 외부적 규모의 경제, 마샬의 외부경제라고도 한다)[24]의 두 가지가 있다. 예를 들어 전자를 상점가, 후자를 개인이 하는 가게라고 하면, 주차장(1대당)의 부담금 차이로서 생각할 수 있다.

기업 내에 내부경제가 있는 경우, 기업이 생산을 확대할수록 유리하게 작용하기 때문에 불완전 경쟁이 생기기 쉽다. 또 외부경제의 경우에는 개별기업이 평균비용에 영향을 주는 것이 쉽지 않기 때문에 대체로 완전경쟁적이라 간주한다. 즉 규모의 경제 본연의 모습이 시장의 경쟁상황에 영향을 주고, 그것이 무역을 일으키는 직접적인 원인이 된다. 이하에서는 외부경제에 의한 산업 간 무역, 내부경제에 의한 산업 내 무역에 대하여 살펴보고자 한다.

㉡ 외부적 규모의 경제에 의한 산업 간 무역

무역이 아직 이루어지지 않고 생산기술, 생산요소, 소비자의 기호가 거의 같은 두 나라가 있고, 각각 옷과 식료품을 생산하여 소비하고 있다고 하자. 이 때 외부경제가 있기 때문에 생산기술은 규모에 대한 보수체증 상태에 있으며, 논의를 단순하게 하기 위해 생산요소는 노동력뿐이라고 하자. 이와 같은 상황에서는 두 나라의 생산과 소비가 동일해져 비교우위는 발생하지 않는다.

그런데 무역이 개시될 어떤 사유가 발생하여 자국은 식료품으로, 타국은 옷으로 완전히 특화했다고 하자. 규모의 경제가 없다(즉 생산효율에 변화가 없다)고 한다면, 자국은 10단위의 노동력으로 2단위의 식료품을 생산하고, 타국은 10단위의 옷 생산으로 돌리게 된다. 그런데 규모의 경제가 작용한다고 하면 자국은 10단위의 노동으로 2단위 이상의 식료품을, 또 타국에서는 10단위로 10단위 이상의 옷을 각각 생산할 수 있게 된다.

그러므로 두 나라는 특화하기 전과 같은 양의 소비는 물론 더욱더 많은 외국 제품(옷이나 식료품)을 무역을 통하여 획득할 수 있다(수입한 것을 판매하면 외화수입을 얻을 수도 있다). 이를테면, 외부경제가 존재하면 무역을 함으로써 생산요소의 양을 변화시키지 않고 제품(식료품이나 옷)의 생산량을 증가시킬 수 있다. 게다가 폐쇄경제보다 소비를 늘릴 수 있다. 즉 소비의 풍족함과 경제성장을 가져오게 된다.

다만, 이 논의에서는 두 나라의 생산요소는 처음부터 같다고 가정하고 있으며, 어느 한 나라가 어떤 제품을 특화시켜 무역을 하게 될지 확정할 수 없다는 점에 유의할 필요가 있다.

ⓒ 내부적 규모의 경제에 의한 산업 내 무역

경쟁상대가 없는 시장에 기업이 하나밖에 없는 단순한 독점상태는 그다지 일반적이지 않다. 독점적 경쟁시장에서 두 개 이상의 기업이 생산활동을 하

며, 각 기업이 타 기업의 제품과 다른 차별화된 재화를 생산(제품차별화)하게
되는 것은 기업의 진입이나 퇴출이 자유롭기 때문이다. 이와 같이 생산 증가
에 따라 단위당 생산비가 낮아지는(내부적 규모의 경제가 존재하는 것) 상황에서는
어떤 무역 패턴이 생길 수 있을까?

생산요소는 노동력만 가진 두 나라가 있고, 기업은 소비자를 위해 차별
화된 제품을 생산하여 이윤을 남긴다고 가정하자. 먼저 무역이 아직 이루어
지지 않고 두 나라가 완전히 같은 제품(예를 들어 데스크톱 컴퓨터와 노트북 컴퓨터)을
생산하고 있다고 하자.

만약 이 제품의 생산기술과 생산요소(노동력, 원재료 등)의 투입량이 같다
면 비교우위는 발생하지 않는다. 하지만 기업이 차별화된 재화를 생산, 판
매함으로써 이윤을 남길 수 있다는 것을 알고 있다면 두 나라에서는 상대국
과 다른 종류의 재화를 생산할 때, 특히 대량생산에 의해 평균비용을 낮출
수 있을 때(내부적 규모의 경제) 이윤을 얻게 된다. 그것은 단가 면에서 이익이 있
고 또 자기 몫을 확보할 수도 있다.

그러나 생산 가능한 제품의 종류는 생산요소의 제약에 의해 한정될 수
밖에 없다. 따라서 자국 소비자 욕구의 다양화를 반영하여 자국에서 대량생
산이 가능한 제품(예를 들어 통신기능을 강화한 컴퓨터)뿐만 아니라, 같은 산업에 속
하는 다른 나라의 제품(예를 들어 영상음향이 특징인 컴퓨터)에 대한 수요가 발생하
게 된다. 이 상황에서는 같은 산업 분야 내에서 수출입이 동시에 이루어질
수 있다.

무역의 기본은 생산요소의 부존(賦存) 정도에 기초한 비교우위보다는,
세계무역의 주류가 되고 있는 산업 내 무역(앞의 컴퓨터의 예)의 내부경제 규모
와 제품의 차별화에 의한 것이라 생각할 수 있다.[25]

ⓒ 국제관광의 이론적 고찰 방향

무역에 대한 메커니즘을 우선 비교우위이론에서 출발하여 규모의 경제와
제품의 차별화 관점에서 논의해 보았다. 무역 메커니즘에 대한 논의 전개와
실증적인 연구 동향에 유의할 필요가 있다.

한편 국제관광에 있어서는 개인의 해외 관광여행 동향에 대한 지식을
쌓고, 세계적인 규모로 전개하고 있는 매스 투어리즘(Mass tourism, 일본 국내에서
는 부정적인 측면에 대한 견해가 비등하여 시정이나 다른 형태가 모색되고 있으나)을 지지하고,
방향을 정하는 관광여행산업의 경제활동에 대해 다면적인 조사·분석이 축
적되어야 할 것이다. 특히 본론에서 살펴본 제품의 무역이론을 기초로 하여
여행제품의 차별화, 범위의 경제 등을 고려한 국제관광이론이 구축되어야
할 것이다.

02 환경과 관광경제

1. 들어가는 말

환경은 주체를 둘러싼 모든 것이다. 일반적으로는 인간과 관련된 자연, 생태, 인공 등으로 이루어지며, 인간의 모든 활동에 영향을 주는 동시에 인간의 생산과 생활에도 제약을 가하여 사회경제에 영향을 미치게 된다. 어떻게 환경을 정비·관리하고 그 편익(효용)을 이용해야 하는가는 개인 차원이 아닌 사회적인 문제이다.[26] 이러한 의미에서 환경을 인간사회와 연관시켜 총체적으로 파악하고 이해하는 것이 매우 중요하다.

환경은 생생하게 변화하며, 환경에 미치는 영향은 그 장소(국지)와 시점뿐만 아니라, 공간적으로 상당히 넓게 확대(환경의 특질과 활동의 규모·내용에 의한 범위는 다르지만)되며, 또 시간적으로(영향은 기본적으로 체감한다 해도) 지속성이 유지된다. 따라서 환경에 대한 영향을 이해하려면 공간적·시간적 확대에 유의할 필요가 있다. 보다 구체적으로 인간사회의 관계에서 보면, 환경이 가지는 '존재', '소유', '이용', '보전', '복원 또는 보상', '계승' 및 '지속가능성'이라는 가치를 종합적으로 이해하고 시대의 변화에 따라 운용할 필요가 있다.[27] 이

와 같은 환경의 특성 때문에 수급관계나 비용, 편익을 판단 및 행동의 기본
으로 하는 경제적인 관점으로 환경문제(구체적인 문제는 뒤에 서술하겠다)를 해명
하는 것은 불가능하다. 널리 알려진 바와 같이 1987년 브룬트란트 보고서
(The Brundtland Report)는 지속적인 개발의 핵심으로 ① 빈곤과 그 원인의 배제,
② 자원의 보전과 이용, ③ 경제성장에서 사회개발로, ④ 의사결정에 있어서
의 경제와 환경 통합을 제시하고 있다. 특히 관광여행의 지속적인 발전을 위
해서는 자연환경과 인공적인 환경의 보전과 적정한 이용 등을 깊이 연구한
후에 환경이 가지는 기능과 가치를 고려한 경제적 고찰과 기법을 찾아야 할
것이다.

　　이와 같은 인식을 근거로 하여 본 절은 환경과 경제와의 관계[28]를 싱클
레어(M.Thea Sinclair), 스테블러(Mike Stabler)의 환경과 경제의 논설[29]을 기초로
하여 고찰함으로써, 일종의 학설 소개연구가 될 것이다. 이것에 대한 평가
와 과제는 다음 기회로 미루고자 한다.

2. 관광자원으로서의 환경과 그 경제적 관계

(1) 환경의 개념

환경과 경제의 관계가 주목받기 시작한 것은 1950년대 이후이다[예를 들어
Carson(1963), Boulding(1966), Scumacher(1973) 등]. 그 배경 중의 하나는 경제성장을
맹목적으로 추구하는 것이 자연자원(생태나 에너지 자원을 포함해서)의 보전과 이
용을 위태롭게 할 수 있다는 우려가 높아졌기 때문이다. 경제성장은 고용과
소득의 증대를 가져오지만 한편으로는 인구의 증가, 자원과 에너지 고갈 등

을 일으킨다. 따라서 생산활동과 생활환경을 악화시켜 대기, 수질 등의 공해문제를 일으키기도 한다. 이는 시장경제, 특히 경제성장, 고용과 조세수입의 확보 등에 영향을 끼치게 된다.

다른 하나는 자연이 가진 정화와 재생능력[예를 들어 하천의 수질정화능력이나 삼림의 갱신(更新) 등]이 무한히 계속될지에 대한 의문이 제기된 것이다. 그것은 자연의 능력 이상으로 자원[30]을 채취하고 소비하는 경향에서 알 수 있는데, 그 원인의 하나는 시장 메커니즘(가격에 의한 수급조정)이 충분히 기능하고 있지 못하다는 데(즉, 시장의 실패)[31]에 있다.

이것을 관광과 연관시켜 검토해 보면 관광과 관련된 재화와 서비스(숙박, 음식, 구매 등)를 생산해서 제공하면 관광객에게 편의성을 주지만, 동시에 그것을 생산하고 제공하는 기업에게는 활동에 필요한 비용이 요구된다. 이것을 사회 전체 관점에서 본 최적 상태는 관광에 관련된 분야 전체(개별 기업의 범위가 아닌)가 얻는 편익과 그것이 초래하는 관광 분야 전체의 비용이 균형을 이룰 때 달성된다. 하지만 실제 관광 관련 분야에서는 시장에서 가격을 결정하는 것이 불가능한 편익이나 비용도 많다. 예를 들어 계절 따라 달라지는 경관에서 받는 감동, 도시와 지역 외부 사람들이 그 지역 주민과 교류함으로써 얻을 수 있는 평안이나 사람의 온기 등에 대해 가격을 설정하는 것은 쉬운 일이 아니다. 따라서 이와 같은 명승지에 관광객이 과도하게 들어오고 그들이 감정적으로 행동하는 것을 방치하게 되면, 자원이 훼손되거나 귀중한 식물이 남획되기도 한다. 또 쓰레기와 폐기물의 불법투기가 빈번해지면, 그 회수와 재활용 등에 상당한 비용을 지불해야 한다.

가처분소득과 여가시간이 늘어나고 고령화가 진행되면서 관광여행이 생활의 일부로 정착되어 가고 있다. 이에 따라 관광여행은 가능한 한 많은 관광지를 둘러보는 패턴에서 변화되어, 점차 평온함, 청결함, 접대 등 특징을 가진 관광지, 즉 관광지 개성에 대한 중요성이 가중되고 있다. 이와 같은 경향에 대응하려면 이와 관련된 재화와 서비스의 내용(특히 가치), 그것의 생산·제공에 사용된 비용을 객관적으로 평가·판단하고 이를 기초로 관광객수와 활동내용을 조정하는 일이 중요하다. 재화와 서비스를 제공하고 유지하는 데 필요한 비용을 고려(비용회수)함으로써 관광자원의 과도한 이용을 억제하고, 아울러 관광활동에 따라 부수적으로 발생하는 폐기물 등에 대해 순환적 대응(소비, 회수, 재이용)을 고취시킬 수 있게 된다. 즉 환경이라는 관광자원을 경제적으로 고찰하는 자세가 필요하다.

자연이 가진 재생능력이 무한하다고 하는 종래의 사고방식에 의문을 품게 되면서 환경이라는 가치 있는 존재를 경제적으로 취급할 필요성(말하자면 시장의 실패)을 인식하게 되었고, 공해 등의 영향을 경감시키는 기법을 찾아내는 일이 과제가 되었다. 여기에 자연자원의 안전, 삶의 질의 확립 및 자손에게 쾌적한 생활을 보장하기 위한 '지속가능성'(sustainability)이라는 개념 —— 자원을 최적으로 이용하는 기본원칙 —— 이 등장하게 되었다.

(2) 환경문제의 경제학적 연구법

① 관광과 환경의 관계

최근까지도 경제학에서는 개발과 과도한 이용이 유발하는 환경 악화(사회적 비용)에 대한 고찰이 충분히 이루어지지 못하고 있다. 또 관광 분야에서도 자연과 생태 보전, 역사문화 등의 인공적 자원의 지속관리 등에 대한 논의가 거의 이루어지지 않았다. 스태블러(Mike Stabler)와 싱클레어(M.Thea Sinclair)는 환경을 경제적으로 고찰할 경우에 있어서 그 주된 내용과 범위를 〈그림 4.8〉과 같이 보여 주고 있다. 이 범위와 내용은 시장을 중심으로 한 경제학

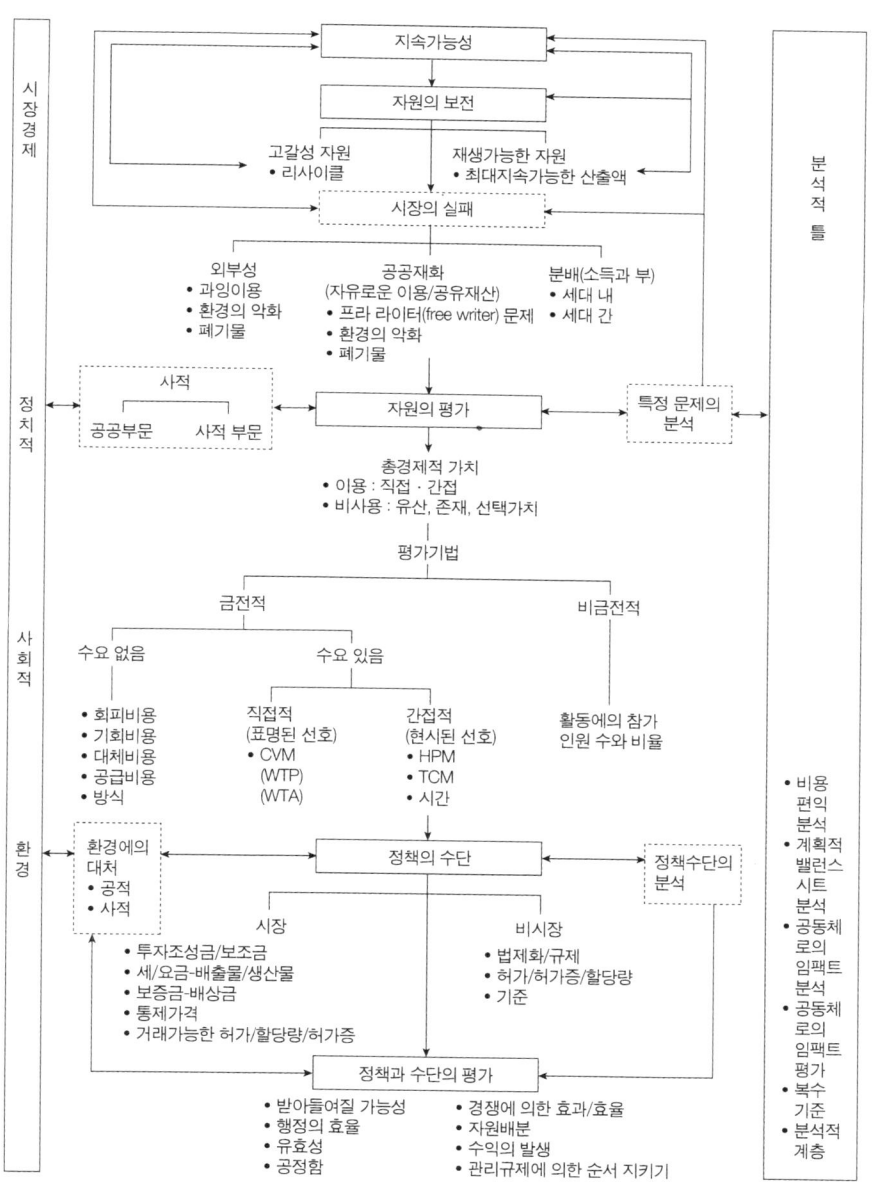

그림 4.8 환경경제학의 범위와 내용

자료 : M. T. 싱클레어, M. 스태블러. 오자와켄이치 검역. 『관광의 경제학』. 학문사, p. 199.

에서 보면 상당히 광범위한 영역까지 다루고 있음을 알 수 있다.[32]

관광은 이용자 수의 증가, 활동의 다양성과 광범위함, 체재시간의 연장에 따라 관광지의 자원(자연, 인공)과 경관뿐만 아니라 지역의 경제, 사회문화 등에도 큰 영향(혹은 효과)을 주게 된다. 특히 관광은 경기, 소득, 사회정치상황 등에 의해서 좌우되는 성격이 강하다. 따라서 자연·생태 등의 자원을 재생 가능한 범위를 훨씬 넘어서는 (때때로 도가 지나칠 정도의) 개발과 과도한 이용을 초래하기도 한다.

관광 대상이 되는 자원의 훼손, 쓰레기와 폐기물 처리의 소홀, 수질 악화와 악취 발생은, 관광여행객 수와 관광활동이 가져오는 효과가 관광지 자원과 환경의 재생 가능한 범위의 초과하거나 자연과 생태환경 등의 특성에 어울리지 않는 이용형태(습지에 오프로드 차나 모터보트가 진입하는 등)를 방임하는 경우에 생기기 쉽다.[33]

② 환경 변화의 경제적 평가

이와 같은 환경 효과가 가져오는 편익이나 피해에 대응하는 방향성을 검토하기에 앞서, 환경 변화를 경제적으로 평가하는 방법에 대해 페트병 폐기물 문제를 염두에 두고 개관해 보고자 한다.

페트병이 점점 소형화되고 야외에서 활동할 때 끊임없이 물을 마시는 것이 좋다고 알려지자, 사람들은 관광지나 산책로 등 어디든 물을 가지고 다니게 되었다. 이렇게 되자 관광지에서 페트병 등 투기된 쓰레기의 회수·반출 및 용해·제품화뿐만 아니라 쓰레기 폐기 방지나 쓰레기를 가지고 돌아가기를 촉구하는 간판과 팸플릿의 제작 등에 상당한 경비를 소요하게 되었다.[34] 한편, 최근에 늘어난 페트병이나 쓰레기의 투기 상태는 관광객에게도 불쾌감을 주어 입소문으로 나쁜 이미지가 유포될 뿐만 아니라, 주변 식생이나 곤충, 작은 동물 등의 기형이 출현하거나 이상현상이 발생하는 등 다양한 영향을 끼치고 있다. 전자를 '직접효과'(직접영향), 후자를 '간접효과'(간접영향) ── 효과와 영향은 입장 차이에 의한 평가이다 ── 라고 한다. 회수 · 반출, 제품화에 관련된 비용과 간판 설치비 등 직접 비용의 지출, 또한 관광객의 쓰레기 폐기를 억제하기 위한 경비원의 임금, 쓰레기 보증금제도 도입에 의한 페트병의 요금인상 등은 '금전적 피해'라고 할 수 있다. 이와 같은 문제 때문에 관광지의 이미지가 추락하거나 불결한 장소라는 소문이 발생하는 것 등은 '심리적 피해'라고 한다. 금전적 피해에 대해서는 경제적으로 대응할 수 있지만, 심리적 피해는 가능한 한 경제적으로 평가한 다음 대응책이나 복원책 등에 반영시키는 것이 필요하다(이것은 외부경제의 내부화이다).

최근 몇 년, 공원이나 명승지 등에서 페트병을 중심으로 한 쓰레기 투기가 두드러지자 관광객들의 비난이 비등해졌으며, 관광지도 이 문제를 해결하기 위하여 상당한 비용을 지출하였다(이것은 환경에 대한 영향을 줄이기 위해 비용이 지출된 경우). 수원지나 해변가 등 찾는 사람이 적은 지역에서는 쾌적한 환경정비를 위해 수목을 가꾸거나, 광장이나 전망대 등 환경정비를 계획하기도 한다. 이 경우, 쾌적한 환경이 조성됨으로써 지역사회 전체의 효용도 증가되리라 기대되지만, 정비 비용 부담 또한 증가하게 된다(이것은 쾌적성을 향상시키기 위해 비용이 지출된 경우이다).

이 두 가지 경우를 전제로 하여 영향(효용)의 변화를 화폐단위로 평가 · 측정하고, 그 대응을 경비 면에서 고찰해 보자. 싱클레어와 스태블러는 두 가지 개념, 즉 등가변화와 보상변화[35]를 제시하고 있다. '등가변화'란 환경변화(악화)를 피하기 위해서 그 회피책으로 필요한 비용에 대해서 세대(개인)가 지불에 동의하는 최대 지불의사 금액이다. 예를 들어, 명승지 쓰레기 처리를 위해 분담해도 좋다고 판단하는 금액의 크기이다. 한편, '보상변화'는 〉

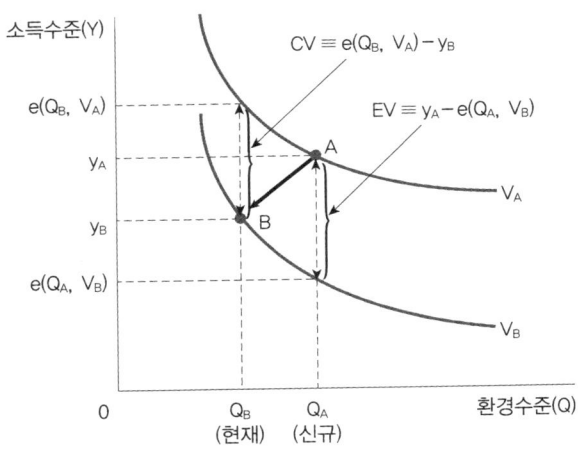

그림 4.9 등가편분과 보상편분

자료 : 모리스기 히사요시(1997). 『환경영향 · 에너지효율의 평가』; 나카무라 히데오 편.
『도로투자의 사회경제평가』. 동양경제신보사, p. 190.

환경변화(개선)를 위해 계획을 중지시켜야 하고, 그 손해에 대해서 세대(개인)가 보상해도 좋다고 판단하는 최소 지불의사 금액이다. 여기서 '의사금액'이란 사람들이 바라는 바(선호)를 화폐로 표시하는 지표이다.[36]

〈그림 4.9〉를 이용해서 등가변화와 보상변화를 살펴보자. 가로축은 환경수준 Q이고, 세로축은 소득수준 Y이며 점 A, 점 B는 환경과 소득수준의 조합을 나타낸다. EV는 환경 개선을 포기하기 위해서 세대가 생각하는 최소 보상액이다.

V_A, V_B는 점 A, B를 지나는 등효용곡선(무차별곡선)이다. 이 효용은 심리적인 만족을 표현한 것으로, 여기서는 쾌적성의 크기를 나타내고 있다. 그림에서 $e(Q, V)$점은 환경 수준이 Q일 때 효용수준 V를 달성하기 위해 필요한 소득수준을 나타낸다. 즉, 페트병의 회수 처리에 필요한 금액의 크기이다. EV는 변화 전의 환경수준인 Q_A에 머물고, 동시에 변화 후의 효용수준 V_B를

유지하기 위해 필요한 소득수준이다. 효용의 크기가 V_B가 되기에는 소득이 Y_A가 아닌 $e(Q_A, V_B)$로 충분하다. 이 소득수준의 변화(금액의 크기)야말로 환경악화의 폐해를 피하기 위해서 지불할 만하다고 여겨지는 최대 지불의사액이다. 즉, 이전의 환경조건을 유지하기 위해 지불에 동의하는 금액이라고도 할 수 있다. 한편, CV는 환경변화 전의 Q_B에 머물고, 동시에 변화 후의 효용수준 V_A를 유지하는 소득수준(금액)은 y_B가 아닌 $e(Q_B, V_A)$가 된다. 이 소득수준이 변화(금액)한 CV는 환경개선을 위해 보상을 요구하는 최소한의 의사표시액이라고 하겠다.[37]

비용·편익분석에 적용하기에는 앞에서 표시한 EV의 효용변화의 순위가 CV(효용변화의 순서와 같은 순서를 나타낸다고 제한하지 않기 위해)보다 바람직하다. 또한, EV에는 이용가치와 존재가치가 있다. 이용가치는 직접 또는 간접적으로 이용함으로써 얻을 수 있는 가치로, 예를 들어 소음과 대기오염은 이용(당해 지역)에 의해서 가치(여기서는 피해)가 발생한다. 한편, 존재가치란 후지산, 국립공원, 야생동식물 등과 같이 그 존재 자체가 가져오는 효용이다. 그것들은 언제까지라도 사용할 수 있는 상황에 있다는 인식만으로도 기쁨, 감동, 풍족함 등의 효용을 주는데, 이 효용을 화폐가치로 나타낸 것이 존재가치이다. 일반적으로 EV와 CV의 가치는 다르다(이용가치에 대해서 양자는 일치하지만, EV에는 존재가치가 더해지기 때문이다).

③ 환경변화의 대응방향

이와 같이 지역 환경의 수용능력을 초과해서 많은 사람들이 들어와 환경에 피해를 주는 형태는 개발도상국이나 외딴 섬 등에서 특히 일어나기 쉽다. 왜냐하면 환경특성을 상회하는 영향을 받기 쉬운데다가 한정된 물과 열에너지 자원이 관광 분야와 그 이외의 다른 생산활동과 주민 생활 향상 사이에서 경합하기 때문이다. 또한 관광객이 과도하게 많아지면 소비물가가 상승되는 등 파생적인 환경문제를 유발할 수 있기 때문이다.

이 외에도 등산이나 하이킹을 하는 인원 수가 특정 시기나 장소에 집중되는 경우 주변지역의 식생, 동물이나 곤충 등의 생육환경 저해, 관광객의 이용에 관련된 수자원 확보와 오수처리 등의 문제를 유발한다. 게다가 개발도상국이 선진국에서 오는 사람들에게 자신들의 민속문화를 관광 구경거리로서 왜곡하거나 과장하는 등, 전통문화의 변용과 배금주의 만연화를 초래하는 경우도 있다.

이와 같은 상황은 관광 관련 기업이 환경문제보다 경영이나 이익을 판단기준으로 삼아 우선시하고, 행정에서도 환경문제에 충분히 관심을 기울이지 않고 수동적으로 처리해 온 것 등이 원인으로 작용한다.

그러나 점차 관광이 환경에 미치는 영향에 대해 관심이 고조되자, 한편에서는 관광자원의 보전이나 폐기물의 적정한 처리를 꾀함과 동시에 다른 한편으로는 새롭게 관광의 '지속가능성'[38]을 지향하게 되면서, 그 하나의 방안으로 에코 투어리즘(eco tourism), 그린 투어리즘(green tourism) 등이 도입되어 왔다. 동시에 관광객에 대해서도 자연·인공환경, 역사문화와 민족이 가지고 있는 의의와 가치를 충분히 인식하고, 동시에 지역주민의 생활주기를 배려하여 관광활동을 하고 때로는 그들을 위해 자제하는 등과 같은, 관광교육의 중요성이 대두되고 있다.

(3) 지속가능성과 지속가능한 관광

지속가능성은 지속적 개발(SD)보다 넓은 개념으로, 경제와 환경 모두를 포함하는 용어이다. 지속적 개발 개념은 1992년의 리우 선언에서 명문화한 바와 같이 세대 내 및 세대 간의 이용에 불균형이 생기지 않도록 자원의 이용이나 보전을 배려하고자 하는 의도를 담고 있다. 이를 위해, ① 경제성장 목표에 1인당 소득수준의 확보와 함께 생활환경을 유지하기 위한 노력 포함, ② 환경에 부하(負荷)를 가한 원인 제공자(예를 들어 관광객)에게 그에 상응한 부담 부과방법 확립, ③ 재생 가능한 자원(관광적으로는 관리가 잘 되고 있는 공원, 산림, 해수욕장, 습지, 문화재 등)의 자기재생 가능성 제고와 또한 고갈 성자원(귀중한 동식물, 천연기념물 등)의 최소 이용과 완속 이용을 요구하고 있다. 즉, 지속적 개발(SD)의 기본 테마는 경제발전과 환경(그 공공성)을 조화시키는 것이다.

관광산업에서 환경이라는 자연적 · 사회문화적 자원의 존재와 그 보전이 중요하며, 그것들을 통해서 관광발전과 관광발전에 의한 기대효과를 달성할 수 있다. 따라서 이러한 환경자원으로서의 환경에 대하여 이제까지의 개발정비와 상업적 측면을 중시하던 방법을 지양하고 경제, 관광 발전, 환경의 공공성이 조화를 이루는 '지속적인 관광'에 대한 확고한 사고방식과 그것을 확실하게 시행하는 정책적인 대응이 매우 중요하다.

이런 의미에서 관광자원(특히 고갈성 자원)에 대한 최대 가능한 이용량(수용능력) 설정과 총량 규제, 환경에 대한 부하를 줄이기 위한 관광지에의 반입물—예를 들어 음식물이나 쓰레기 등—의 리사이클(recycle) 등이 바람직하다. 다시 이용할 수 있는 자원비율을 향상시키는 것을 '리사이클링'(recycling)이라고 한다면 그 비율은 원료자원 성질, 회수단계(자원이용의 직후인지, 수일 후인지), 회수자원의 이용 주체, 잔재 비율, 회수의 용이함 등에 의해서 좌우된다. 이 리사이클이라는 기법이 경제적으로 가능하기 위해서는 회수 비용이(예를 들어, 병이나 종이의 원료가 되는) 미개척자원(virgin 자원)의 탐색이나 채굴 등에 드는 비용보다도 저렴해야 한다. 따라서 관광지에서 음식, 숙박, 이벤트, 체험 등에 사용되는 재화에 대해서, 이를 테면 그것들을 제조하는 단계에서 쓰레기를 발생시키거나 환경을 해칠 우려가 있는 부분을 제거하거나 자기 집까지 가지고 가기 용이하도록 휴대화(콤팩트화)하는 등 다양한 방법이 고안되어야 한다. 이렇게 하여 생산·제공자가 단가가 낮아져 매출증가와 수익증대를 기대할 수 있도록 해야 한다.

또한 그와 같은 상황에서는 재활용된 만큼 신규자원(그 제조에 필요한 에너지를 포함해서)의 사용량을 줄일 수 있게 된다. 이것은 관광지에 있어서의 폐기물 투기와 환경훼손을 막고, 쾌적하고 자연이 풍부한 지역으로서의 이미지를 제고시켜 지속가능한 관광지를 형성하는 데 기여하게 될 것이다.

〈그림 4.10〉에서 보여 주는 것처럼, 사회 전체적으로 재화와 서비스 생산에 필요한 비용과 그 재화와 서비스로부터 얻을 수 있는 편익을 평가하여 자본개발과 리사이클링 사이에 있어서의 최적수준을 찾아낼 수 있다.[39]

즉, 이 그림에서 Q_P까지 관광객이 들어오면 사회적 편익(한계적인 사회편익

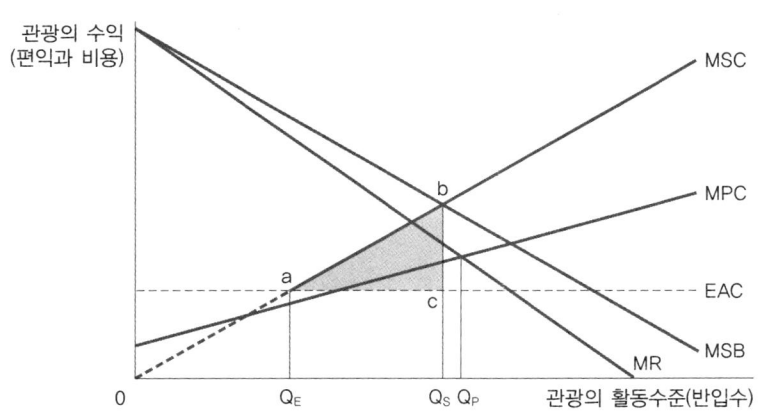

그림 4.10 경제적 최적 개념의 관광분야로의 적용

주 : Q_E = 생체학적 최적, Q_S = 사회적 최적, Q_P = 사적 최적, MSC = 한계사회적 비용, MPC = 한계사적 비용,
MSB = 한계사회적 편익, MR = 한계수입, EAC = 환경동화능력
자료 : 싱클레어·스태블러 저, 코자와 켄이치 감역(2001). 『관광의 경제학』학문사, p. 211을 일부 수정.

MSB)과 사회적 비용(MSC)이 초래됨과 동시에, 기업의 편익(한계수입 MR)과 비용 (한계비용 MPC)을 각각 상회하게 된다. 기업의 최적수준은 MR과 MC가 같아지는 Q_P의 상태이고 사회적 최적수준은 Q_S이므로, 이것은 관광활동(반입)의 수준이 Q_P에서 Q_S로 낮추어져야 한다. 하지만 이 사회적 수준은 반드시 생태환경에서 본 최적수준(Q_E)과 일치하는 것은 아니다. 그것은 사회적으로 본 관광의 활동수준이 점선으로 나타낸 환경의 정화능력(EAC)을 넘어, abc라는 외부성을 초래하여 환경악화의 우려가 있기 때문이다. 그런 까닭으로 사기업, 사회 전체, 생태환경, 각각에 대한 최적수준을 명확히 하고, 그 다음 관광여행(tourism)이 초래하는 사회적으로 본 환경에의 영향을 최소화하고, 동시에 장기적으로 지속가능한 관광을 규명하여 최적수준을 지향하는 것이 바람직하다.

3. 환경자원의 경제적 이용

(1) 최대 지속가능한 이용

자연자원이든 관리되고 있는 역사문화자원이든 이것들을 어떻게 경제적으로 이용하면 최대 만족(효용)을 얻으면서 지속가능하게 할까? 예를 들어 고층습원, 야생동식물 또는 전통건축물 등은 교통조건의 정비와 정보화 등에 따라 과잉 이용이 초래되기 쉽다. 이런 자원에 의존하고 있는 관광지는 그 자원 자체를 훼손하지 않고, 관광객에게 효용을 주고 관광에 관련된 재화와 서비스를 제공하면서 수익을 지속적으로 유지할 수 있는 방안을 끊임없이 연구하고 있다. 〈그림 4.11〉을 기초로 경제적인 관점에서 자원의 적정한 이용

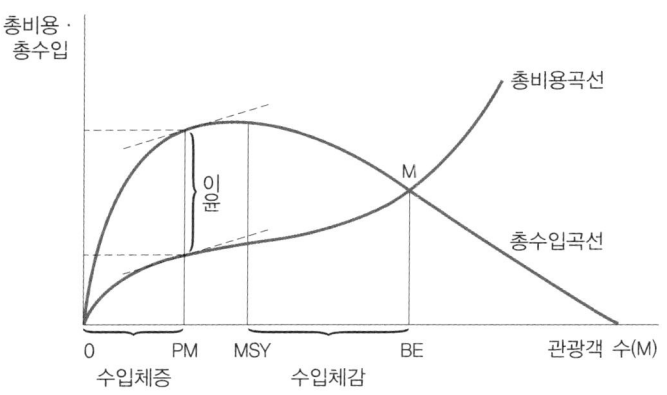

그림 4.11 최대 지속가능한 관광객 수

자료 : 싱클레어·스태블러 저, 코자와 켄이치 감역(2001). 『관광의 경제학』. 학문사, p. 212를 일부 수정.

방안을 생각해 보고자 한다.[40]

　자연자원을 과도하게 이용하고 그로 인해 자연자원이 손상될 수 있는 경우, 경제적 효과와 부담의 크기는 총수입곡선과 총비용곡선의 수직선분의 길이로 표시되어 있다. 〈그림 4.11〉에서 점 PM까지 관광객을 유치하면 이때의 총비용곡선과 총수입곡선 차인 이윤은 최대가 되고, 이 이윤의 크기는 PM보다 우측으로 이동할수록(즉 관광객이 증가할수록) 감소하는 경향을 보이고 있다. 즉 관광객의 수가 MSY일 때 이윤은 최대가 되고, 또 관광객의 수가 점 M의 수준에서 이윤은 0이 된다. 이것은 관광지에 존재하고 있는 자원의 허용량이 관광객(그 인원수나 관광활동의 형태에 따른 영향의 크기)을 지탱하지 못하기 때문이다. 또 BE는 관광객이 요구하는 수요와 제공자의 비용이 일치하여, 관광지의 손익이 균형되는 점이다. 이 그림에서 관광객 수가 0에서 PM 사이에 있을 때는 수확체증의 경향을, 또는 PM에서 BE까지는 수확체감의 경향을 나타내고 있다.

　이 그림은 과도한 이용이 초래되기 쉬운 야생동식물, 생태환경, 역사문

화시설 등이 지속가능성을 확보하면서 경제적 효과(고용, 소득, 세수)를 크게 할
수 있는 단서를 찾는 데 사용된다. 자연자원과 역사문화자원처럼 누구나 자
유롭게 이용할 수 있는 자원의 경우(그 질적인 변화를 관광객이 알아차리면 찾지 않게 되
지만, 자원 자체가 물리적으로 성능저하·파손에 의해 관광하는 것 자체가 무의미하게 될 때까지는)
관광객이 찾아오게 된다. 또한 관광산업 등은 이윤이 기대되는 한 손님을 끌
기 위해 노력을 한다. 게다가 이러한 관광에 관련된 자원을 제공하고 있는
관광기업과 행정기관 등은 이윤(효용)이 기대되는 한(〈그림 4.11〉의 BE까지) 관광
객의 출입을 촉진시키려 하기 때문에 자원의 재생가능성을 위협할 수도 있
다. 호텔의 숙박 건수나 객실 수 등 물리적인 공간의 제약이 있는 경우, 또는
호텔에서 프론트나 룸 등의 서비스를 제공하는 종업원 등의 인원수(또는 납득
가능한 서비스 수준을 제공할 수 있는 인적 자원)에 제약이 있는 경우 그 호텔 시설을 계
속해서 관광객에게 제공하기가 어려워지게 된다. 하지만 누구라도 자유롭
게 이용할 수 있는 공원, 호수, 해변, 습지 등과 같은 자연 자원의 경우에는
일반적으로 과도한 이용이 초래되기 쉽다. 그런 까닭에 이런 자원에 대해서
는 자원의 고갈을 방지하면서 지속가능한 최대 관광이용을 도모하기 위해,
환경과 자원의 적정한 유지관리 실시와 동시에 지속적인 이용이 확보될 수
있는 한도 내에서의 최대 수용량을 분명히 밝힐 필요가 있다.

(2) 자원의 특성에 따른 이용과 보전

환경문제는 자원의 특성에 따른 이용에 의해서 발생한다. 따라서 대응내용
도 자원의 특성에 따라 달라지게 된다. 관광자원을 ① 유일하거나 또는 재현
이 불가능에 가까운 특성을 가진 고갈성 자원과, ② 적절하게 관리하면 지속
적인 이용이 가능한 특성을 가진 재생가능 자원으로 크게 나누어, 각각의 이

용방법과 보전에 임하는 자세에 대해서 고찰할 필요가 있다.

① 고갈성 자원의 보전

관광에 관련된 기업은, 만약 환경문제에 깊은 관심을 기울이면, 기업 이미지가 제고되어 소문에 의한 수요증대가 이윤으로 이어지는 경우(또는 관심을 가지는 일이 비용부담이 크지 않는 한에서), 환경문제에 관여하는 경향이 있다. 관광지에서 페트병이나 폐기물의 투기, 경관의 훼손이 생기는 등 시장경제라는 가격메커니즘이 작동하지 않는 경우, 즉 외부성에 기인한 환경문제가 생기는 경우 그것을 해결하는 것은 불가능하다. 그 때문에 자연공원, 해변, 호수 등 고갈성 자원에 대해서는, 환경에 유해한 영향을 끼치는 물질(인체는 물론 생태, 경관에 악영향을 끼치는 것)을 이용하거나, 처리하지 않고 배출하는 것을 최대한 방지할 필요가 있다. 또 종이봉투와 나무젓가락 등 일차적인 목재자원 이용을 억제하고 그 대신 리사이클 제품을 구입·이용하고 폐기물의 투기와 에너지 소비를 줄이고 자원을 보전하기 위해 노력해야 할 것이다.

한편, 관광객에게는 환경적 특성과 취약함 등에 대한 인식을 깊게 갖도록 하고 더욱 이 관광활동으로 인한 환경폐해와 지역주민의 생활·가치의식 변화 등에 대한 이해를 넓히고 보다 덜 사용하려는 노력이 동시에 요청된다. 이를 위해, 필요한 정보를 제공하고, 환경을 배려하는 관광활동을 촉구하기 위한 일종의 관광교육이 실시되어야 한다. 특히 관광객은 향후 생활방식과 문화생활 관점에서 늘 환경을 고려하는 태도를 가질 필요가 있다. 따라서 환경기본법(특히 25조)의 '환경 보전에 관한 교육·학습 등'의 조문에 따라 환경의 혜택과 계승, 환경 부담이 적은 지속적 발전이 가능한 사회 구축 이념을 근거로, 관광에 관련된 환경문제(그 대응의 역사와 평가, 문제해결을 위한 과학기술·사회·경제 등의 대처, 이후의 검토과제 등)에 대해서 체계적인 교육이 실시되어야 한다.[41]

② 재생가능한 자원의 보전

관광여행이 주로 자연·생태환경에 의존하는 한, 공원, 습원, 산림, 명승지와 같이 적절하게 관리되어야 하는 자연환경(관리가 불충분한 상태에 있는 것은 고갈성 자원으로서 취급된다)에 대해서는, 지속가능한 이용에 있어서 최대 허용량이라는 사고를 도입할 필요가 있다. 이 허용량에 대하여 일본에서는 1974년 당시, 환경청(현재는 환경성)이 자연공원에 대한 연구를 수행했고,[42] 또 레크리에이션의 대상이 되고 있는 풀밭, 하천공원, 산악공원 등에 대해서 생태적 측면과 심리적 측면에서 연구를 계속해 왔다.[43]

일반적으로 관광지에 있는 관광 관련 기업과 협회 등의 조직은 관광이 이익을 발생하는 한(그 이익의 범위에서) 관광객의 다양한 요구에 응해, 그것에 관련한 환경의 유지(청소 등)에 관심을 기울이는 것에 지나지 않는다. 자연이나 생태는 전체적으로 넓이가 있어야 하며, 그 조건이 유지되는 환경에서 지속가능하게 된다. 그것만으로(설령 관리의 대상이 되고 있는 자원이더라도 그 보전이 제한된 범위나 특정 시기로 한정할 경우에는) 자연, 생태, 자원의 존재가치를 지속적으로 유지하는 것은 위태로운 일이다. 그리고 자연, 생태나 경관 등을 파손하려는 관광개발이나 이용은 생태나 경관 등에 관심 있는 사람이나 일반 관광객에게도 불만이 제기되게 되고, 또 관광지의 환경보전에 몰두하고 있는 사람들로부터는 반발을 사게 된다. 설령 이러한 상황이 아니라고 하더라도 사람이 보살핌으로써 재생 가능하게 되는 자원 —— 예를 들어, 벚나무 가로수나 정원 등 —— 은 그 존재 자체가 관광객의 유치를 촉구하고, 관광사업의 경영에 부합될 필요가 있다는 점에 유의해야 한다. 다만, 어디까지를 재생가능하다고 볼지는 환경이나 자원의 시간적·공간적 규모나 이용의 수단 등에서 다르다는 문제가 남아 있다.[44]

(3) **지속적인 관광을 위한**(외부성에 대한) **두 가지 연구법**

① 환경훼손을 초래하는 외부성에의 대응

환경훼손이 초래되고 있는 관광지가 이미 상당한 관광객을 확보하고 있는 경우, 관광은 대량의 물질·에너지의 소비를 수반하면서 폐기물 발생과 회수에 대한 부담이 증가하게 된다. 게다가 일반적인 재화를 생산하는 산업과 달리, 관광의 경우 관련된 재화와 서비스 생산·제공이 특정 지역와 시기에 집중되는 경향이 강하여, 그것에 기인한 환경문제가 첨예화되기 쉽다. 그와 같은 곳에서 발생하는 환경문제의 사례로는 상수원의 고갈, 배수에 따른 수질악화, 교통혼잡과 소음, 천연자원 훼손, 산림과 생태 등의 건전한 육성 저해, 조망·경관 침해, 축제와 전통행사의 변질, 지역 커뮤니티의 변용 등이 있다. 또한 시기에 따라 발생하는 환경문제의 사례로는 새나 작은 동물의 번식기에 보행자나 스노모빌(snowmobile : 소형 설상차) 등이 동물의 생육장소를 침해함으로써 발생하는 악영향, 또는 장마시기에 등산객들이 경사가 급한 산길을 오름으로써 발생하는 토양침식 등이 있다.[45]

이렇게 야기되는 환경문제에 대해서 직접적 및 간접적인 두 가지 대응 방향이 있다.

㉠ 직접적인 대응 : 관광객 출입인원 수 규제

관광의 주요 대상이 되는 일반적인 관광자원에 대해서 보전 및 지속가능한 관광을 목표로 하여 관광객의 인원수를 관리하는 방법이 있다. 하지만 이것은 다음과 같은 문제를 유발한다. 첫째, 관광객을 위해 정비·제공되는 여행·숙박시설 또는 서비스가 '규모의 경제'를 발휘하지 못하기 때문에 '비효율적'이라는 점이다. 둘째, 자원의 적정한 보전이나 이용을 위해 새롭게 비용을 부담시키고, 또 외부성(공해)에 대처하기 위해 입장료, 관람료 등의 요금을 추가시킬 수 있다. 그러나 이 방법은 저소득층의 관광이용을 억제하게 되어 사회적인 '불공평'을 초래하기 쉽다. 셋째, 비용부담이 커져 관광객의 출입인 수가 줄어들게 되면, 관광 분야에 종사하는 사람들의 해고나 레이오프(lay off) 또는 임금 인하 등 불이익을 받는 사람들이 증가해 관광지에서의 '고용불안'을 초래할 수 있다.

  ⓒ 간접적인 대응 : 가격메커니즘과 관리 등
그렇다면 환경자원을 적정하게 보전하면서 과잉이용을 방지하기 위해서 직접적인 출입 규제 이외에 어떤 인센티브(incentive)를 부여하는 방법은 없을까? 그러한 방법으로는 가격 메커니즘을 통한 방안, 즉 관광 수급을 규제하는(또는 유도하는) 방안을 생각할 수 있다.

  첫째, 가격 메커니즘을 통한 방안이란 특정 관광지와 시설을 이용하는 사람들에게 입장료, 관람료, 입어료(入漁料) 등 경제적인 부담을 부과함으로써 관광객의 출입인원 수를 통제하여, 과잉 이용이나 혼잡을 완화하는 방법이다. 요금을 설정할 때 환경수준을 유지하기 위해 지불에 동의하는 의사금액 방식이 참고가 된다. 둘째, 지속적인 관광을 위해 관광자원을 보호함과 동시에 복원할 필요가 있는 경우, 그것을 위해서 관광수입 일부를 자원보전과 복원에 사용하게 함으로써, 일정한 환경수준을 유지ㆍ확보하는 방법이 있다. 그러나 이 두 가지 방법 모두 환경문제를 완화시키는 데 있어서 발생과 방지에 반드시 도움이 된다고는 할 수 없다. 이것을 보완하는 세 번째 방안으로서, 셋째, 물리적으로 관광객의 수요와 공급을 조정하는 방안을 찾을 수 있다. 이를테면 숙박시설, 주차장, 도로 등의 규모와 정비내용, 나아가 교통수단과 그 운용[예를 들어, 카미코지(上高地)나 오제(尾瀨)와 같이 승용차를 규제하는] 등을 고려하여, 간접적으로 관광객 수를 통제하는 것이다. 관광객의 출입을 제한하는 예로는 다음과 같은 것이 있다. 이궁정원[카츠라이궁(桂離宮), 슈가쿠인이궁(修学院離宮) 등]에서는 입장예약제(평일, 1일에는 6회, 50인/회 등으로 제한)를 실시하고 있으며, 노리쿠라 스카이라인[乘鞍 skyline - 기후현 뉴카와무라(岐阜県丹生川村)]에서는 주차장이 가득 차면 산 어귀에서 교통을 규제하여 관광객을 간접적으로 제한하고 있다. 또한, 국립공원에서는 1968년 아시즈리우와카이(足摺宇和海)의 교통규제를 시작으로 1974년 오제(尾瀬), 1975년 카미코지 등에서 성수기에 차량의 진입을 규제하고 있다(이것은 환경청의 "국립공원 내 자동차이용적정화요강"(1974)에 의거해 실시되고 있는 것이다).[46]

현실에서는 그때그때 사회경제환경(가치의식의 동향)을 감안하면서 관광지의 특성(자연생태·기후·역사문화 등)과 관광객의 동향(출입상황, 여행의 형태 등)과의 관계를 근거로 지속가능성의 지침부터 조정·유도하는 것이 바람직하다.

② 편익을 초래하는 외부성의 취급

그런데 외부성, 즉 관광객이 대량으로 1년 내내 출입하면, 한편으로는 공해를 초래하고 경관을 훼손하지만, 다른 한편으로는 관광기업, 관광기관을 활성화시킨다. 예를 들어 마을, 역사 건조물, 가로수 형성·복원 또는 수변 경관 등을 조성하여 관광지의 이미지를 높이고, 역사문화와 주민과의 교류를 심화함으로써 관광객에게 만족, 편익을 가져오는 경우가 있다. 이러한 외부성은 매우 환영할 만한 것이며, 그런 까닭에 관광은 물론 생활과 연관된 환경보전과 계승에 기여하는 활동을 사회경제적인 측면에서 보다는 개인, 기업, 조직 차원에서 펼치는 것이 바람직하다. 또 경관과 편의의 제공 등을 저해하는 요인을 제거하기 위해 규제와 관련 토지와 건물 등의 매입 보상 등을 복합적으로 운용하는 것도 검토해 볼 필요가 있다.

(4) 지속적인 관광을 위한 방안 : 공익자원의 지속가능성

현재 관광객에게 매력적인 관광자원으로는 독특한 지세, 생태, 경관, 물가 등이 있고, 그 대다수가 자연자원이다. 그중 대부분은 개방적으로 접근할 수 있다. 자연공원이나 해변과 같은 자원·공간은 언제든지 누구든지 자유롭게 출입할 수 있고, 그곳에서 어떤 행위를 할 것인가는 각 개인의 자유에 맡겨져 있다(위험부담도 마찬가지이지만). 따라서 과도한 이용, 또는 지세·기후와 역사풍토에 부적절한 이용을 하기 쉽고, 그 때문에 다양한 환경문제가 발생하며, 환경과 자원에 손상을 가하는 경우도 적지 않다. 예를 들어 무질서한 토지이용, 교통정체와 소음, 건물과 간판 등에 의한 경관 침해, 쓰레기·페트병 등의 투기와 회수의 부담, 또는 지역주민의 생활환경 저해, 쾌적한 고요함 침해 등 종래의 분위기를 훼손시키는 문제가 생길 수 있다.[47]

이러한 환경문제와 자원 손실이 야기되는 배경에는 처음부터 자연자원에는 소유권이 없거나 그 행사의 어려움으로 인하여 적절한 수준에서 이용을 통제할 수 없기 때문이다. 또한 자연자원, 경관, 생태 등은 존재하는 것 자체로도 의미가 있음에도 불구하고, 그것들의 존재기능을 적절하게 유지해 나갈 수 있도록 관리할 필요가 있지만, 그에 따른 마땅한 수단이 없기 때문이다. 공익적인 기능을 내재하고 있는 환경과 관광자원은 지속적인 관광을 위해서뿐만 아니라 인류의 공동자산으로서 건전하게 존속되어야 하며, 그것을 위한 기능 유지와 적정 이용이 중요하다. 이러한 환경과 자원을 유지하고 본질적인 속성의 보전을 위해서는 환경이 갖는 공익성과 관광적 의미에 대한 사회적 이해가 깊어져야 하며, 동시에 관광객 수를 조절해야 한다. 그런 다음 귀중한 자원과 환경에 대해 소유권·재산권(환경권 등)을 어느 정도 부여할 것인가에 대한 방안[48]을 도입하고 이런 맥락에서 환경보전 또는 개선을 위한 일정 정도의 인센티브를 부여하는 것이 지속적인 관광을 확보할 수 있는 방법의 하나가 될 수 있다.

4. 자연자원의 경제적 평가와 보전방향

위에서 서술한 바와 같이 환경은 관광과 관련이 깊고, 그 중심이 되는 자연자원은 특성에 따라 이용과 보전을 꾀하면서 지속적인 관광을 전개하는 것이 기대되고 있다. 그 때문에 환경과 밀착되어 있고, 또는 환경 그 자체라고 할 수 있는 자원을 경제적 관점으로 평가하고, 그 존속과 기능 발휘를 확실하게 할 수 있는 방안에 대해서 고찰해 보고자 한다.

(1) 환경을 경제적으로 평가하는 기법

환경, 특히 관광과 관련 깊은 자연자원은 자유재로 간주되어 자유로이 이용되어 왔지만, 한편으로 환경, 특히 자연자원은 이용뿐만 아니라 존재 자체가 인간의 심리나 의식 면에 다양한 영향을 끼쳐 왔고, 이후에도 그 역할이 기대되고 있다. 그러므로 현재 세대인 우리들은 이 자원을 선조로부터 물려받았듯이 다음 세대에 계승해 줄 책무를 지고 있다. 하지만 이들 자연자원은 앞서 말했듯이 일반적으로 소유와 관리의 주체가 없고, 시장에서 가격에 따라 거래되는 대상도 아니다. 이렇게 시장이 존재하지 않는, 환경의 기능과 자원이 유발하는 편익을 유지하고 계승하기 위해서는 이것들의 기능과 편익을 화폐적으로 나타내어 경제적으로 대응하는 것이 사회적으로는 합리적이고, 보전과 계승을 위해서는 보다 확실한 유용한 방법이 될 것이다.

환경의 가치를 화폐적으로 평가하는 기법으로서 지불의사법(CVM), 헤도닉 가격법(HPM) 및 여행비용법(TCM)이 있다. 환경가치를 화폐적으로 평가하려면 현존하는 시장에서 환경보전(또는 개선)을 위해 어느 정도 지불할 지를 직접적으로 파악하는 것이 '지불의사법'이고, 실재하지 않는 시장을 상정하고 거기에서 환경가치를 간접적으로 파악하는 것이 '헤도닉 가격법'과 '여행비용법'이다. 이하에서 이 방법들의 특성과 과제를 살펴보기로 한다.

① 지불의사법(CVM)

이것은 환경 개선을 위해 지불의사를 표명하는 금액, 또는 환경의 질이 저하되는 것에 대한 보상으로서 수용가능한 금액을 직접 관광객에게 질문하여 답을 듣는 기법이다. 이 방법은 미첼과 카슨(R.C.Mitchell & Carson, 1989)을 비롯하여 브록셔(Brokshire et al., 1983)나 허버레인과 비숍(Heberlein & Bishop, 1986), 핸리(Hanley, 1988)에 의해서 고찰되었다.[49]

이 기법은 질문이나 설문조사에 앞서, 우선 기업과 행정으로부터 환경현상, 개선계획의 개요 및 그에 필요한 경비와 그 조달방법(예를 들어, 세금이든지 입장료든지)에 대한 정보를 입수한다. 그 다음 환경 개선을 지지하면서 그것을 위해 지불해도 좋다고 판단하는 '최대한의 의사금액', 또는 환경과 자원의 손실을 받아들이면서 보상을 요구할 때의 '최소한의 의사금액'을 청취 조사하여 얻는 것이다.

록우드(Lockwood, 1993) 등은 오스트리아 빅토리아(Victoria)에 있는 국립공원의 보호정책을 수립할 때 이 기법을 적용하여, 국립공원의 존재가치는 35%, 유산가치는 36%로 평가되고 있다는 결과를 얻었다.[50] 또 그 밖에 공원시설의 개선, 운하의 편익평가, 관광지의 교통정체 또는 역사적 건조물로의 접근 등에도 적용할 수 있으므로 효율적인 가치평가의 기법으로 간주되고 있다.

　　이 기법은 환경에 관한 정보의 정확성, 설문조사에의 의존 등 엄밀성에 있어서 부족한 점은 있지만, 단순하고 유연성도 있기 때문에 주민과 행정을 이해시키기 쉽고, 사용가치, 비사용가치 양자, 또 지역주민과 관광객 양자를 포함하여 환경 가치를 화폐로 평가할 수 있다는 이점도 있다. 일본에서도 공동사업의 평가, 환경보전의 비용부담의 고찰 등에 적용되고 있다.[51]

② 헤도닉 가격법(HPM)

이 기법은 랜체스터(Lancaster, 1966)와 프리먼(Freeman, 1979)의 소비자이론에 근거하여 로젠(Rosen, 1974)이 개발한 방법으로, 가격을 매길 수 없는 환경과 자원의 가치를 지정하는 것이다.[52] 이 원리는 어떤 환경과 자원에도 가치가 내재(또는 잠재)되어 있다고 가정하고, 제공된 재화와 서비스가 장소에 따라 가격에 있어서 차이가 나는 것은 그 배후의 환경과 자원의 존재여부와 질에 차이가 있기 때문이라고 간주한다.[53] 예를 들어, 같은 규모의 리조트 호텔을 비교할 때, 숙박비에 있어서의 차이는 환경과 자원의 넓이와 질에 있어서의 차이(생태의 풍족함, 경관의 차이 등)를 반영하고 있다고 생각할 수 있다(이 이외의 조건, 호텔의 서비스 내용과 교통·입지조건 등에 큰 차가 없을 때). 가라오드와 윌리스(Garaod & Willis, 1993)는 운하와 강이 있으면 지역의 자산가치는 평균 4.9% 상승한다고 주장하였다.[54]

　　따라서 이 기법은 시장에서 평가되지 않는 편익은 집어넣을 수 없다는 문제가 있다. 이를테면 어떤 환경과 자원이 그것들에 대해서 관심이 있는 사람을 빼고는 대다수 사람들에게 알려져 있지 않은 경우에는 그 자원의 보전 의미와 가치가 과소평가되기 쉽다. 또한 개인, 특정 그룹 또는 다음 세대의 가치 등은 시장에 반영되지 않기 때문에 평가할 수 없다. 게다가 이용할 때의 가치는 평가되어도, 자연환경·역사건조물 등 그것이 존재하는 것에 의한 가치(존재가치) 및 인류유산으로서의 가치(유산가치) 등은 현실의 시장가격에 반영되기 어렵기 때문에, 가치로서 평가되지 않는다. 이러한 이유로 자원이 과소평가될 가능성이 크므로 현실 시장을 매개로 하여 환경(자원을 포함)의 가치를 평가하기 위해서는 무엇보다도 장소마다 환경과 연관 있는 재화와 서비스의 가격에 차이가 있는 것(예를 들어, 바다를 조망할 수 있는, 또는 조용한 별채의 방의 숙박요금은 그렇지 않은 방의 요금과는 다르다), 즉 장소가 가진 환경적 특성에 대한 충분한 정보가 주어질 필요가 있다.[55]

③ 여행비용법(TCM)

이것은 호텔링(Hotelling, 1949)이 제창하고, 클로슨과 네취(Clawson & Knetsch, 1966)가 개발하여 응용한 기법이다. 이 기법은 레크리에이션 장소와 관광여행 지역까지의 여행비용을, 관광객의 지불의사와 그 관광지의 환경·자원가치와의 연관을 나타내는 척도로 간주하는 것이다.

즉, 어느 관광지로의 여행비용을 그곳의 환경과 자원(그것은 자연·역사적인 것이며 인공적인 것)의 가치(그것을 시장이 평가한 가격)의 대리지표로서 채택한 것이다. 여행비용의 내용에는 소요시간(이것은 암묵비용이기도 하다)과 가솔린, 운임 등(명시비용이기도 하다)으로 구성된다.

여행비용법은 주로 명승지, 산림, 호수 등 레크리에이션 지역으로의 방문에 대한 연구에 적용되어 왔다. 실제 이들 장소에의 출입 이유를 여행비용법으로 분석할 경우에는 비교적 먼 곳으로의 여행이 적합하다. 한편 이웃주민이 걸어서 행락지에 가는 경우에 그 소요시간을 비용으로써 부담한다고 생각하는 경우에는 거리의 장단을 불문하고 적용할 수 있다.[56] 다만, 먼 곳의 관광지에 자주 가는 사람들이 거주지와 관광지 사이에서 숙박하는 경우 그 관광지의 환경과 자원이 초래하는 편익은 과소평가되기 쉽다. 또한 어느 관광지를 여행할 때 도중에 여러 곳의 관광지 등에 들르는 경우, 전체 여행비용 중에서 어느 정도의 비용을 조사 대상 관광지의 환경과 자원의 평가가치로 할 것인가 등, 예상 밖의 어려운 과제가 생길 수 있다.

게다가 조사기간 중, 간혹 조사 대상이 되는 사람이 한 번도 들어오지 않는 경우, 또는 그 관광지의 환경과 자원이 갖는 편익가치를 평가하지 않는 경우, 모두 과소평가되어 나타난다. 여행비용법에는 관광객의 출발지를 여행비용에 따라서 복수의 지역으로 나누어 관광지까지의 거리에 따라 평균 방문횟수와 평균 여행비용을 연관시키는 '지역별 여행비용법'과 각각의 관광객의 출입관광지에 대해서 일정기간을 두고 방문횟수와 여행비용을 연관시키는 '개인별 여행비용법'이 있다.[57]

(2) 환경보전을 위한 유의사항

환경과 자원이 가지고 있는 가치를 상기의 기법 등을 단서로 하여 경제적으로 평가하는 것은 그것들을 보전하거나 지속성을 확보하기 위한 것이지만, 평가나 보전[58]에 있어서는 다음과 같은 몇 가지 문제점에 유의할 필요가 있다.

- 재생가능자원이 저절로 재생되게 하려면, 이용(소비) 정도 또는 환경오염을 흡수하거나 환경에 영향을 끼치지 않는 배수(수질) 기준의 설정 등은 과학적으로 분석하여 답을 제시할 필요가 있다. 또한 자원의 최대 지속가능한 제공량(또는 관광객의 출입인원수 등)은 물리적, 생태적, 경제적 또는 심리적인 관점에서 검사성과와 관련하여 고찰할 필요가 있다.
- 환경보전과 개선에 관한 정책을 평가하는 분석도구에 대해서도 여전히

과제가 남아 있다. 특히, 편익과 비용의 내용과 그 구분에 대한 기준, 편익이나 비용이 충분히 크지 않은 경우 비용·편익 분석에는 한계가 있다. 또한, 시장의 실패 외부성과 공공성이 있는 경우에는 환경과 자원 등에 대한 재산권(소유관계)이 적절하게 정의되고, 또 외부성의 내부화가 이루어지면, 이것들을 시장에서 대응하는 것이 용이하게 되어 환경문제도 해결하기 쉽게 된다.

- 최대 지속가능한 재화와 서비스 제공량(관광객의 수용인원수 등)을 고찰하는 경우 자연환경, 사회문화뿐만 아니라 관광객의 뉴스나 활동형태 등 다양한 관점이 필요하다. 하지만 지역에 따라 영향의 종류와 정도가 다르고, 그것에 따라 남용에 의한 영향이나 공해 등의 흡수능력에도 차이가 있는 점도 유의할 필요가 있다.

5. 남은 과제

환경과 자원의 특성은 그것들의 입지나 평가하는 사람, 사회에 의해서도 달라지는 것이 일반적이기 때문에 각 지역에 공통된 환경정책을 채용하는 것은 부적절하며, 경우에 따라 비경제적일 수도 있다. 따라서 관광지의 환경과 자원 등의 특성에 따라 선택 가능한 연구법을 확립하고, 그것들 중 몇 개를 병용해서 적용함으로써, 보다 나은 방안을 찾는 것이 매우 중요하다. 이상의 논의를 근거로 하여, 지속가능한 관광을 지향하여 관광자원으로서의 환경을 경제적으로 다룰 경우 주된 테마는 다음과 같다.

- 정부와 기업은 환경과 자원을 단순히 한 번 쓰고 버리는 자유롭게 이용 가능한 상품이라 간주하지 말고, 현재와 다음 세대의 생산과 생활에 있어서 불가결한 자원이라고 간주하는 것(인식)이 매우 중요하다.

특히, 환경 보전과 개선에 필요한 비용을 새로운 추가비용(出費)으로 간주하지 않고, 환경에 관계된 사회 전체의 비용(레크리에이션 비용 외에 보건휴양비, 정신적 의료비, 생태의 육성비, 방재대책·보상비 등)을 중·장기적으로는 오히려 줄이는 데 기여한다고 생각하는 것이 중요하다. 이것을 객관적으로 실증하고, 그 결과를 널리 정보화하여 제공할 필요가 있다.

- 환경과 자원을 어떻게 파악하는가에 따라, 보전과 개선 방안 및 경제적 부담 등도 달라지게 된다. 게다가 관광지에 있어서 환경과 자원을 다음 세대에 온전한 형태로 계승시킬 책무가 있기 때문에 그것을 확실하게 수행하기 위한 방안을 경제적인 관점을 포함하여 검토할 필요가 있다.
- 또한 환경과 자원은 숙박, 음식, 체험 등과 같이, 관광객을 유치하고 다시 찾게 하는 기본적인 조건이며, 이를 위해 관광기업이나 행정뿐만 아니라 지역주민도 이해를 깊게 해 환경 등의 보전활동에 있어서 협력의 고리를 넓힐 필요가 있다.
- 이러한 인식의 심화와 병행하여 광역, 지구 등 지역 규모에 따라서 관광 활동에 따른 환경 면의 영향의 파급효과와 내용을 체계적으로 파악하는 기법도 모색되어야 한다.
- 그 후에, 관광지에 있어 지속가능성을 확보하기 위해 생태와 경제적인 면에서 본 특기할 만한 점에 대한 개념을 설정하고, 거기에 따른 자원의 적정한 보전과 이용방법 및 안전한 최저 기준을 염두해 두고, 환경정책을 깊이 연구할 필요가 있다.

마지막으로 재확인해 두어야 할 두 가지 사항은 첫째, 환경과 자원이 갖는 기능과 가치는 인간의 생활·산업과 밀접한 연관을 갖고 있지만 환경과 자원의 경제적 측면은 그때그때의 시장 평가를 중심으로, 그 평가의 정도에 따라서 고려되는 것에 지나지 않는다.[59] 둘째, 관광대상으로서의 환경과 자원이 갖는 잠재능력[60](자원의 생산성이라고도 불린다)[61]의 유지에도 유의할 필요가 있다. 이 환경과 자원이 갖는 생산성을 높이기 위해서는, 그것들의 특성이나 훼손에 따른 보전기술의 혁신이 필요하다. 이 두 가지의 의미에 근거하여 관광 측면에서도 환경과 자원에 대하여 지속적으로 관심을 기울이는 것이 매우 중요하다.

03 교통과 관광경제

1. 교통의 기본구조

(1) 교통의 역사

교통은 육지, 바다, 하늘의 공간(거리, 넓이, 지역적 특성을 갖는 복합체)을 극복하는 수단으로서 인류와 함께 탄생하고, 사회경제나 기술발전의 동향을 반영하면서 변화·발달하였다.

　인간의 육체만을 사용하는 보행에서 가축에 의한 마차, 자연의 풍력, 수력 등을 이용한 범선을 중심으로 물자나 사람의 이동을 이루어졌다. 교통수단이 사회경제적으로 큰 의미를 갖게 된 것은 산업혁명이 일어난 즈음이며, 석탄에 의한 증기에너지를 동력원으로 한 선박과 철도의 등장에 의해 대량, 장거리 수송이 가능하게 되었다. 산업혁명은 에너지 혁명을 계기로 전개된 것이며[62], 또 왕족, 귀족 등 특정계층 사람들의 보양과 사교 위주의 여행에서 나아가 도시근로자의 자그마한 해변으로의 여행도 가능해지도록 했다. 공장노동자로서 혼돈스러운 도시로 어쩔 수 없이 이주해야 했던 농민들

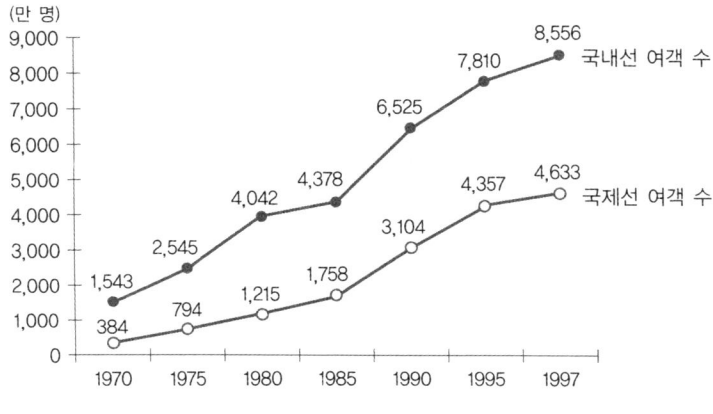

그림 4.12 일본인의 비행기 이용동향
자료 : 운수성(1999). 『1999년 항공행정의 전망과 과제』. p. 1.

은, 당시의 에너지원인 석탄에 기인한 대기오염으로 많은 사람들이 기관지 질환이 생겨, 의사의 권유를 받아 일시적으로 도시를 떠날 필요가 있었다. 때마침 철도가 보급되었기 때문에, 여가를 겸해서 기차를 타고 해변으로 여행하는 사람들이 늘어나게 되었고, 여기에서 일반대중의 관광 여행인 매스 투어리즘(mass tourism)의 싹이 텄다.

그 후, 두 번의 세계대전으로부터 발전된 기술을 토대로 자동차의 대중화가 정착되었으며, 하늘의 교통기관으로서 비행기와 제트기가 곧 대중의 이동수단으로서 발전하였다. 특히 비행기는 지역적인 제약과 시간절약 기대를 충족시켜 주었으며 경제수준 향상과 같은 추세로 발전하였다. 그 결과, 국내외를 불문하고 항공기 이용은 증가기조에 있다(그림 4.12). 특히 원격지로의 국제관광, 예를 들어 일본에서 하와이, 미국, 유럽 등을 여행할 때 이전의 증기선에서 이제는 대부분 비행기를 이용하고 있다.

(2) 교통의 기본요소

공간, 특히 거리를 극복하는 수단으로서 등장한 교통은 육지, 바다, 하늘 공간을 다양한 교통에 대한 욕구(교통욕구)를 충족시키는 형태로 발전하였다.

교통욕구는 그때그때의 사회경제를 반영하여 유동적이면서 다양화되었다. 산업혁명 이전의 교통은 왕후귀족 등 특정한 사람들의 이동과 그들이 필요로 하는 물질을 수송하는 단계로, 비교적 소규모의 교통욕구에 지나지 않았다. 이 욕구를 위해 주로 마차와 범선이 이용되었다. 그 후, 산업혁명과 대항해시대 등을 배경으로 산업의 발전, 특히 공업화에 따라 생산에 필요한 원료와 에너지원(장작이나 석탄 등) 및 생산된 제품 등의 장거리·대량수송이 요구되자 이것을 충족시키기 위하여 석탄의 증기에너지를 활용한 철도와 증기선이 등장하게 되었다. 이 교통기관과 그 운행시스템이 곧이어 영국 전역뿐만 아니라 선진 각국에도 보급되어 세계적인 규모로 사람과 물건이 이동할 수 있게 되었다.

두 번의 세계대전으로 피폐해진 각국 경제의 복구 필요성의 고조와 세계적 규모로의 공업화 확대를 배경으로 원료와 제품의 유통(무역)이 확대되었다. 그에 따라, 대량·효율성을 중시하는 교통욕구가 고조되었고, 육상과 해상의 일체적인 교통 시스템과 빠른 시간에 대량으로 수송할 수 있는 교통 수단이 요구되었다. 그 후 경제성장과 그것에 따른 공해발생 등에 대한 관심 고조는 물자수송에 있어서는 효율성을 추구하기 위한 정보화, 시스템화을 촉진하였고, 사람 수송(예를 들어, 관광여행)에 있어서는 쾌적성, 안정성 또는 경관·생태 등 환경에 피해를 끼치지 않는 교통형태를 추구하게 되었다.

이런 간단한 예에서 알 수 있듯이, 교통욕구는 끊임없이 변화하고, 그것을 충족시키기 위하여 교통 서비스가 다양화·고차원화되었다.

이와 같은 교통 서비스는 다음과 같은 많은 요소에 의해 이루어졌다.

예를 들어, ① 도로, 철도, 항로 등 교통의 루트인 통로, ② 마차, 기차, 자동차, 등 사람이나 물건을 운반하는 도구인 운송수단(교통기관), ③ 내연기관과 제트 엔진 등 운송수단을 움직이는 동력(에너지를 동력으로 변환하는 동력원, 그것을 바퀴에 전달하는 기관, 및 이것들의 변환이나 전달 등을 통제하는 기관으로 구성됨), ④ 철도와 선박 등 교통기관의 상호 제휴를 유지하는 시스템(결절기능)[63], ⑤ 풍력 수력 동물의 힘 게다가 목탄, 석탄, 석유 또는 태양에너지 등 동력의 대상이 되는 에너지, 및 ⑥ 교통 서비스 제공의 기획·운영·통제 등을 주도하면서 이 이외의 요소를 조합해 교통욕구를 충족시키는 주축으로서 기능하는 노동, (조직) 등이 교통 서비스를 구성하는 요소이다.

　　교통 서비스 제공에는 이와 같은 여러 가지 요소 외에, 이용자와 제공자의 연계를 지원하는 정보화, 또는 설비자금 확보와 안전관리 규제 등도 관련이 있다. 교통 서비스를 구성하는 요소의 종류와 관련 정도는 이후의 교통 서비스에 대한 수요자 측의 동향 또는 제공자 측의 경제사회, 에너지, 환경 등의 관련 방식에 의해서 변화하게 된다. 그런데, 오늘날까지 물자와 사람을 이동시킨 교통 서비스 제공의 가장 기본적인 요소는 ① 도로, 선로, 항로 등 운반수단의 이동 통로, ② 기차, 자동차, 비행기 등 동력에너지와 그 이용 기술을 배경으로 한 운반수단(교통수단), ③ 통로를 통한 운반수단의 이용을 가능하게 해주는 동력 세 가지이다.[64] 교통로의 기본은 로마 도로, 실크로드 등의 길에서 시작하여, 하천과 해양의 항로, 산업혁명 이후에는 철도의 선로, 전쟁 후의 비행기 도입에 의한 항공로로 이행되어 왔다. 운반수단의 종류는 육상에서는 마차, 열차, 자동차, 버스, 지하철 등이 있고, 수상(하천, 해양, 운하 등)에서는 나룻배, 기선, 범선, 페리 등, 공중에서는 비행기, 제트기 등이 있다. 또한 동력은 처음에는 인력, 풍력, 수력, 축력이었지만 산업혁명기부터는 석탄에 의한 증기력이 등장하고, 그 후 모터전력, 가스, 공기압, 그리고 엔진, 태양에너지 등으로 다양화되고 있다. 이러한 교통로, 운반수단 및 동력(원)은 이후 사회경제의 동향, 기술혁신이나 에너지 등장 등에 의해 더욱 다양하게 전개될 것이다. 또한 이들 세 가지가 균형을 이루는 일은 효율적인 운행, 경영의 건전화뿐만 아니라 환경에 대한 적합성, 이용자의 편의성 등을 확보하는 면에서도 중요하다.

(3) 관광교통의 전체와 의의

관광교통이란 관광객이 관광여행을 하기 위해서 이용하는 세 가지 교통요소의 복합체라고 할 수 있다. 먼저 관광교통의 구조를 개관하고, 그 다음 관광교통욕구와 공급(비용을 중심)의 특성 및 관광교통의 의의에 대하여 살펴보기로 한다.

① 관광교통의 구조

관광교통의 구조를 살펴보기에 앞서, 관광을 일단 다음과 같이 상정해 두고 싶다. 관광객이 감상, 체험, 휴양 등의 관광목적으로 일상을 벗어나(공간적인 측면과 의식적·시간적인 측면을 모두 갖고 있는) 1년 이내에 돌아오는 여행을 '관광'이라고 정의한다. 이 관광은, 그 거주지에서 출발해서 귀가하기까지 기본적인 교통의 세 가지 국면과 관련되어 있다.[65] 관광여행을 교통과 연계된 모형으로 살펴보면, 다음과 같다.

　　자기 집에서 버스, 승용차 등으로 관광여행의 실질적인 출발지점이 되는 역이나 공항 등(관광객의 출입지인 터미널)에 접근할 필요가 있다. 이것을 일단 '출발지 교통수단'(access)이라고 한다. 출입지역의 터미널에서 여행의 목적이 되는 관광지(그 가까이 있는)의 도착지 터미널까지 보통은 신칸센, 비행기, 고속도로 등의 간선교통으로 이동한다. 이것을 '간선 트립'(trip)이라고 한다.

도착지역 터미널에서 목적이 되는 여행지까지 열차, 버스, 지하철, 때로는
소형 비행기로 이용할 수 있는데 이 교통을 '도착지 교통수단'이라고 한다.
관광여행은 기본적으로 이 세 가지 교통의 상호제휴 '출발지 교통수단', '간
선 트립', '도착지 교통수단'에 의해서 원활하게 이동할 수 있게 된다.

　현실에서는 각 국면에서 단일의 교통(수단)이 아닌 복수의 교통을 이용
하여 이동하는 경우도 있다. 특히 해외여행에서는 간선 트립에 비행기, 신
칸센, 장거리 버스 등을 갈아타고 도착지 터미널에 도착하는 경우도 있다.
또한, 관광지는 그 안에 복수의 관광거점이 포함되어 있고, 그 위치가 떨어
져 있어 교통기관을 갈아타야 할 때도 있다. 그런 경우에는 관광지의 교통거
점에서 관광거점(관광시설과 자원 등이 하나로 되어 있는 범위)까지의 교통을 '관광지
구 트립'(trip)이라고 간주하기도 한다.

　이 세 가지(반드시 관광지구 트립이 필요하지 않은 경우) 또는 네 가지의 교통 국면
의 상호 제휴는 국내관광과 국제관광에서 거의 공통된 것이다. 또한 출발지
교통수단, 간선 트립, 도착지 교통수단은 각각 관광지의 특성, 즉 위치, 거
리, 자연환경, 사회경제 및 정치환경과 공통욕구의 양과 질에 따라서 교통
로, 교통기관 및 동력원이 선택된 다음 상호관계를 맺을 필요가 있다(그림
4.13). 그 경우, 일반적으로 출발지 교통수단은 저렴함과 편이성이, 간선 트
립은 교통수단 확보와 안전성, 더욱이 저렴함과 출발·도착 시간대, 서비스

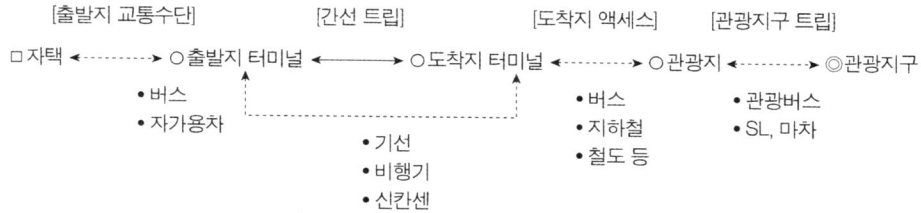

그림 4.13 관광교통의 국면과 주요 교통기관 예

내용 등이 중시되는 경향이 있다. 또한 도착지 교통수단은 목표 관광지(시설 등)까지의 교통수단 확보와 편리성이 우선시되고, 그 다음 저렴함, 쾌적함과 안전성이 요구된다.

특히 도착지 교통수단의 교통은 관광객의 욕구 변화에 대응하면서, 관광지 간의 경쟁 격화도 고려될 필요가 있다. 그런 의미에서 양질의 이동 공간과 교통수단에의 유의할 필요성이 높아지고 있다. 즉 차창을 통하여 경치를 즐길 수 있는 방안이나 쾌적한 공간을 제공(소리, 색채, 인테리어 등) —— 이즈(伊豆)의 오도리코호(踊り子號) —— 함과 동시에 그 교통기관 자체도 관광지의 구성요소로서 디자인, 역사문화를 고려한 복고풍(복고풍 버스)이나, 캐릭터를 도입하는 등의 결합이 늘고 있다. 교통의 기본기능에 관광의 관점에서의 부가적인 기능을 추가하고 있는 것이다.

관광교통은 지금까지 '도착지 교통수단'으로서 관광객을 위한 교통 서비스를 실행하고 있는 교통(예를 들어, 관광지와 터미널 사이를 운행하는, 또는 관광시설과 자원 등을 순환하는 교통기관 SL, 관광버스, 관광연락선 등)을 가리키는 경우가 많았다. 또한, 관광지에 있어 관광객을 상대로 사업을 하는 관광 유람선, 관광 케이블카, 관광객용 마차 등도 관광교통에 포함하는 경우도 있다. 본 연구에서는, 도착지 교통수단에 관한 교통 및 후자의 관광객을 대상으로 한 교통수단 등 관광과의 연관이 깊은 것(상대적이지만)을 관광교통이라고 간주하고 있다.

② 관광교통의 의의

관광교통은 관광여행을 지원하는 것이며, 관광객의 관광욕구와 구체적인 행동을 촉진시키는 효과가 있다. 사람은 어떤 관광지에 가서 거기에서 무엇을 할까라는 꿈과 희망을 갖고 그것에 따라 그 장소에의 접근방법과, 또 현지에서의 이동수단에 대하여 생각을 하게 된다. 그리고 관광여행을 구체화할 수 있는 비용과 시간 등이 결정되면 출발지 교통수단, 간선 트립 및 협의의 관광교통인 도착지 교통수단을 설정(또는 선택)하게 된다.

　　두 번째의 효과는, 도착지 교통수단, 특히 관광지구 트립에 있어서 현저하게 나타나는 것이다. 그것은 관광교통 수단의 다양성과 교통기관과의 연계, 또는 그것들의 운행형태 여하에(관광객이 그 나름의 인원수가 존재하는 경우에) 따라, 그 관광지구에 있는 관광자원, 관광시설 등의 이용 유형과 경제환경 면에 다양한 영향을 초래하게 된다. 교통의 운행과 연계가 원활하게 이루어지는 시즌과 그러한 관광지에서는 다수의 안정된 관광객의 출입과 그것에 따르는 큰 경제효과가 기대된다. 게다가 전차와 노선버스 등 공공교통기관이 주류인 관광지에서는 그것들을 이용하는 관광객의 인원수에 걸맞은 계획적인 인프라의 정비와 유도 시스템 등이 비교적 용이하게 구체화될 수 있다. 공공교통기관을 중심으로 관광교통이 적절하게 전개 출발지에서 도착지까지, 또는 현지 내에서, 그 양과 질의 균형이 잡혀 있는 상태를 상정된다면, 승용차와 관광버스를 중심으로 한 관광지에 비해 심각한 교통혼잡, 기다리는 시간에 의한 관광객의 불만, 주변에의 쓰레기 투기, 자연녹지로의 난입에 의한 훼손 등의 비용을 낮출 수 있다.

　　이와 같이 관광교통은, 관광지와 관광객 양자에 대해서 위에서 열거한 장점과 단점이 상반되는 영향을 동시에 초래하는 위험성을 안고 있다는 점에 유의할 필요가 있다. 특히 관광객의 비정상적인 출입에 의해 관광 대상이 되는 자연과 시설 등의 수용능력을 초과되면 한편으로는 대량구매를 기대하는 토산품점과 음식점 등에 경제적인 이점을 가져오기도 하지만, 다른 한편으로는 자연생태환경이나 문화자원 등의 파손, 또는 평온한 분위기 훼손, 또는 안전성을 저하시키는 측면도 있다. 그러므로 이 양 측면을 고려하여 교통 형태를 적절하게 검토해야 할 것이다.

세 번째로, 관광교통은 기술한 바와 같이 공간극복 수단이라는 교통의 본래적인 기능에 더하여, 사회경제의 발달에 따라 매스 투어리즘(mass tourism)이 보급되고 동시에 여행 체험이 축적되어 정보의 유포 등에 의해서 관심이 높아지게 되면 보다 질 높은 교통 서비스를 추구하게 된다. 한편, 관광지는 사회경제의 발전에 의해 관광객의 유치를 둘러싸고 경쟁을 강화하는 경향이 있으므로, 관광지(또는 타 지역의 기업과 행정 등)는 관광지로서의 이미지 유지와 개성화, 서비스의 질 향상을 도모할 필요성이 고조된다.

또 관광교통 서비스를 제공하는 기업 등은 수익 안정화와 사업 기회를 찾고 있다. 그러므로 이들은 교통수단의 변신, 관광경로의 재검토와 형성, 관광지 이미지 제고에 도움이 되는 내부 장식과 디자인 등에 힘쓰며, 합리적인 운임체계와 주인의식을 가지고 환대를 하는 등 종합적인 대응을 해야 한다. 덧붙여 이런 사항들을 시즌마다 재검토하여 새로운 아이디어를 찾아내는 일이 중요하다.

네 번째로, 관광교통은 관광객의 이동을 가능하게 하며, 그 이동 자체에 쾌적성 등을 부여하는 것이 중요하다. 또한 관광의 동향이나 욕구를 충족시키는 교통로, 교통수단 등을 정비함으로써 지역주민의 생활과 산업에 있어서 새로운 가능성을 창출하기도 한다. 특히 비수기가 되면 정비된 교통 인프라 덕분에 주민은 편리함과 쾌적성이라는 편익을 누릴 수 있게 된다.

다섯 번째로, 관광교통은 관광을 구체화하는 이동수단이며, 그것에 의해 다수의 관광객이 출입하게 되고, 그것이 항상적이 되면 그 관광지에서는 그것에 따라 고용과 소득 기회가 확대된다. 하지만 자유방임적인 관광객의 출입은 교통정체, 소음·진동 등의 교통공해를 야기하고 쓰레기, 분뇨처리 등의 부담을 증가시키며, 지역주민 간에 배금주의적인 사고방식이 팽배해지거나 관광객의 복장, 행동 등을 모방하는 등 전시(demonstration)효과가 일어나기도 한다.

관광교통은 이와 같은 장점과 단점을 동시에 초래할 수 있으므로, 관광객 동향, 관광지 수용에 대한 대응 내용에 유의하여야 한다.

2. 관광교통의 수요와 공급

(1) 교통의 수요특성 : 관광교통을 중심으로

① 교통 서비스의 두 가지 유형

교통 서비스는 공간을 이동하여 위치에 따른 거리를 극복하는 기능이 있으며, 이 서비스는 일반 재화와 달리 저장과 다른 장소로의 이전이 불가능한 것이다. 또한, 이 교통 서비스는 이동을 희망하는 것(수요)과 그 이동을 실행하는 것(공급)이 동시에 이루어질수록 ── 이 서비스의 수요와 공급이 시간이나 장소를 불문하고 ── 게다가 양자의 차이가 적을수록(즉시성이라고도 불림) 좋은 서비스라고 평가된다. 관광여행이라는 사람의 이동을 동반하는 활동이 확대되면, 교통 서비스를 향상시키는 것이 특히 중요하다. 그 때문에, 가능한 한 이 수요와 공급을 조화시키도록 교통수단과 서비스 상황에 대한 정보, 기술과 운행 빈도 등을 잘 고안할 필요가 있다.

교통 서비스에 있어서 수요와 공급을 조화롭게 하는 기법으로 두 가지 교통유형이 있다. 그 한 가지는 사회경제가 아직 발전도상단계에 있는 경우에 볼 수 있는 것으로, 교통 서비스에 있어서 산업·경제활동을 우선시하며, 적은 종류(사람의 경우에는 같은 여행목적을 가진 사람들)를 대량으로 수송하는 특색이 있다. 여기에 적합한 교통수단으로는 철도, 노선버스, 정기항로 등이 있으

며, 정기·정시에 일정한 장소에서 목적지를 향해 교통 서비스를 제공하는
것이다. 이것은 말하자면 '예상생산'적인 서비스 제공이며, 저비용·저운임
인 반면, 교통 서비스를 받으려는 사람들은 지정된 장소에서 정해진 시간에
떠나지 않으면 안 되는, 말하자면 제공 측의 교통 서비스라 할 수 있다.

다른 하나는, 교통 서비스를 요구하는 시간과 장소에 맞춰 제공(공급)하
는 것이다. 이것은 어느 정도 사회경제가 발전한 단계에서 나타나는 서비스
유형으로, 관광여행의 수요는 제고되지만(교통 서비스를 제공하는 것으로 경영적으로
가능한 만큼의 인원수는 확보되는 것), 여행(이동)의 욕구는 다양화(시간, 장소, 인원수나 체
력 등에 바탕을 둔 서비스를 요구하는)되어, 교통 서비스를 받는 단위(행동을 함께 하는 인
원수)가 소수 인원인 유형이다. 이 경우 적절한 교통수단은 자가용, 택시, 렌
터카, 대절버스, 전세교통편 등이며, 위에서 서술한 대량 수송의 교통기관
보다는 운임·요금이 비싸다. 이것은 소위 '주문생산'적인 서비스 제공이
다. 향후, 여가시간이 증가하고 일정 소득수준의 유지가 가능하고 게다가
고령화·장수화에 따라 관광여행이 생활의 일부로서 정착하게 된다면, 그
때의 교통 서비스는 운임·요금 인상을 억제함(기간 사업정비 등의 지원)과 더불
어 수요자의 특성(체력, 여행목적, 여행의 형태 등)을 고려하는 운항 시스템과 자유
경쟁적 대응이 요구된다.

② 교통 서비스 수요의 특성

사람들의 교통 서비스 수용여부가 해당 교통 서비스로부터 기대되는 정확
성, 안전성, 신속성에 의존한다고 하면, 다른 재화와 서비스와 같이 최소의
희생(비용)으로 최대의 만족(수요)을 얻을 수 있는 교통 서비스 제공이 중요하
게 된다. 교통 서비스 수요는 사회적인 조건으로서는 인구(규모, 분포), 소득
수준, 사회제도(이동의 억제나 촉진 요인 등)에 따르지만, 기본적인 요건은 운임

수준이며, 이것에 의해 크게 좌우된다. 이것을 관광여행과 관련지어 고찰해 보자.

관광객이 교통 서비스를 수요하는 것은 개인의 효용(주관적인 만족)을 얻기 위해서고,[66] 이 수요(교통 서비스)의 크기는 가처분소득, 여가의 상황 및 생활의식(생활의 중점에 있어 최근 몇 년 사이에는 관광여행을 중시하는 경향에 있다)에 영향을 받는다. 또한 여기에 대응하는 교통 서비스의 내용(교통수단, 경로, 서비스를 제공하는 시간이나 장소 등)도 다양하게 된다. 교통이라는 이동 그 자체를 즐기는 특별한 경우를 제외하면, 교통 서비스는 거주지에서 떨어진 장소에 가고 싶다는 의식에서 파생된다(이것을 '파생수요'라고 한다). 즉, 교통 서비스의 수요는 거주지에서 떨어진 지방에서 행해지는 이벤트, 박람회, 축구 등의 관전, 테마파크에서의 즐김, 또는 그 지역의 자연경관 감상을 위해서 그 장소로 가기 위한 교통수단과 경로 등을 조사하고 선택한다(이것은 말하자면 '본원수요'라고 할 수 있다). 이와 같이 교통 서비스 수요는 본원수요와 파생수요로 이루어져 있고, 그 때문에 '결합수요'라고 한다.[67]

이러한 교통 서비스 수요는 관광여행을 예로 들면, 교통비가 너무 비싸면 관광여행을 그만두거나, 교통비가 보다 싼 다른 장소로 변경하게 된다. 일반적으로 교통비가 비싸면 관광여행의 수요량은 감소하고, 그 반대의 경우에는 수요량이 증가한다. 이 교통비의 변화에 따라서 수요량도 변화하는 상황을 판단하는 기준으로서 '수요의 가격탄력성'(price elasticity of demand)이 사용된다. 이것은 수요의 변화율(절대치)을 가격의 변화율(절대치)로 나눈 몫을 말한다. 가격의 변화 이상으로 수요의 변화가 큰 경우, '탄력성이 크다'라고 한다.

이 탄력성은 교통 대체성이 없던가, 적은 경우(예를 들어, 자연이 풍부한 관광지에 접근 가능한 교통수단이 버스로만 한정되어 있고, 걸어서 갈 수 있는 정도의 근거리가 아닌 경우),

교통비가 조금 비싸도 그 버스를 이용해 그 관광지에 가려고 하는 인원 수(수요)는 크게 감소하지 않는다. 이 경우, 수요의 '탄력성이 작다'라고 한다.

반대로, 복수의 교통기관이 있고, 그중의 무엇을 선택해도 접근가능한 (같은 교통 서비스를 제공하고 있는) 경우에는 그중의 어느 교통기관이 교통비를 변경하면 다른 교통기관의 수요에 민감하게 영향을 끼친다. 즉 수요의 탄력성이 큰 것이다. 이것은 같은 교통 서비스를 제공하고 있는 교통기관이 경쟁·대체기관인 경우에 발생한다.[68] 예를 들어, 어느 관광지에서 교통 서비스를 제공하는 A사와 B사가 있어, A사가 교통비(운임)를 변경(인상)하면 그것은 한편으로 A사의 교통수요에 영향(수요의 감소)을 초래하고, 다른 한편으로 B사의 교통수요에도 영향(이 경우에는 수요의 증가)을 미치게 된다. A사의 운임 변경이 수요를 어느 정도 변화시키는가는, 다음 식으로 나타내며 이것은 앞서 말한(p. 104) '교차탄력성' 개념의 응용이기도 하다.

$$\text{교차탄력성} = \frac{\text{A사의 운임}}{\text{B사의 수요량}} \cdot \frac{\text{B사의 수요량의 증감분}}{\text{A사의 운임의 변화분}}$$

또한, 관광객은 여행에서 얻을 수 있는 만족과 이 교통비(운임)를 비교하여(만족의 정도가 교통비의 부담보다 크다고 생각하는 경우) 교통비가 그 만족의 정도와 일치할 때까지 교통 서비스를 수요하고 관광여행을 하게 되며, 반대의 경우에는 여행을 단념하게 된다.

더욱이, 사회경제가 발전·성숙해 여가시간이 연장되고 동시에 관광여행이 일상생활로 정착하게 되면, 교통 서비스에 대한 수요는 여기에 표시한 가격의 변화(가격탄력성)보다도 소득의 변화(소득탄력성)에 큰 영향을 받게 된다.

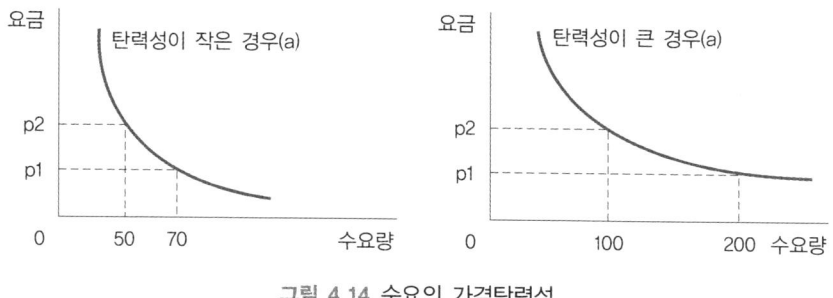

그림 4.14 수요의 가격탄력성

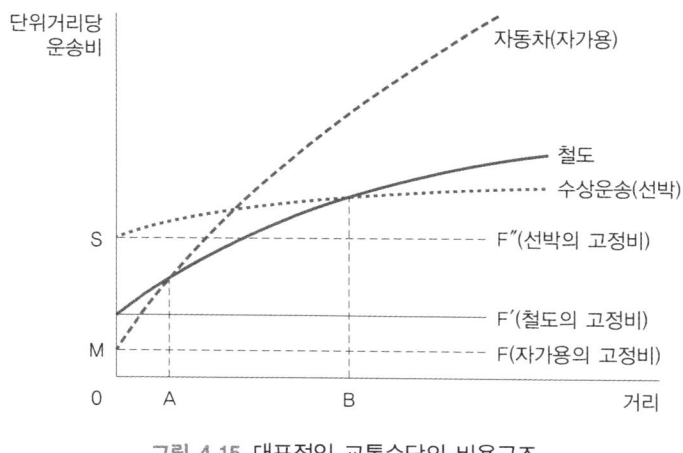

그림 4.15 대표적인 교통수단의 비용구조

(2) 교통의 공급(비용)특성

① 교통비의 구성과 운임의 특성

교통은 교통수단, 교통로, 동력원에 의해 공간을 극복하는 것이며, 그것을 건설·유지하고 운영하는 데 매우 큰 비용이 든다. 이 교통 서비스를 제공하기 위해 들어가는 비용은 공간거리가 길어질수록 비싸지지만, 반드시 거리에 정비례한다고는 할 수 없다. 그것은, 교통비용이 일반적으로 교통거리의 장단에 따라서 변화하는 '변동비'와 거리의 장단에 그다지 영향을 받지 않는 '고정비'(내용은 후술)가 있기 때문에 거리가 길어질수록 거리당(예를 들어, 1km당)의 교통비용이 저렴해지기 때문이다.

운임은 장거리 체감의 법칙이 적용된다고 일반적으로 알려져 있다. 따라서 운임의 장거리 체감제도는 원격지에서 재화(원료를 포함)와 사람의 이동을 관광·리조트 지역과 대도시(산업 등의 고용, 문화구매의 소비 등의 집적지)로 집중시키게 한다. 관광 분야에서 보면, 도시주민이 멀리 떨어진 명승지에 있는 리조트 지역과, 테마파크 또는 전국적·국제적인 이벤트 등을 찾아갈 수 있는 것은 이 제도 덕분이다.

그런데 교통비용은 통로, 교통수단 및 동력원 등에 관련된 정비비, 감가상각비, 보험료, 관리비 등의 고정비와, 교통 서비스 제공량 크기에 따라 변동하는 인건비, 동력비, 광고선전비, 보수료 등의 변동비로 구성되는데, 고정비와 변동비의 관계는 교통수단에 따라 다르다. 예를 들어, 관광객의 이동수단이 되고 있는 자동차를 보면, 총비용(고정비 + 변동비의 합계라고 간주한다)에서 차지하는 변동비(휘발유나 교통료 등)의 비율이 크고, 수송거리에 거의 비례해 교통비용이 증가하기 때문에 장거리 수송(사람의 경우에는 이동)에는 불리하다. 〈그림 4.15〉에서 고정비는 OM이라는 낮은 수준에 있지만, 변동비는 주행거리에 거의 비례하여 증가하기 때문에 이 변동비를 나타내는 곡선의 기울기는 급경사를 이루고 있다. 한편, 선박(증기선, 페리 등)은 접안·터미널 시설의 구축 등에 필요한 고정비는 크지만, 변동비(동력비, 인건비 등)의 비율이 작기 때문에 수송거리가 길어질수록 교통비(예를 들어 승선객 1인당의 운임)는 저렴하게 된다. 이를테면, 수확체감의 현상이 발생하므로 장거리 수송에는 유리하게 된다(〈그림 4.15〉에서 고정비 OS는 높은 수준에 있지만 변동비는 수송거리에 대해 저렴하기 때문에 그 기울기는 완만하게 되어 있다).

　이와 같이 교통비용 면에서 보면, 단거리(OA)는 자동차(승용차나 버스)에 의한 이동이 가장 싸고 유리하며, OA와 OB의 중거리는 철도가, 또 OB를 넘는 장거리에서는 선박이 각각 유리하게 된다.

　교통기관별로 평균거리(1999년, 일본 교통연감)를 보면, 자동차는 15.4km, 철도는 17.7km, 정기항로 37.3km이다(덧붙여 정기항로에서는 866.4km이다). 또한, 이것을 이용자(여기에는 관광여행 외에 통근, 업무 등의 수송도 포함한 총 이용자)와 관련지으면, 300km까지는 자동차 이용이 압도적으로 많고, 300~1,000km까지는 철도를 이용하는 사람이 6할을 차지하며, 또 1,000km 이상에서는 7할의 사람이 비행기를 이용하고 있다. 장거리에 비행기를 이용하는 사람이 많은 것은 화물수송의 경우와는 달리, 교통비용보다도 소요시간의 장단을 특히 중시하기 때문이다. 사회경제의 발전에 따라, 해외여행자가 이전의 배 여행에서 비행기를 많이 이용하고 있는 것은 이러한 상황을 반영하기 때문일 것이다.

(3) 교통비용과 시간의 관계

교통기관이 일정한 거리를 극복하기 위해서는 운임과 소요시간이 요구되고, 그것들의 크기는 교통기관에 따라 다르다. 예를 들어, 대표적인 교통기관인 항공기, 선박 및 열차에 대한 운임과 소요시간을 비교해 보면, 항공기는 거리당 운임이 가장 고액이지만 소요시간은 가장 짧다. 선박은 소요시간이 가장 길지만 운임은 가장 싸다. 열차의 운임이나 소요시간은 비행기와 선박의 사이에 위치하고 있다. 이것을 모형화하면 〈그림 4.16〉과 같다.

　운임과 소요시간은 상호 간에 무차별적이기 때문에 원점에 대해서 볼록한 곡선이 된다. 이 곡선의 기울기 차이는 운임과 소요시간의 조합, 즉 교

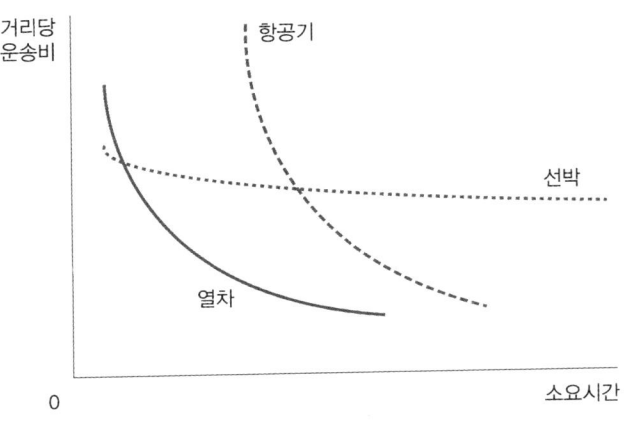

거리당
운송비

항공기

선박

열차

0   소요시간

그림 4.16 운임과 소요시간

통기관의 기술적인 차이를 반영하고 있다.

관광여행은 일상과 다른 장소로 떠나 자연환경과 인문경관을 감상하는, 또는 체험과 교류 등으로 일상에서 쌓인 스트레스를 해소하는 것이지만, 여행자가 반드시 최단 보행거리, 최소 소요시간 코스, 저렴한 운임의 교통수단을 선택한다고는 할 수 없다. 관광여행에서는 일상과 다른 비합리적인 행동을 하는 것도 결코 적지 않다. 하지만, 관광객의 행동을 다수(예를 들어, 10만 명, 100만 명 등)의 경우에서 보면, 관광객은 기본적으로 소요시간과 운임을 함께 고려하여 교통수단을 선호하는 경향이 있다. 따라서 시간과 소득에 여유가 있는 사람은 비행기든지 철도든지 선박이든지 선호가 자유롭다(그 서비스 내용을 같다고 간주하고). 한편, 금전적으로 여유가 있지만 소요시간에 제약이 있는 사람은 항공기를, 또 금전적으로 여유가 없고 시간이 있는 사람은 열차를 이용할 수 있을 것이다.

3. 끝으로

관광 측면의 교통연구는, 관광객의 관광활동을 가능하게 하고, 그것을 발전시키는 교통 서비스의 형태와 연관되어 있다. 그러므로 주요 연구주제는 교통수요의 육성과 생태사회환경을 고려한 구체화이며, IT와 물류를 이용한 관광객의 모든 여행 빈도를 근거로 한 교통 시스템을 구축하는 것이다. 관광객을 대상으로 한 교통은 재화와 같이 단순히 지역 간의 이동에 의미를 부여하는 것이 아니라, 관광객이 자연명승지 감상, 관광 매력물(attraction)과 숙박시설 등의 체험, 휴양 등을 위해 그 출입에서부터 이동 중 및 도착지까지의 전체에 걸쳐 교통수단, 교통로 및 운행 시스템(통행의 빈도, 운임 등)을 관련시켜 전개된다는 특징이 있다.

관광교통 서비스는 고도의 다양한 기능을 유지하기 위해 필요에 따라서 공사·건설이 필요하고 그에 따라 자연·생태 등에 영향을 미치게 된다. 그와 함께, 관광객이 대량으로, 게다가 항상적으로 쉽게 출입할 수 있게 됨으로써 상반되는 영향이 장기에 걸쳐 유발된다. 그 영향의 하나는 경제사회문화적 이점이며, 다른 하나는 교통공해와 지역주민과의 반목 등이다.

관광교통 서비스가 그것을 받아들인 지역에 어떠한 영향을 초래하는가는 지역의 자연, 역사문화, 산업, 토지이용 등의 특성과 관광의 동향(인원수, 빈도와 생활형태 등) 및 이것들을 둘러싼 사회경제 및 정치상황에 의존한다.

매스 투어리즘(mass tourism)에 대하여 대안관광[alternative tourism, 에코 투어리즘(eco tourism), 그린 투어리즘(green tourism) 등]이 제시되고 있지만, 이것은 관광객의 인원수, 활동장소와 내용이 규제되고 한정된 조건 아래에서 이루어지는 관광이다(국민 일부에게 한정되기 쉽다). 그것에 대한 평가를 별개로 하면, 세계인구의 증가기조, 경제의 글로벌화, 교통과 정보의 세계적 확대 등의 동향을 보면 휠리즈(Wheeles)가 말한 '메가 · 매스 투어리즘'(mega · mass torism)을 기본 인식으로 한 다음 일본의 관광교통 서비스 형태를 생각할 필요가 있을 것 같다.

그 때문에, 중 · 장기적으로 지금까지의 관광, 여가, 여행의 의의, 지역 생활과 산업과 관광 리조트와의 연관 등에 대한 근본적인 재검토 및 재확인이, 관광객, 관광을 제공하는 행정 · 기업 측, 관광지의 자연 · 생태 · 사회경제환경의 입장에서 실행될 필요가 머지않아 올 것이다.

다만 당면한 관광교통 서비스를 둘러싼 경영 · 환경상의 문제에 대해서는, 국가의 관광, 교통, 산업, 지역 등에 대한 정책에 따라 자연물리적, 경영경제적 관광행동의 특성을 고려하여 수요의 적정화와 공급 형태에 대해서 하드웨어(교통수단, 교통로)와 소프트웨어(운행빈도, 운임 등) 양 측면에서의 적절한 검토가 거듭되어야 할 것이다.

FOOTNOTE

주석과 인용 · 주요문헌

1) 사토우 토시오 감역(1990). 『관광의 크로스 · 임팩트』. 대명사, pp. 6-9.

2) 토쿠히사 타마오(1995). 『환태평양 지역의 국제 관광』. 차아야서원, pp. 6-7.

3) 매스 투어리즘(Mass tourism: 대중관광)의 효시로는, 영국에서 1841년 토마스 쿡이 미들랜
   드 카운티 (midland county) 철도를 이용해서 레스터에서 라흐바라까지 520명의 금주대
   회 참가자를 조직하여 여행시킨 일을 들 수 있다. 일본에서는 이것보다 1세기 전인 18세기
   (1755)에 이세신궁을 참배하는 대중을 모집, 이세신궁 참배를 선도하고, 숙박제공 혹은 선
   물 — 이세달력, 허리띠, 백분 등 오늘날의 선물 같은 것 — 을 판매하였던 하급 신직인이 일
   본 최초의 여행업자라고 불린다. 이마이 마사노리, 야마우치 요시하루(1995). 『대중관광
   의 생태사: 일본과 영국』. 계수사, p. 190.

4) 국제관광진흥회(1990). 『세계와 일본의 국제관광교류의 동향』 1999년 판. 국제관광진흥
   회, p. 12.

5) 위의 책. p. 10, 93.

6) 위의 책. p. 23.

7) 일본교통공사(2000). "여행연간 보고서 2000". p. 31.

8) 국제관광진흥회. 앞의 책. p. 20.

9) 일본교통공사. 앞의 책. p. 24, 25.

10) 위의 책. p. 42, 53.

11) 국제관광진흥회. 앞의 책. p. 326.

12) 일본교통공사. 앞의 책. p. 25, 26을 기초로 작성.

13) 이케다 테루오(1997). 하세 마사히로 편저. 『관광학사전』. 동문관출판, p. 75.

14) 석유 등 해외에서 온 수입원료의 가격상승에 따라 국내 물가가 상승하는 것.

15) 국제관광진흥회(2000). 『일본을 방문한 외국인 여행의 경제파급효과에 관련한 기초 조사
    보고서』.

16) 이하의 논술은 국제관광진흥회(2000), 앞의 책의 자료를 바탕으로 한데 모은 것이다.

17) 국제관광진흥회(2000). 앞의 책. p. 32.

18) 위의 책. p. 38.

19) 위의 책. p. 40.

20) 국제관광진흥회(2000). 앞의 책. p. 46.

21) 위의 책. p. 51.

22) 우에노 외(2001). 『국제경제학』. 미네르바서점, p. 14.

23) 위의 책. p. 20.

24) 위의 책. p. 21.

25) 위의 책. p. 24.

26) 우자와 히로후미(1975). "환경파괴의 경제학". 오오쿠마 이치로 츠치, 무라 코우이치로 편. 『현대의 일본경제』. 일본경제신문사, p. 62.

27) 하시모토 미치오(1999). 『환경정책』. 인사원공무원연구소 감수. 행정, p. 11.

28) 아키야마 미치오(2001). "개발이념의 진화와 환경관리". 『경제지리학연보』 제47권 제4호. p. 2.

29) 환경의 경제적인 고찰은 다양한 학설(사고방식이나 지견의 이론적인 체계)의 영향을 받아 진화하고 있다. 현재 환경경제학의 주류는 자유로운 시장 메커니즘을 기본으로 해서 시장의 실패로 정부와 행정이 개입하는 것을 정당화하는 근대경제학의 응용이다.

이것과 대조적인 학설이 생태(또는 엔트로피)경제학이고, 이것은 환경문제 해결에 있어서 시장 메커니즘을 재검토해야 한다고 논하고 있다. 그밖에 환경문제는 경제체제에 기인한다는 설 등도 지적되고 있다.

개별 논제에 있어서는 국가와 행정수준의 대응이 가능하고 실증성이 높다는 점에서 근대경제학의 연구법을 채용하고 있다. Sinclair, M. T. & Stabler, M. 저, 코자와 켄이치 감역(2001). 『관광의 경제학』. 학문사. 특히 제7장 "관광과 환경문제".

30) 자원이란, 인간이 현실에서(또는 잠재적으로) 이용할 수 있는 물건이나 제도 등 문화에 속하는 사회적 사상을 포함한 개념이다. 소론에서는 후단에서 자연에 연관되는 자원을 중심으로 논하고 있다. 마사이 야스오(1969). "자연보호와 지리학". 『지리학평론』 제42권 제6호. p. 397.

31) 시장의 실패란, 시장의 자유로운 거래에 맡기면 공해 발생과 자원의 낭비·미사용 등 자원의 적정한 이용이 보증되지 않는 상황을 말한다. 이 요인에는 외부성, 공공재, 분배문제 및 독점의 문제 등이 포함되고 있다. 관광 분야에서 이 시장의 실패라는 주제는 관광연구자, 관광기업 또는 업계도 아직 인식이 부족하다고 지적되고 있다. Sinclair, M. T. & Stabler, M. 저, 코자와 켄이치 감역. 앞의 책. pp. 219-224 참조.

32) 위의 책. p. 199.

33) 환경문제는 물론 시장경제를 채택하고 있는 국가뿐만 아니라 사회주의 국가에서도 발생하고 있으며, 환경문제 해결에는 환경보호 의식과 운동이 존중되는 민주적인 체제가 어느 쪽

에 있어서도 필요하다. 코우사이 유타카. "어떻게 생각하고 어떻게 사용할 것인가". 『닛케이신문』. 2001. 4. 25.

34) 후루이 히사시(2001). "외딴섬의 리사이클 물류: 하치조섬을 예로(그 2)". 유통경제대학 물류문제연구소, 제39호, pp. 59-89.

35) 등가편분과 보상편분은, 'Equivalent variation, Compensating variation'이 원어이지만, '편분'을 '잉여'라고 표현하는 것[쿠리야마 코우이치(1997). 『공공사업과 환경의 가치』. 츠키지서관, p. 17]이나 '변분'이라고 표현하는 것[나카무라 히데오 편(1997). 『도로투자의 사회경제평가』. 동양경제신보사, p. 83] 등이 있다.

36) OECD. Environmental Policy Benefit: Monetary Valuation. 카지마・타니시타・William Hayes 역, 의사액이란 "선호의 자동적인 화폐적인 지표이다". 중앙대학출판부, p. 5.

37) 모리스기 히사요시(1997). "환경영향・에너지효율의 평가". 나카무라 히데오 편. 『도로투자의 사회경제평가』. 동양경제신보사, pp. 190-191.

38) 지속가능한 발전에 관한 정의는, Pearce, Markandya, & Barbier 저, 와다 노리마사 역(1994). 『새로운 환경경제학』. 다이아몬드사, pp. 191-203에서 24가지의 사례가 소개되어 있다. 이것들로부터 엄밀한 정의를 찾아내는 것은 곤란하다고 해서 그들은 다음과 같은 정의를 설정하고 있다.

"지속가능한 발전은 1인당 효용 또는 복지가 시간의 경과에 따라 증가하는 것을 의미한다. 그것을 유지하기 위해서는 다음 세대에 남길 자원(인공자본과 자연자본의 조합으로 구성된)은 현 세대가 이어받은 것과 적어도 같은 양 및 질이 아니면 안 된다." (p. 55.)

39) Sinclair, M. T. & Stabler, M. 저, 코자와 켄이치 감역. 앞의 책. p. 211.

40) 위의 책. p. 212.

41) 하시모토 미치오(1999). 앞의 책. p. 135.

42) 환경청(1989). "자연공원에 있어 수용력에 관한 연구".

43) 에야마 마사미(1973). 『자연공원에 있어 수용력에 관한 연구』; 타카하시 리키오・마에나카 히사유키(1979). "나라 와카쿠사야마(奈良若草山) 초지에서의 레크리에이션 이용밀도와 식생유형의 관계". 『조원잡지』 제40권 제3호. pp. 24-37; 마에나카 히사유키(1985). "레크리에이션 초지의 이용밀도의 정량화에 관계 된 연구". 『조원잡지』 제48권 제5호. pp. 205-210; 토쿠히사 타마오(1976). 『관광지에 있어서의 적정용량』. 『청산경제론집』 제11권 제2호. pp. 154-167; 마츠모토 신지(1983). "시라카바호 주변의 경관보전으로 본 자연환경용량의 수량적 평가". 『환경정보과학』 제12권 제3호. pp. 65-72.

44) 카토 히사카즈(1989). "지속 가능한 개발의 개념". 『환경연구』 제73호. p. 6.

45) 타가와 히데오(1994). 『세계의 자연유산 야쿠시마(屋久島)』. NHK Books, p. 121.

46) 운수경제연구센터(1995). "관광지에 있어 교통체계의 형태에 관한 조사보고서". p. 63.

47) 모두가 공유하는 자원(이것을 commons라 한다)이 과잉 이용됨으로써 폐기되는 폐해를 '공해'라 간주하는데, 미국의 하딘(Garrett Hardin)은 이를 '커먼스의 비극'(the tragedy of the commons)이라 하였다.

48) Sinclair, M. T. & Stabler, M. 저, 코자와 켄이치 감역(2001). 앞의 책. p. 261.

49) Brookshire, D., Eubanks, L., & Randal, A. (1983). "Estimating option price and existence values for wildlife resources", *Land Economics*, Vol. 59, No. 1. pp. 1-15; Hanley, N. (1988). "Using contigent valuation to value environmental improvements", *Applied Economics*, Vol. 20. pp. 541-549.

50) Lockwood, M., Loomisi, J. & DoLacy, T. (1993). "A contingent valuation survey and benefit-cost analysis of forest preservation in EastGippsland, Australisa", *Journal of Environmental Management*, Vol. 38. pp. 233-243.

51) 야베 미츠야스(1995). "환경평가수법과 옵션평가의 추계". 『농총연』 No. 27. p. 17-34.

52) 헤도닉 가격법을 토대로 환경의 가치를 실증적으로 평가분석 한 것으로, 카네모토 요시츠구, 나카무라 료헤이(1984). "환경의 경제적 평가". 『환경정보과학』 제13권 제2호. pp. 12-18이 있다.

53) 1점을 제외하고 같은 2건의 집의 가격 차이는 그 속성(예를 들어, 조망, 소음의 정도, 상점 · 학교 등으로의 근접성 등)에 대한 구매예정자의 평가를 정확히 반영하고 있다고 간주된다. Sinclair, M. T. & Stabler, M. 저, 코자와 켄이치 감역(2001). 앞의 책. p. 232.

54) Willis, K. G. & Garrod, G. (1993). "The value of waterside properties: estimating the impact id waterways and canals on property values through hedonic pricemodels and contigent valuation methods", *Countryside Change Unit Working Paper*, Vol. 44, Newcastle-upon-Tyner: University of Newcastle.

55) Sinclair, M. T. & Stabler, M. 저, 코자와 켄이치 감역(2001). 앞의 책. p. 241.

56) 위의 책. p. 235.

57) 아오야마 요시타카(1997). "도시개발편익의 계측". 나카무라 히데오 편. 『도로투자의 사회경제평가』. 동양경제신보사, pp. 179-178.

58) 보전(Conservation)에는 이용(Use)과 보호(Protection)의 쌍방을 포함하고 있다.

59) 하세가와 히데오(2001). 『지방분권시대의 유통정책』. 문진당, p. 282-283.

60) 잠재능력의 한 가지는 근본의 보존 등에서 주목되고 있는 산림 등과 같이, 현재의 세대에서 그 가치를 발견하지 못하지만 장래의 세대에서 그 가치를 발견하는 '유산가치'이다. 마츠모토 시게루(2000). "환경자원의 가치: 불확실성과 편익가치". 『간사이대학 경제론집』 제50권

제1호. p. 48-49.

(61) 아키야마 미치오(2001). 앞의 책. p. 8.

(62) 나가사키 시게루(2001). "리조트지역의 변천과 그 요인에 관한 고찰: 영국의 매스 투어리즘(mass tourism)의 탄생과 그 변용을 중심으로". 『유통경제대학논집』 제3호. pp. 5-7.

(63) 이쿠다 야스오(1989). 『교통학의 시점』. 유통경제대학출판회, pp. 34-37.

(64) 교통기관의 요소로서 여기에서 거론한 통로, 운반수단, 동력원 외에, 교통의 노동력, 정보화, 환경조건 등을 더한 것이 있다. 단순히, 요소를 열거하는 경우와 인간의 교통에 대한 수급을 기본(전술)으로 해서, 그 뒤에 불가결한 요소를 고려하는 경우가 있다. 또한, 기본이라고 간주되는 요소와 그렇지 않은 요소와의 연관에 대해서 분명히 해야 할 필요가 있다.

(65) 관광교통의 구조 및 의식에 대해서는 나가이 노보루(2000). 『관광교통론』. 내외출판사, 특히 pp. 199-200에 사견을 개입시켜 기술한 것. 상세는 원서를 참조할 것.

(66) 이토 미츠루. 『신판 현대의 교통경제』. 세무경리협회, p. 66. 개인이 교통 서비스를 구입하는 것은, 주관적 만족기준(satisfaction basis)에 기인한 것이며, 기업의 경우에는 그 서비스에서 생산·판매효율에 있어서 효율로서의 공헌을 기준으로 하고 있다.

(67) 본원수요는 파생수요가 그 전제가 되고 있다. 예를 들어, 패션의 본원수요는 기획·개발을 담당하는 사람들의 노동, 또는 원사·소재·생지의 수송 등 파생수요를 초래한다. 이것들의 파생수요는 연계되어 비로소 본원수요를 이루는 것으로 '결합수요'라고도 불리고 있다. 전술 3)의 p. 66.

(68) 마스이 켄지(1974). 『교통경제학』. 동양경제신보사, p. 67.

EPILOGUE

관광은 생활향상이나 산업발전과 연관이 깊어, 일본 국내외적으로 관광여행은 전체로서 증가 기조에 있고, 이후에도 이 기조는 지속될 것이라 생각된다. 관광은 그것을 제공하는 측과 누리는 측, 쌍방의 관계로부터 발생되고 발전·변용을 거듭해 오고 있다. 관광의 제공은 사업의 채산성 또는 지속적인 사회후생 제공 등의 관점에서 발생하지만, 결국 경제적인 뒷받침이 계속되면서 필요불가결한 것이 되었다.

또한 관광을 누리려고 하는 사람은 흥미·관심 또는 자극에 의해서 다양하고 높은 수준의 재화와 서비스를 요구하지만, 그것을 현실에 있어서 여행이라는 행동을 통하여 다양한 서비스와 비일상적인 체험, 경관의 감상 등을 누리기에는 한정된 자원(자금, 시간, 체력, 정보 등)으로 무엇인가를 포기해야(희생) 비로소 관광여행과 활동 내용이 구체화될 수 있다. 여기에서 얻는 것(예를 들어 숙박, 노천 온천 등)과 그것을 손에 넣기 위해서 희생 포기하는 것(예를 들어 소득, 시간, 일 등)을 비교 검토할 필요가 발생한다. 많은 사람들은 이 비교 검토를 비용·자금이라는 화폐 단위(마음속에서는 경제적으로 생각하고 무엇이 제일 득되는가, 무엇을 우선으로 해야 하는가를 모색하는 경우가 많다)로 하며, 이 명시적인 판단에는 경제적인 관점이 중요한 역할을 한다는 것은 받아들여지고 있다.

본론에서는 이 관광을 요구하는 인간의 의식(수요), 관광을 사업으로서 전개하는 기업(공급) 및 이 양자를 원활하게 연결시키는 이동(교통) 및 관광을 유발하고 유지하는 근원적인 자원(환경)에 대해서, 특히 경제적인 연관을 중심으로 고찰해 보았다. 관광이라는 다면적이고 유동적인 사회 현상을 경제적인 측면에서 고찰하기 위해 각각의 관광현상을 경제적으로 해명하는 연구방법과 경제학의 개념·이론을 관광현상에 적용하는 연구방법의 두 가지가 상정되었다. 전자는 관광의 화폐적인 사상을 경제적으로 해명하는 점에서 현실대응적이고, 또한 조화되기 쉬운 기법이라고 생각된다. 하지만 다면성과 유동성을 내재하고 있는 관광현상을 종합적으로, 또는 그 밖의 사상과의 관련성 등을 이해하는(즉 학문으로서의 체계성을 확립한다) 관점으로는 불충분한 점도 많다.

또한 후자는, 추상적인 개념을 축적하여 그것을 근거로 논리 전개를 하고자 하는 경우 특히 시급하게 해답을 얻고자 하는 경우에는 어려움이 클지도 모른다. 하지만 관광이 학문으로서의 체계성·종합성을 가지고 자립의 방향을 지향한다는 관점에서는, 다른 학문(여기에서는 경제학)의 성과를 근거로 관광현상을 해명하는 것과 함께 그 안에서 관광의 경제적인 개념, 그 밖의 측면과의 관련과 평가 또는 자료정비와 분석 기법 등을 착실하게 축적하는 방법이 우회적이더라도 유익할 것이다. 이 사고방식에 동의한다면 법학, 정치학, 경영학, 지리학, 교통학 등 관광에 관련 있는 그 밖의 학문에서도 경제학과 같은 대처가 향후 적극적으로 이루어져야 할 것이다. 이 책이 그 시도에 조금이나마 도움이 되는 것이 있다면 기대 이상의 행복이겠다.

참 고 문 헌
REFERENCE

:: 경제와 관광 분야

1. 西岡久雄(1998). 「観光・レジャーのミクロ経済学入門(2)」. 除野信道編著. 『新・観光社会経済学』. 内外出版.

2. 除野信道(1985). 『観光社会経済』. 古今書院.

3. 塩田正志(1985). 『観光学研究 Ⅰ』. 5版. 学術選書.

4. 川村誠治(2000). 『観光経済学の基礎』. 九州大学出版会.

5. 橋山禮治郎(2000). 「公共的プロジエクトの成否と政策評価」. 『運輸政策研究』Vol. 3.

6. Bull, A. (1997). *The Economics of Travel and Tourism*. Australia: Pitman.

7. A. ブル, 諸江・吉岡・菊地・小沢・原田・池田・和久井訳(1998). 『旅行・観光の経済学』. 文化書房傳文社.

8. 小沢健市(1983). 『観光の分析のための経済学的基礎』. 文化書房傳文社.
   _____(1994). 『観光を経済学する』. 文化書房傳文社.

9. 佐藤俊雄監訳(1990). 『観光のクロス・インパクト』. 大明堂.

10. 德久球雄編著(1995). 『環太平洋地域における国際観光』. 嵯峨野書院.

11. 国際観光振興会(1990). 『世界と日本の国際観光交流の動向』. 1999年版.

12. H. Peter. Gray (1982). The Contributions or Economics to Tourism Annals of Tourism Research, Vol. 9. pp. 105-125.

13. Cooper, Fletcher, Gilbert, Stepherd, Womhill (1998). *Tourism: Principles and practice*. Longman.

:: 환경과 관광 분야

1. 橋本道夫(1999). 『環境政策』. 人事院公務員硏修所監修. ぎょうせい, p.11.

2. M. T. シンクレア/M. スタブラー, 小沢健市監訳(2001). 『観光を経済学』. 特に策7
    章「観光と環境問題」. 学文社.

3. D. W. ピアス/マーカジャ/E. B. バービア, 和田憲昌譯(1994). 『新しい 環境經濟學』.
    ダイアモンド社, p. iii.

4. 栗山浩一(1997). 『公共事業と環境の價値』. 築地書館.

:: 교통과 관광 분야

1. OECD: Environmental Policy Benefits: Monetary Valuation, 鹿島・谷下・ヘイズ譯.
    中央大學出版部.

2. 森杉壽芳(1997). 「環境影響・エネルギー效果の 評價」. 中村英夫編. 『道路投資社會
    經濟評價』. 東洋經濟新報社.

3. 運送經濟研究センター(1995). 「觀光地にあけるのあり方に 交通體系 關する 調査報
    告書」.

4. 生田保夫(1989). 『交通學の 視點』. 交通經濟大學出版會.

5. 氷井昇(2000). 『觀光交通論』. 內外出版社.

6. 伊藤充. 『新版 現代交通經濟』. 稅務經理協會.

7. 中村英夫編(1997). 『道路投資の社會經濟評價』. 東洋經濟新報社.

8. 增井健一, 佐竹義昌(1975). 『交通經濟論』. 有斐閣.

9. S. ぺージ著, 木谷直俊・圖師雅椎脩・松下正弘譯(2001). 『交通と觀光の經濟學』. 日
    本經濟評論社.

:: 관광의 역사, 산업, 지역 등

1. J. Allan Patman (1983). *Recreation and Resources-Leisure Patterns and Leisure
    Places*. Basil Blakwell.

2. Chris Gratton & Peter Taylor (1988). *Economics of Leisure Services Management*.
    Longman.

3. Norma Polovitz Nickerson (1996). *Foundation of Tourism*. Prence Hall.

4. ロジアーバックハウス著, 八木甫譯(1992). 『經濟の歷史と理論發展』. HBJ出版.

5.　佐佐木博(1998).『觀光と地域』. 二宮書店.

6.　鹽田正志, 長谷政弘編著(1994).『觀光學』. 同文館.

7.　溝尾良降(1999).『觀光を讀む』. 古今書院.

8.　德久球雄編著(1995).『環太平洋地域における 國際觀光』. 嵯峨野書院.

9.　脇田武光(1995).『觀光立地論(Ⅰ)』. 大明堂.

10.　香川眞編著(1995).『觀光學研究』. 嵯峨野書院.

11.　山峕謹哉編(1985).『地域の地理學』. 古今書院.

12.　Edward Inskeep (1991). *Tourism Planning An Integrated and Sustainable Development Approach*. John Wiley & Sons, Inc.

13.　羽田昇史(1988).『サービス經濟學入門』. 日文館.

14.　齊藤精一郎編著(1977).『講座 餘暇の科學2 餘暇經濟學』. 垣內出版.

:: 경제 · 수학의 기초 등

1.　A. C 著, 大住榮治·小田正雄·高森寬·堀江義譯(1990).『現代經濟學の數學基礎 (上)(下)』. 好學社.

2.　E. ドウリソグ著, 大住榮治·川島康男譯(1990).『入門經濟數學』. 好學社.

3.　大野信三(1994).『社會經濟學』. 千倉書房.

4.　小林好宏.『現代が わかる 經濟學』. 中央經濟社.

5.　猪木·鴇田·藪下(1991).『入門 經濟學』. 第4版. 有斐閣.

6.　伊東光晴(1986).『生活なかの經濟學』. 講談社學術文庫.

7.　J. M. Keynes (1935). *The General Theory of Employment, Interest and Money*. Macmillan and Company Limited.

8.　鹽野谷九十九(1961).「原典ケイソズ『一般理論』解說」. 春秋社.

ㄱ

지은이 | 나카사키 시게루(中崎 茂)

1944년 北海道 羊蹄山麓 출생
青山學院大學 大學院 經濟學研究科 수료
國·縣·市町村 산업진흥·지역개발에 관한 계획·조사 업무 수행
流通經濟大學 社會學部 助教授 역임
현재, 櫻美林大學 經營政策學部 教授

주요저서 및 논문

- 『현대관광연구』(공저, 嵯峨野書院)
- 『관광과 지역개발』(공저, 內外出版)
- "리조트지역 변천과 요인에 관한 고찰: 영국 매스 투어리즘 탄생과 그 변모를 중심으로"(『流通經濟大學論集』Vol.35, No.3)
- "호스피탈리티 환경서설: 관광자원 환경매니지먼트』(『櫻美林大學 經營政策論集』Vol.4, No.1, 2005)
- "수변환경정비와 호스피탈리티: 인공호 수변 레크리에이션 안전성과 쾌적성을 중심으로"(『일본 호스피탈리티·매니지먼트 學會誌』제11호, 2004)
- "수원지역 활성화 문제: 광역 연대 필요성과 조건, 지역정책연구"(『高崎經濟大學』제6권 2호, 2003)

옮긴이 | 배주한

숭실대학교 경제학과 (경제학사)
숭실대학교 대학원 경제학과 (경제학박사)
관동대학교 경영대학장
관동대학교 경영행정·사회복지대학원장
관동대학교 경영경제연구소장
미국 Stanford University 경제학과 Visiting Scholar
중국 上海師範大學 訪問學者
현재, 관동대학교 경제금융학과 교수

옮긴이 | **임은순**

수도여자사범대학 호텔경영학과 졸업
세종대학 대학원 경제학과 졸업(경제학 석사)
세종대학 대학원 경제학과 졸업(경제학 박사)
세종대학교 관광경영학과 전임 강사
세종대학교 관광경영학과 조교수
현재, 세종대학교 호텔관광경영학부 부교수

옮긴이 | **홍성희**

숙명여자대학교 정치외교학과 졸업(정치학사)
숙명여자대학교 대학원 경제학과(경제학 박사)
일본 홋카이도대학 대학원 경제학연구부 방문교수
현재, 한중대학교 경영학과 교수
        한중대학교 인문사회과학대학장
        한중대학교 평생교육원장

옮긴이 | **김영면**

관동대학교 대학원 관광경영학과 (관광학박사)
관동대학교 관광연구소 책임연구원
현재, 관동대학교 관광학부 겸임교수